STEPHAN MÖGLE-STADEL

Die Grenze

Wachstum wohin?

ALV
Angelika Lenz Verlag

„Can a political leader be honest and remain
a political leader? – And the answer was: NO."
Zitat 4. Kapitel, Alexander King, CoR-Präsident 1989

www.lenz-verlag.de

Originalausgabe

Ortrun E. Lenz M. A.
Beethovenstraße 96 | 63263 Neu-Isenburg
Lektorat und Transkriptionen: Martina Füg

Druck: Druckerei Siefert GmbH, Frankfurt/Main
Titelfoto: Bilddatenbank Depositphotos
Printed in Germany
ISBN 978-3-943624-70-0

Gewidmet den Verstorbenen, h.i.c.

Irmgard Fischer, Erich Fromm, Abraham Maslow, Robert Jay Lifton, Isaac Asimov, Herbert Gruhl, Peter Grieder, Rudolf Bahro, Rüdiger Lutz, Garry Sol Davis, Dag Hammarskjöld, Ossip Flechtheim, Aurelio Peccei, Eleanor Roosevelt, Albert Einstein, Bertha v. Suttner, Joseph Lash, Andrew Cordier, George Ivan Smith, Folke Bernadotte, Zhou En Lai, Heinrich Wieschhoff, Ralph Bunche, Kang Yu-Wei, J. Nehru, Herbert George Wells, Sithu U Thant Willy Brandt, Anton A. Guha, Lucy Law Webster, Jan Vogeler, H. D. Thoreau, Robert M. Hutchins, Stephen Hawking, Carl Sagan, Claude R. Eatherly, Carl Friedrich v. Weizsäcker, Gopi Krishna, Robert Kehl, Robert Sarrazac-Soulage, B. Boutros-Ghali ...

Und den noch Lebenden

Julian Assange, Edward Snowden, Laura Poitras, Bradley Edward Manning, Glenn Greenwald, David Gallup, Gabriele Krone-Schmalz, Michail Gorbatschow, Jean Ziegler, Eugen Drewermann und allen Menschen eines kosmo-politischen Verantwortungsbewusstseins.

Inhalt

1. Kapitel

Einleitung
50 Jahre und kein bisschen weise – Die Grenze der Wirksamkeit von »Die Grenzen des Wachstums«

Im März 1972 erschien ein Buch, welches ein wenig das öffentliche Bewusstsein seiner Zeit-Genossen veränderte. Zumindest jener, die damals schon wach genug für die ökologische und planetare Thematik waren. Zwei Jahre später, 1974, lief auf den Leinwänden deutscher Kinos der Film **»Jahr 2022 ... die überleben wollen«**. Im Jahr zuvor war er in den US-Kinos unter dem Titel »Soylent Green«. gestartet. Der Film beschrieb als erster die Konsequenzen von Bevölkerungsexplosion, Naturzerstörung und lebensbedrohlicher Klimaerwärmung. Er transportierte quasi filmerisch in Form eines Science Fiction Thrillers die Warnungen des Club of Rome in seinem 1. Bericht von 1972 über die exponentiellen Wucherungen von Industrieproduktion, westlichen Überkonsum und allgemeiner Überbevölkerung unseres Planeten Erde mit einer kriegstechnologisch sehr erfolgreichen und folgenreichen Spezies, die sich heute als Homo sapiens (sapiens) bezeichnet.

Das Buch »Make Room!«, auf dem der Film basiert, ist schon 1966 von dem SF-Autor Harry Harrison veröffentlicht worden (s. 15. Kapitel). Seine Übersetzung erschien 1969 unter »New York 1999«. 1981 hatte ich das Werk gelesen. In der Neuauflage von 1999 ist nun ein Vorwort enthalten, welches auf »Die Grenzen des Wachstums« Bezug nimmt.

Im Jahr 1989 begann ich als sehr junger Journalist, über diese Thematik zu schreiben. In diesem Jahr verweigerte ich am Jahrestag der

Reichspogromnacht, 09. November (1989), meinen Kriegsdienst (bei der Bundeswehr) mit öko-logischer, kosmo-politischer und psychoanalytischer Begründung (siehe Kapitel 19).

Eigentlich wollte ich meinen Zivildienst bei Greenpeace Hamburg ableisten. Aber GP war noch (lange) in einen Rechtsstreit gegen das Kölner Bundesamt verwickelt, welches GP zunächst nicht als Zivildienststelle anerkennen wollte. Es dauerte auch, bis ich meine nicht ganz gewöhnliche Begründung (Analyse) endlich gegen die deutsche Bürokratie durchgesetzt hatte, indirekt mit Hilfe des damaligen Staatssekretärs im Justizministerium (1) Rainer Funke (FDP), welcher später Mitglied wurde der G-10-Kommission (2) des Bundestages zur Kontrolle der deutschen Nachrichtendienste und im Nationalen Normenkontrollrat.

Am Ende, nach meiner Anerkennung als kosmopolitischer und ökologischer Kriegsdienstverweigerer, habe ich meinen übernationalen Zivildienst 1992 bei den Vereinten Nationen abgeleistet, die ich schon zuvor 1990 in meiner Tätigkeit als Jungjournalist und UNO-Korrespondent (3) in New York kennengelernt hatte. So war ich 1992 nahe dran an den UNO-Vorbereitungen für den Erd-Gipfel in Rio de Janeiro. Diese „UN Konferenz für Umwelt & Entwicklung“ wurde vom Team des damaligen Generalsekretärs Boutros-Ghali organisiert und scheiterte u.a. am Widerstand der Bush senior Regierung.

Rio war die Fortführung der **1. UNO Umweltkonferenz vom Juni 1972** in Stockholm, welche auch schon den Club of Rome Report »Die Grenzen des Wachstums« vom März diskutierte. Dort sagte der damalige UN Generalsekretär Sithu U Thant, dass die Nationalstaaten wohl nur noch etwa 10 Jahre Zeit hätten, um zusammenzufinden und gemeinsam Maßnahmen „just in time“ zur Bewahrung der Biosphäre als Lebenswelt auch der *menschlichen* Spezies und zur Reduzierung des Klimawandels zu ergreifen.

Zurück aus New York durfte ich dann 1993 Reden & Aufsätze von

Boutros-Ghali auf Deutsch unter dem Titel »UNorganisierte Welt« (4) publizieren. In einem Schreiben vom Juni 1995 avisierte ich dem UNO-Generalsekretär, ein Netzwerk von UNO-nahen Journalisten als Vorstufe zu einem United Nations Intelligence Service (UNIS) zu organisieren. Das Niedersächsische Tagblatt (Landeszeitung) titelte dazu „UNO braucht Parlament und Geheimdienst".

Damit die UNO nicht zum Spielball der Global Players unter den Nationalstaaten und Multinationalen Konzernen (Banken) wird, hatte UNO Generalsekretär Dag Hammarskjöld schon 1953 ehemalige Analysten des von der US-Regierung 1945 wegen Unzuverlässigkeit (zu viele Kosmopoliten) geschlossenen Nachrichtendienstes Office for Strategic Services (OSS) um sich versammelt. Ich schildere dies in meiner Biografie »Dag Hammarskjöld. Pionier eines Menschheitspolitik« (ALV). Dort findet sich auch ein Foto von Dag mit einigen seiner ehem. OSS-Mitarbeitern. In dem Buch enthüllte ich 1999 u.a. die Hintergründe über den Mord an Hammarskjöld und seinem Team 1961 in Afrika.

Es stellt sich indessen die Frage, warum wir als Spezies die Warnungen des Club of Rome innerhalb von nun 50 Jahren noch immer nicht in Realpolitik umsetzen (können)? Dazu wären adäquate globale Handlungsstrukturen erforderlich. Eine Art von Global Governance als offene Geschäftsgrundlage, auf deren Basis die Lösung globaler Überlebensprobleme erst sinnvoll behandelbar wird.

Zunächst einmal wurde Boutros-Ghali von der Bill Clinton Regierung äußerst schlecht behandelt. Er forderte u.a. 1995 in seiner Denkschrift »An Agenda for Peace« quasi die Rückkehr zum Operationsmodus der Ära Hammarskjölds (1953–1961), welcher u.a. CIA und FBI ein Zutrittsverbot zum Gelände der UNO erteilte, 1956 in der Suez-Kanal-Krise das Veto im Sicherheitsrat ignorierte und via Generalversammlung dann die UNO Blauhelme (Friedensinterventionstruppen) gründen ließ. Im Jahr 1996 wurde Ghali von der US-Regierung massiv gemobbt und gegen Ende 1996 wurde ihm durch das US-Veto die Wiederwahl verweigert. Damit war das kosmopolitische Team von Ghali aus der UNO gefeuert. Und damit auch die Absicht und Chance des Autors dieses Buches, 1997 offiziell seinen Dienst bei der UNO aufzunehmen.

Bislang hat der Club of Rome noch keinen Bericht über die massenpsychologischen und psychopathologischen Grenzen als Hemmnis zur „Umkehr" im Sinne der »Grenzen des Wachstums« publiziert. Und der heutige CoR wird dies auch nicht mehr tun, da er sich de facto, ähnlich wie die heutige UNO, in einem Wachkoma-Zustand und Stillstand (Stag-Nation) infolge von Burn-out-naher Resig-Nation befindet. Auch wenn ca. 90 % seiner Mitglieder dies offiziell so niemals zugeben würden. Daher dieses Buch nun, quasi stellvertretend, um diese beiden Themen anzusprechen: (nochmals) Global Governance sowie (neu) jene, die ökologische Wende hemmende Massenpsychopathologie und die not-wendige Psychoanalyse der Globalen Krise. Dazu gehört auch die u.a. in den Essays des 13. Kapitels besprochene schizoid-paranoide Situation, dass man mit 200 gegen-einander ankonkurrierenden Nationalstaaten und zer-teilten Gruppenegoismen kaum eine echte Chance zur erfolgreichen Behandlung der globalen Überlebenskrise hat. Infolge des Mechanismus bzw. Psychologismus der Kognitiven Dissonanz verdrängen wir diese und andere unangenehme Tatsachen aus der öffentlichen Diskussion und Bewusstseins-Bildung. Dadurch reduzieren wir wiederum die Chance, doch noch adäquate Lösungswege beschreiten zu können.

Als ich 1989 erstmals Alexander King traf und interviewte (Kapitel 4) gab es zum Thema Global Governance noch keinen Bericht an den Club of Rome. Alexander King und seinen CoR-Generalsekretär Bertrand Schneider hatte ich seitdem immer wieder kontinuierlich befragt und erinnert. 1995 war es dann unter der CoR-Präsidentschaft von Ricardo Diez-Hochleitner endlich soweit. Professor Yehezkel Dror (5),

Doyen der Politikwissenschaften an der Hebräischen Universität in Jerusalem, publizierte den CoR-Report »The Capacity to Govern«. Seine deutsche Übersetzung erschien bei Bertelsmann unter dem Titel »Ist die Erde noch regierbar?«. Ich wurde Medienkoordinator der PR- und Pressearbeit des CoR für diesen Bericht im deutschsprachigen Raum. Die Fachzeitschrift BuchMarkt schrieb über die von mir geleitete Kampagne unter dem Titel „Ist die *Erde* noch regierbar?" (6)

Warum die *Menschheit* (!) im Sinne der öko-logischen Umkehr nicht regierbar (umkehrbar!) ist, beschrieb ich im meinem 1995er Buch »Die Unteilbarkeit der Erde« im Sinne einer Global Governance Krise und der Notwendigkeit der Förderung eines bislang fehlenden UmWeltbürgertums. Yehezkels Report und mein ergänzendes Büchlein wurden Oktober 1995 in Frankfurt vom CoR zusammen vorgestellt (Foto S. 115). Als Anerkennung meiner Arbeit integrierte Bertrand Schneider eine Annonce meines Buches in sein Werk »Krieg den Hütten. Wie die Industrienationen die armen Länder ausbeuten«, Bertelsmann Verlag, 1995.

Was aber bislang immer noch fehlt, ist ein CoR-Bericht über die psychopathologische Dynamik und die massenpsychologischen Hintergründe der Selbst-Störung, die jenes Konsum-Verhalten – zumeist eher – unbewusst antreibt, welches dann in absehbarer Zeit zur Selbstzerstörung unserer Spezies führen kann / wird. Erst wenn wir diese Dynamik sehen und verstehen (wollen), können wir ganzheitliche Strategien in Angriff nehmen, um diese globale Überlebenskrise der Spezies Homo *„sapiens"* vielleicht doch noch zu bewältigen – bevor sie uns überwältigt.

Denn solche Umfrage-Ergebnisse wie u.a. von den Stuttgarter Nachrichten publiziert (7): »Trotz Klimakrise kein Verzicht«, „... wollen [nicht nur] die Deutschen nicht auf Urlaub (Flugreisen), Auto und Fleisch verzichten. Obwohl 74 Prozent der Befragten davon überzeugt seien, dass die Welt auf eine ökologische Katastrophe zusteuert, wollten sie ihr Verhalten nicht ändern" sind alleine rational nicht mehr erklärbar. Und durch Vernunfts-Appelle alleine auch nicht mehr korrigierbar.

Einen solchen Vernunft-Anlauf starten der von mir sehr geschätzte Ernst Ulrich von Weizsäcker, bis 2018 Co-Präsident des Club of Rome, und der Buchautor & TV-Journalist Franz Alt in »Der Planet ist geplündert« (Hirzel Verlag, s. Annonce S. 279). Der Titel ist eine Anspielung auf das legendäre Bestseller-Buch des ehemaligen CDU-Bundestagsabgeordneten Dr. Herbert Gruhl von 1975: »**Ein Planet wird geplündert**. Die Schreckensbilanz unserer Politik«. Beim Weizsäcker/Alt- Buch stimmt der Titel so natürlich nicht: Der Planet ist noch nicht ganz von der Spezies Homo „sapiens" ausgeplündert. Aber wir sind zunehmend nahe dran. Der Untertitel »Was wir tun müssen« schafft eine Paradoxie zum Haupttitel. Denn wenn der Planet geplündert ist (wäre), dann gibt es nichts mehr zu tun. Angesichts der äußeren wie auch der inneren Dynamik des sich nun beschleunigenden Umwelt- & Selbstzerstörungsprozesses wird leider auch dieses Buch mit gut gemeinten Ratschlägen und Appellen folgenlos bleiben. Es fällt, meiner Meinung nach, bedauerlicherweise etwas hinter dem Stand der Krisen-Diskussion von 1989 zurück.

Im 5. Kapitel dieses Buches ist eine TV-Diskussion mit Dr. Herbert Gruhl, Dr. Rudolf Bahro und Prof. Rüdiger Lutz abgedruckt, welche – wie auch andere Texte dieses Buches – die Überlebenskrise der Spezies „sapiens" (mit ihren Wesensbestandteilen SS und ape) tiefer ausleuchtet.

Die allermeisten Bücher verändern die Weltgesellschaft weit weniger als ihre Autoren und Verleger*innen glauben und sich erhoffen. Aber sie verbrauchen Bäume (Papier), sehr viel Wasser und Energie zu ihrer Herstellung und Verteilung. Das heißt, sie tragen massiv zur Umweltvernichtung bei. Daher stand 1995 auf Seite 6 meines Buches »Die Unteilbarkeit der Erde«, welches ich mit 29 Jahren schrieb: „Gewidmet jenen Bäumen und Gewässern, die zur Herstellung dieses Buches verbraucht wurden."

Seitdem schaue ich, dass ich Bücher möglichst nur noch in sehr limitierten Auflagen publiziere, so dass ein Überschuss am Ende nicht, wie sonst üblich, auf den Verramschungstischen der Supermärkte oder in der Papiermüllentsorgung landet. Mittlerweile sind wir technologisch soweit, dass wir die meisten Bücher auch als E-Books oder als pdf-Bücher verlegen können. Aber sterben dann nicht die Buchhändler aus? In den nächsten 15 Jahren werden leider noch viel mehr Berufe aussterben als nur der des Buchhändlers. (In Sinne der Bibliotherapie Erich Fromms kann sich dieser Beruf auch wandeln hin zum Leseberater.)

Mein Mentor Herbert Gruhl war denkerisch weiter als die meisten Appell-Bücher mit ihren gut gemeinten Ratschlägen als er seinem letzten Buch, März 1992, den Titel gab: »**Himmelfahrt ins Nichts**«. Und auch der Titel des Buches des Ex-Theologen und Psychologie-Professors Eugen Drewermann von 1981 »**Der tödliche Fortschritt. Von der Zerstörung der Erde und des Menschen im Erbe des Christentums**« (s. 13. Kapitel, S. 167) fasste genial gekonnt die Misere des abendländischen Dominanz-Systems in einem Satz zusammen.

Wir sollten realistischerweise davon ausgehen, dass unser System innerhalb der nächsten 15 Jahre schrittweise in Kaskaden zusammenbrechen wird und die globale Erwärmung um mindestens 2,5 bis 3,5 Grad Celsius in den nächsten 50 bis 100 Jahren sehr wahrscheinlich nicht mehr aufzuhalten ist. Mit diesem Grundrealismus, der resilient genug ist, die mentale Tabuisierung und Verdrängungsmechanismen zu durchbrechen, lassen sich dann auch andere Bücher schreiben. Bücher mit der Fragestellung: Wie kann ein reduzierter Teil der Spezies die kommenden Zusammenbrüche durchleben?* Dies ist auch das Thema meiner Essays seit etwa drei Jahren und wird im Herbst 2022 als »Die Grenze« ergänzendes pdf-Buch erhältlich sein, so wie meine Essays hierzu schon als Einzel-PDF bestellbar sind. (Liste und Bestelladresse auf S. 275)

*Wobei durchaus auch ein etwas größerer Teil unserer Spezies noch zu retten wäre, falls man die entsprechend radikalen (radix: an die Wurzeln des Übels gehend) Maßnahmen bald vornehmen würde. Diese deute ich gegen Ende dieses Buches an und führe sie in der pdf-Version dann weiter aus.

1996 prognostizierte der Autor dieser Zeilen in der WE-Ausgabe der Süddeutschen Zeitung vom 17./18. August den Zusammenbruch des Weltfinanzkapitalismus um 2008. Und tatsächlich konnte das neoliberale Bankensystem Ende 2008 nur noch mit sehr viel Steuergeld der Bürger und vielen miesen Tricks jenseits der Wirtschaftstheorie noch einmal aufgefangen werden. Für Deutschland hätte es noch 2016 eine alternative Entwicklungsmöglichkeit in einer Wirtschaftsachse Paris, Berlin, Moskau & Beijing gegeben. (Siehe letztes Kapitel im Buch »Heimatland: Erde« von 2018.) Der einstige Vorstandsvorsitzende der Deutschen Bank, Alfred Herrhausen, und andere haben in diese Richtung gedacht und gehandelt, bevor sie ermordet wurden. (Siehe Buch »**Menschheit an der Schwelle. Globalisierungs-Krise und Weltwirtschaftsdiktatur**«.)

Für einen meiner Vorträge (24.02.2015) zu »China. Zur Geistesgeschichte einer Supermacht des 21. Jahrhunderts« in der VHS Heidenheim stand im Programm (8) von mir geschrieben: „Mittlerweile fürchtet man in Washington die mögliche Achse Berlin – Moskau – Beijing. Eine Furcht, die auch ihr Schlaglicht auf die Hintergründe der aktuellen Ukraine-Russland-Krise wirft.“ *

Dieses Thema übersteigt dieses Buch zu 50 Jahre »Die Grenzen des Wachstums«, auch wenn beide Themen eng miteinander verknüpft sind. Lange wollte das US-amerikanische Establishment, dass die Europäer ihre Rüstungsetats auf mindestens 2 % des Bruttosozialprodukts anheben. Nun sind wir in einer neuen Hochrüstungsphase. Das mag für die US-Rüstungsindustrie eine gute Nachricht sein. Für die Bewältigung der Klima- und Ökokrise ist es eine schlechte. Es wird kein Geld (und kein politischer Wille) mehr da sein dafür.

Seitdem 1972 der Club of Rome angesichts der industriellen Konsum-Expansion und der Bevölkerungs-Explosion »Die Grenzen des Wachstums« anmahnte, wurden pro Jahr mal mehr, mal etwas weniger als 1 Billion Euro (1.000 Milliarden) für Waffenproduktion und Militärausgaben ver(sch)wendet. Das heißt, in den 50 Jahren seit dem ersten CoR-Bericht wurden etwa 50 Billionen (50.000 Milliarden) für Aufrüstung und Militarisierung ausgegeben. Mit diesen Geldern hätten wir den ökologischen Umbau der Industrie und die notwendigen Klimaschutzmaßnahmen finanzieren können. Neben Katholizismus (u.a. „Gehet hin und mehret Euch!“ sowie Apokalypse-Manie als sich selbst erfüllende Prophezeiung) haben auch Nationalismus und Militarismus die Zukunftsperspektiven unserer Spezies dahin gemordet.

* Der jetzige Krieg hätte nicht sein müssen. Die Ukraine ist ein Bauern-Opfer (mehr) im Schachspiel der großen Mächte, gemäß dem Buch »The Grand Chessboard« des aus Polen stammenden US-amerikanischen Präsidentenberaters Zbigniew Brzezinski. Im Sinne der Psychohistorie (Prof. Robert Jay Lifton, Prof. Isaak Asimov u.a.), der tiefenpsychologischen und futurologischen Geschichtsbetrachtung (9), verfasste ich im Januar 2022 einen Hintergrund-Essay mit dem Titel »Feindbild Russland – Inszenierung«. In ihm wird die Dynamik der Traumatisierung der Russen durch die historischen Angriffe der Polen, der Schweden, der Franzosen und der Deutschen aufgezeigt – und die Reaktionsmusterbildung. Zudem resümiere ich aus meiner Zeit der Zusammenarbeit mit der Gorbatschow-Stiftung in den 1990er Jahren über die Hintergründe der verpassten Chance von 1991. Er ist zur Zeit der am meisten als PDF nachgefragte meiner Essays.

Ich denke, die hier in diesem Band versammelten Essays, Interviews und Transkriptionen einiger TV-Diskussionsrunden mit Vordenkern der ökologischen Krise aus nunmehr 30 Jahren zeigen ein breites und tiefes Spektrum der Globalen Krise unserer Spezies. Und was Homo HIC und Supra Kybernetische Intelligenz betrifft, vielleicht auch – noch – schwache Ansätze zu einer möglichen Lösung.

Wir sind definitiv an der Grenze angekommen. 1974 fragten Dennis Meadows, Henrich v. Nussbaum und andere in dem Diskussions-Buch »Wachstum bis zur Katastrophe?«, ob wir zur Katastrophe verdammt seien? Man kann die Entwicklung auch als **eine Art Turing-Intelligenz-Test** für unsere Spezies betrachten. Wir benötigten zuerst den Ersten Weltkrieg bevor wir die erste Weltorganisation namens Völkerbund gründeten. Und da unsere Spezies mehrheitlich die kosmische & ordnungspolitische Lektion danach immer noch nicht gelernt hatte, brauchte es noch einen Zweiten Weltkrieg, bevor wir die zweite Weltorganisation mit dem – noch – euphemistischen Namen „Vereinte Nationen" gründeten. Nach dem Kalten Krieg wollte Boutros-Ghali 1992 eine Weltorganisation der Dritten Generation (durch radikale Reform der UNO) ins Leben rufen. Bevor ihn die US-Amerikaner als vermeintliche Kriegsgewinner gefeuert haben. So ist nun ein psycho-historisches Vakuum entstanden. Den „Sog ins Nichts der Selbstvernichtung" dieses Vakuums verspüren wir nun immer deutlicher. Die Fassaden unsere Schönwetter-Demokratien werden diesen Sog und Wirbelsturm nicht überstehen. Faschismus wird auch im Westen wieder – offener – zu Tage treten ...

Bei der Übersetzung des Wortes **„Growth"** ist den Zuständigen in Deutschland ein Gedankenfehler passiert. Sie waren mehr mit Wirtschaftswissenschaften und Biologie vertraut und wenig(er) mit Tiefenpsychologie und Neuro-Linguistischer Programmierung (NLP). Das Wort hat im Englischen nicht nur die positiv verstandene Bedeutung „Wachstum", sondern auch **„Zunahme"** der Belastung, sowie Zell-**„Wucherung"**, also Krebs-Wachstum. Homo „sapiens" ist u.a. auch dieser Krebsbefall für den Wirtskörper Biosphäre Erde. Zugleich kann das HIC-Element in unserer Spezies auch als das neuronal-geistige

Selbstbewusstsein der Noo- & Biosphäre Erde gesehen werden. In dieser Sichtweise ist die Globale (totale) Krise zugleich auch eine Art „High Noon“ der Noosphäre. (Ein Begriff, der einst von Wladimir Iwanowitsch Wernadski und von Édouard Le Roy geprägt wurde.)

Wir befinden uns in einem letzten Wettlauf gegen die uns zugestandene Entwicklungszeit: für **das geistige** (Zenkoan-) **Wachstum** eines globalen Verantwortungsbewusstseins. Nennen wir es Menschheitspolitik. Denn dorthin sollte unser geistiges Wachstum gehen. Ich hoffe, die Texte dieses Buches können etwas zur Bewusstseins-Bildung beitragen. Das Satori wäre dem Seppuku vorzuziehen.

Lucelle (CH), 2. März 2022, Stephan Mögle-Stadel

PS. Eigenheiten einiger Wortgestaltungen und Wort-Trennungen, im Sinne einer Anregung zur verstärkten Bewusst-Seins-Bildung, gehen allein zu Lasten des Autors. Dies betrifft ebenso alle gewählten Begrifflichkeiten und inhaltlichen Formulierungen. Das Verlagsteam ist hieran unschuldig. Das Lob gebührt ihm, der mögliche Tadel dem Autor dieser Zeilen.

Anmerkungen

1 https://www.weltdemokratie.de/033d3a9c4709ec20f/index.html
2 https://de.wikipedia.org/wiki/G_10-Kommission
3 https://www.weltdemokratie.de/movies/originalbilder/uno-krise_bonn.gif
4 https://www.weltdemokratie.de/033d3a9c4709e5407/033d3a9c49146c74c/index.html
5 https://weltdemokratie.de/033d3a9c4709ec20f/Kooperation_with_Club_of_Rome.html#anchor_Dror
6 http://www.pressebuero-globe.de/page_1134386400797.html
7 https://www.weltdemokratie.de/movies/Oeko-Kollaps,-Cartoon-1993_.jpg
8 https://www.weltdemokratie.de/movies/Vortrag-CHINA-Geschichte_.jpg
9 https://www.weltdemokratie.de/movies/Explorations_Psychohistory_.jpg
9 https://www.weltdemokratie.de/movies/Content_book-Psychohistori.jpg

2. Kapitel

Die Hospitalhof-Rede: Globale Krise, Menschheits-Ethik und noch ein paar ungeklärte Fragen

Sehr geehrte Damen und Herren,

ich begrüße Sie und die Vertreter der Konsulate von Frankreich, Russland und China hier im Silchersaal. Zugleich freue ich mich sehr, dass Prof. Dr. Ernst Ulrich von Weizsäcker als Co-Präsident des Club of Rome nach meiner Einführung vortragen wird und wir danach ein gemeinsames Gespräch, auch mit dem Publikum, haben werden. Lassen Sie mich ohne diplomatische Floskeln gleich zur Sache kommen.

Warum ich als Kosmopolit eigentlich die AfD wählen müsste, das erkläre ich Ihnen ein paar Absätze weiter unten. Die AfD ist momentan das Zweitbeste, was der tief schlafenden Weltbürgerbewegung hier in Deutschland passieren kann. Wir sind heute hier im Hospital-Hof zum 70. Jahrestag der Besetzung der UN-Generalversammlung am 19. November 1948 in Paris zusammengekommen, um über das Thema zu sprechen: »Eine Ethik für die Menschheit – im Zeitalter der Globalen Krise. 70 Jahre Weltbürgerbewegung – 50 Jahre Club of Rome Warnungen«.

Wenn wir wirklich über eine Ethik für die Menschheit reden wollen, angesichts der zunehmenden globalen Überlebens-Krise, dann müssten wir vorab die richtigen, psycho-analytischen Fragen stellen. Was passiert in Europa gerade aus psycho-historischer Sicht? Der ethische Gau in Deutsch-Land wird zum belohnten Medienereignis, wenn ein kleiner, etwas dicklicher Mann mit leichtem Altersbluthochdruck und rechtspopulistischer Gesinnung sich Ende September in Frankfurt bei einer AfD-Veranstaltung ereifert: „Wir haben kein Interesse daran, Menschheit zu werden! Wir wollen Deutsche bleiben!"

Aber das Problem ist nicht, dass der „große" Alexander Gauland vom Parteivorstand der AfD solche Sätze von sich gibt, sondern dass die empörte Medienwelt dies erst zu einem raumfüllenden Ereignis hochpuscht und so der AfD jene Schlag-Zeilen beschert, nach der sie und ihre Anhänger gieren. Bei dem Niveau vieler AfD-Aussagen könnte man meiner Meinung nach auch eher an **A**rmleuchter **f**ür **D**eutschland denken; im Sinne von arm an geistiger Leuchtkraft, Licht- und Ich-Funktion. Nicht als Beleidigung gedacht. Dafür aber um so mehr Ego-Fülle und Laut-Stärke. Aber diese „deutschen Leute", denn Menschen und Mitglieder der Menschheit scheinen sie ja nicht sein zu wollen (?), haben den Kampf um die Herrschaft im Medien-Spiegel gewonnen. 50 Jahre Club of Rome und 70 Jahre Weltbürgerbewegung sind weit nach unten abgeschlagen.

Deren vernünftige und unspektakuläre Pressemitteilungen und Veranstaltungen, so wie diese hier, schaffen es nicht in die Bestseller-Listen der Mainstream-Medien. Wie kann es sein, dass ein SPIEGEL-Redakteur einen AfD-Funktionär als „Kosmopoliten" bezeichnet, nur weil dieser ihm erzählt, wo in aller Welt er angeblich schon herumgereist sei? Und wenn dieselbe Redaktion dann immer wieder Funktionären von AfD und Identitärer Bewegung eine breite Interview-Plattform zur Selbstdarstellung anbietet. Versagen hier neuerdings die SPIEGEL-Neuronen?

Aber dies ist bei vielen deutschen „Leidmedien" leider ein aktuelles Phänomen. Der vom Finanzamt als gemeinnützig anerkannte Verein der Weltbürger- und Weltföderalisten wurde 1993, also vor 25 Jahren, hier in Deutschland wieder neu strukturiert. Mit einem internationalen Präsidium aus Peter Ustinov, Yehudi Menuhin und Thor Heyerdahl, sowie einem Berliner Ehrenpräsidenten namens Prof. Dr. Dr. Ossip K. Flechtheim.

Im Jahr 1995 arrangierte die SPIEGEL-Redakteurin Bettina Musall einen SPIEGEL-Essay von Sir Peter Ustinov über Weltbürgertum und Weltföderalismus. In letzter Minute wurde der Essay von einem der stellvertretenden „Chef"-Redakteure aus der Publikation genommen. Er erschien dann 1996 als Vorwort zu meinem damaligen Buch »Die Unteilbarkeit der Erde. – Eine Antwort an den Club of Rome«. Hätten wir damals vielleicht einige Molotowcocktails gegen die Fassade des SPIEGELS geworfen, oder unsere weiblichen Mitglieder motiviert, dort ihre nackten Brüste zu zeigen, wie dies später einige Damen, die sich Pussy Riot, also „Miezen-Aufstand", nannten, getan haben, möglicherweise wären wir so ins Blatt und auch in die restlichen Medien gekommen.

Die AfD ist nicht das Problem, sie ist *nur* ein Ausdruck der Systemkrise unserer Gesellschaft. Mit ähnlicher Ignoranz wie in den „Chef"-Etagen des SPIEGELS wurden Prof. Yehezkel Dror und ich auch 1995 bei einem Mittagessen mit der damaligen Chefredaktion der ZEIT bedacht. Auf die jungenhafte Frotzelei von Theo Sommer über „die kühnen Visionen der Welt-Bürger" antwortete ich damals bei französischer Linsensuppe: „War nicht der kühne Traum der Brüder Wright vom Fliegen und dessen Realisierung die Voraussetzung dafür, dass Sie heute mit einer Boeing 747 zu einem Treffen der Trilateralen Commission nach New York fliegen können?"

Das Wortgefecht mit dem ZEIT-Herausgeber Sommer ist auf Seite 52 und 53 in »Die Unteilbarkeit der Erde« nachzulesen. Die Wirklichkeit unserer Tage zeigt uns, dass die Medien-Chefs weder klüger noch Weltbürger-freundlicher geworden sind. Beste Voraussetzungen also für so etwas wie die AfD.

Diese eigentlich mentale und psychische Krise, die da seit Jahrzehnten schon als Schwelbrand im kollektiven Untergrund unserer Welt-GmbH schwelte, habe ich in etlichen Vorträgen, Aufsätzen und Büchern schon in den 90er Jahren skizziert. So wie ich auch im

August 1996 in der Süddeutschen Zeitung den Kollaps des Finanzkapitalismus für etwa 2008 prognostiziert hatte. Ich verweise Interessierte auf meine Nachbetrachtungen in dem aktuellen Weltbürger-Buch »Heimatland: Erde«.

Die Psychoanalyse der Globalen Krise kann in diesem kurzen Redebeitrag, bevor nun gleich mein Mitredner zu Wort kommt, leider nicht ausgeführt werden. „Der Wahnsinn der Normalität", so nannte es mein alter Bekannter, der Psychoanalytiker Arno Gruen, in seinem gleichnamigen Buch 1987. Sie sehen aber im Hintergrund auf der Leinwand diese Grafik eines psycho-historischen Pfeiles aufleuchten, die Sie auch auf Seite 295 des neuen Buches abgedruckt finden. Daraus können Sie, unter anderem, erkennen, dass der ersten Weltorganisation, dem Völkerbund, zuerst der erste Weltkrieg vorausging. Und der zweiten Weltorganisation, den sogenannten „Vereinten Nationen", ging ein zweiter Weltkrieg voran. Beiden Muster-Ereignissen ging jeweils ein Ausbruch von Nationalismus-Wahnsinn voraus. Und erst dieser Wahnsinn hat dann jeweils Weltorganisationen und die Weltbürgerbewegung von 1948 ausgelöst.

Erwarten Sie, bei unserer in 200 Nationalismen, in unzählige Konfessionen und Konfusionen aufgespaltenen Spezies mit ihren schizoiden, paranoiden und suizidalen Charakterzügen ernsthaft, dass es dieses Mal harmloser zugeht – bei unserem unbewussten Anlauf auf eine Welt-Organisation der Dritten Generation, wie dies mein ehemaliger „Chef" Boutros-Ghali nannte?

Natürlich wäre es für Deutschland als ein Land der Mitte vernünftiger, in der jetzigen Welt-Situation, eine neue Koalitionsachse Paris – Berlin – Moskau – Beijing mitzugestalten als sich von Brexit- und Trump-Leuten gegen Russland – und dann China – in Stellvertreter-Kriege verwickeln zu lassen, wie ich dies in »Heimatland: Erde« laut angedacht habe. Es ist kein Zufall, dass die entsprechenden Botschaften eingeladen wurden. Und es wäre dem deutschen Bürgertum am Ende förderlicher gewesen, eine Weltbürger-Partei als Protest-Partei gegen die Berliner Bürokratie zu gründen, wie es sie schon einmal mit Geschäftssitz Wolfach im Schwarzwald gab, anstatt in eine erneute Regression und AfD-Resig-Nation zu ver-fallen.

Es wäre nicht so tragisch, wenn nur „Gott tot" wäre, meine Damen und Herren. Fiktionen und Diktionen sterben langsam. Unser wirkliches Problem ist, dass es zu wenig Menschen und Welt-Bürger auf diesem Planeten gibt. Dies wusste u.a. schon der Philosoph Ortega y Gasset in seinen Werken »Der Mensch und die Leute«, 1957, und »Der Aufstand der Massen« von 1929. Die Masse kehrt zurück. Gefördert von Massen-Medien, die dachten, so Angela Merkel loszuwerden.

Haben wir in etwa 4 bis 6 Jahren Koalitionsgespräche zwischen einer Spahn-CDU, einer Lindner-FDP und der Gau-land-AfD? Weil „der Mensch" und „die Menschheit" mehrheitlich psychisch in ihnen tot sind, streiten sich Fraktionen, Österreicher, Deutsche, Briten, US-Amerikaner, Russen, Katholiken, Evangelikale, Lutheraner, Schiiten, Sunniten, Wahhabiten und andere Gruppen-Ego-is-men um die Reste des Kuchens Erde. Für die englischsprachigen Anwesenden und die Vertreter von Frankreich, Russland und China im Publikum: The idea and the ideal of Humanity is fallen apart into parties. And the common sense of human unity is broken into fractions. A long time ago.

Aber solche Frakturen garantieren nicht mehr die Stabilität von gesamtstaatlichen Überlebens-Strukturen. Fraktionen und Frakturen werden zu Huren von partikularen und finanzkräftigen „Sonderinteressen". Möglicherweise wird z.B. China daher die Globale Krise besser überstehen als „der Westen". Darin stimme ich Joschka Fischer zu. Carl Friedrich von Weizsäcker schrieb 1988 in »Bewusstseinswandel« von der Notwendigkeit eines Weltstaates, einer weltweiten Föderation und einer globalen Welt-Bürgerschaft. Aber auch er ahnte, dass seine Worte in der Masse und der Scheinelite verhallen werden. Fruchtlos. Und doch furchtlos vor Blamage, lassen Sie mich seine Worte wiederholen: „Der Weltstaat könnte ... die Probleme passabel lösen. (...) Freilich, wer soll misstrauische Todfeinde zu dem Souveränitätsverzicht überreden, ohne den die Föderation kein Staat wäre?“

Ich mache dazu in »Heimatland: Erde« einige Vorschläge. „Hitler als Vorläufer“, so Carl Amery, der AfD? Wir werden die dritte Talsohle nehmen müssen, die Impfschutz-Wirkung von Hitlers »Mein Krampf« ist verbraucht, um erst danach zum dritten Hügel einer Welt-Organisation der Dritten Generation zu kommen. Billiger geht es nicht mehr. Sie ahnen nun vielleicht, warum ich eingangs meiner Rede sagte, dass ich als Kosmopolit eigentlich die AfD als Beschleunigungsfaktor wählen müsste?

Dafür braucht es zunächst keine Diskussion über „Menschheits-Ethik“, sondern eher jene dumpfe Erfüllungsgehilfen einer dunklen, psycho-historischen Dynamik und Dialektik, wie wir sie u.a. in FPÖ, ÖVP, PiS, Front National und AfD vorfinden. (Als ob z.B. die SPÖ substanziell besser wäre, vielleicht nur verlogener?) Im kommenden Jahr 2019 gehen der kleinen Dependance der einstigen Weltbürgerbewegung hier in Deutschland nach 25 Jahren die finanziellen Geldmittel aus. 2019 wird dann das Jahr sein, wo ich vor 30 Jahren, am 09. November 1989, meinen deutschen Kriegsdienst erfolgreich mit einer kosmopolitischen, ökologischen und psychoanalytischen Begründung (zu finden auf der Website weltdemokratie.de) verweigert habe und anschließend unter der Ägide von Boutros-Ghali meinen Zivildienst im Rahmen der UNO ableistete.

2019 räumt der originäre Weltbürgertums-Überrest die oberste Ebene eines drei-dimensionalen Schachspiels und lässt die nationalistischen Antagonisten letztlich, wie bei einer paradoxen Intervention, für sich arbeiten. Das ist ein De-facto-Prozess. Ob die Weltbürgerbewegung circa 2033 wiederkehren wird, wenn es dann noch eine Spezies, des Namens Menschheit halbwegs würdig, geben sollte? Dies vermag ich nicht zu sagen.

Prof. Ernst Ulrich von Weizsäcker (li.) mit S. Mögle-Stadel auf dem Podium des Hospitalhofes

„Wer Menschheit sagt, will betrügen", orakelte 1932 der erzkonservative Staatsjurist Carl Schmitt, welcher sich dann 1933 – konsequent – der NSDAP als Mitglied anschloss. Und es stimmt. **Die meisten, die gedankenlos den Begriff „Menschheit" in den Mund oder in die Feder nehmen, lügen und betrügen sich selbst. Denn ihre Biografien sind nicht kongruent zur Verwendung dieses Wort-Schatzes.** Bislang erreichen erst wenige Menschen die kosmonautische Sichtweise und die kosmo-politische Handlungsweise als Bürger dieses Planeten Erde. Weltbürger wie Bertha v. Suttner, Albert Einstein, Garry Sol Davis, Albert Camus, Franklin und Eleanor Roosevelt, Thomas Mann und Elisabeth Mann-Borgese, Albert Schweitzer, Dag Hammarskjöld und Ossip Flechtheim, um nur einige zu nennen.

Insofern war Herr Gauland auf seinem Bewusstseinsdefizit-Level einfach nur ehrlich, als er gemäß Frankfurter Rundschau sagte: „Wir haben kein Interesse daran, Menschheit zu werden! Wir wollen Deutsche bleiben!" Werde ich also nun demnächst AfD wählen, um den „Tödlichen Fortschritt" der Dinge, mit Eugen Drewermann gesprochen, Richtung einer dritten Weltorganisation, nach dem nun anstehenden erneuten Absturz der Menschlichkeit, zu beschleunigen?

Ich werde es sehr wahrscheinlich nicht tun. Weil ich etwas bin, was Gauland für sich und seine Gesellinnen zu Recht verneinte: ein Mitglied der Menschheit. Ich danke Ihnen für Ihre Aufmerksamkeit.

*Die Veranstaltung fand am 19. November 2018 im Stuttgarter Hospitalhof statt, mit einem Auditorium von etwa 150 Zuhörer*innen. Nach der obigen Einführung von Stephan Mögle-Stadel, der Text gibt nur einen Teil (etwa 50 Prozent) davon wieder, referierte Prof. Ernst Ulrich von Weizsäcker. Im dritten Teil des langen Abends sprachen die beiden Redner miteinander und beantworteten Fragen aus dem Publikum. Der obige Rede-Text war das Hand-out für die vorangegangene Pressekonferenz und wurde dem Publikum beim Büchertisch kostenfrei zur Verfügung gestellt. Die von einigen Beamer-Bildern begleitete Rede von Stephan Mögle-Stadel, welcher sich nach dem ersten Drittel vom Manuskript löste und dann umfangreicher als hier textlich wiedergegeben, frei sprach, ist, genauso wie die frei gehaltene Rede von Prof. Weizsäcker (deren Transkription hier im Buch nachfolgt) auf einer DVD zu erwerben. Bezugsadresse auf Seite 274.*

3. Kapitel

Club of Rome – Erdpolitik und eine planetare Ethik

Auszug aus dem Vortrag

Prof. Dr. Ernst Ulrich von Weizsäcker

„Vielen Dank, lieber Stephan Mögle-Stadel, das war eine großartige Einführung. Ich versuche ein bisschen fortzusetzen. Die Weltbürgerbewegung war eine wunderbare, fast zwangsläufige Entwicklung nach dem Zweiten Weltkrieg. Man war sich im Klaren, dass die Vorstellung, die Europa mehr als ein Jahrtausend beherrscht hat, dass die Stämme, später die Nationen, ständig miteinander in Rivalität sind und Krieg gegeneinander führen, endlich zu einem Ende gebracht werden muss. (...) Auf dem Höhepunkt des Kalten Krieges haben ganz verschiedene Gruppen, zum Beispiel die Weltbürger-Bewegung, aber auch die Physiker dieser Erde (...), gefunden: Jetzt müssen wir etwas gegen die gegenwärtigen verheerenden Entwicklungen des Wettrüstens tun. Eine solche Gruppe, die relativ bekannt geworden ist, war Pugwash. Das ist ein kleiner Ort in Kanada, wo sich in den 1950er Jahren Physiker getroffen haben aus Ost und West, man lud also auch russische, sowjetische Physiker ein, mit dabei zu sein, um endlich gemeinsam das aus der Physik stammende Katastrophenpotenzial, nämlich einen Atom-Krieg, zu besprechen. (...) Vierzig Jahre später oder so, haben die dann den Friedensnobelpreis bekommen. Aber heute spielt die Pugwash-Bewegung nur noch eine sehr untergeordnete Rolle. (...)

Es zeigt aber, dass man auch fachbezogen – in diesem Fall Physik – so etwas wie ein Weltgewissen aktivieren kann. (...) In einem Schlösschen, **Laxenburg**, in der Nähe von Wien wurde gegründet das Internationale **Institut für angewandte Systemanalyse**. Man versuchte, mit den damals neuen Mitteln der Systemanalyse die verschiedenen Fragen anzupacken, wie z.B. die steile Vermehrung der Weltbevölkerung, was ja auf die Dauer nicht gutgehen kann. Oder die Begrenztheit der Ressourcen. Oder die Waffenentwicklung. (...) Und der prominenteste unter den Teilnehmern war ein Italiener mit dem Namen **Aurelio Peccei**. Er fand, dass die Entwicklung auf einen Kollaps zusteuert. Dann hatte er dort in Laxenburg einen Freund gewonnen, **Alexander King**, der war der Wissenschaftschef bei der OECD, dem Club der Industrieländer. (...) Mit dem **Club of Rome** ist den beiden dann der Sprung in die Weltbekanntheit gelungen.

Das erste Buch »**Die Grenzen des Wachstums**« wurde angeregt von dem inneren Kern des Club of Rome, also Peccei und King, sowie dem Deutschen Eduard Pestel, später Wissenschaftsminister im Lande Niedersachsen, und von Jay Forrester vom MIT in Boston. (...) Kurz zuvor hatte die Amerikanerin Rachel Carson das Buch »Silent Spring« geschrieben, in dem sie beschrieb, wie die chemische Umweltbelastung in Amerika dazu führte, dass auf einmal das Wappentier der Amerikaner, der Weißkopfseeadler, ausstirbt, weil seine Eierschalen nicht mehr standhalten. (...) Nach ungefähr einem Jahr Forschungsarbeit am mathematischen Weltmodell kam heraus, dass das Ganze auf einen Kollaps zuläuft, der in ungefähr 50 oder 80 Jahre eintreten würde. Das Buch wurde ein Weltbestseller. Etwa 30 Millionen Exemplare sind verkauft worden in allen Weltsprachen. Auch in Deutschland war es ein Bestseller. (...) Das heißt also, der Club of Rome war plötzlich im Bewusstsein aller angekommen. Dies ist in aller Kürze die Geschichte des frühen Club of Rome.

Das ist dann natürlich viel weiter gegangen, und wir waren alle sehr, sehr dankbar, dass zwischen dem sowjetischen Führer **Michail Gorbatschow** und dem damaligen, von uns ja doch mit einem gewissen Widerwillen betrachteten amerikanischen Präsidenten Reagan in Reykjavik so etwas wie das Ende des Konfliktes der Atomrüstung zustande gebracht wurde. Es sah aus amerikanischer Sicht heraus so aus, als hätten die Russen endlich eingesehen, dass das kapitalistische System letztlich das bessere sei, und deswegen würden sie jetzt klein beigeben. (...) Also in Amerika war ein gewaltiger Hochmut vorhanden. Und Francis Fukuyama, ein aus Japan stammender amerikanischer und regierungsnaher Autor, rief das Ende der Geschichte aus. Er sagte, das gute System hat über das schlechte gesiegt, und damit ist jetzt alles wieder in Ordnung.

Stephan (Mögle-Stadel, die beiden Duzen sich, Anmerkung Lektorat) hat soeben sehr klar gesagt, dass, nachdem dieser Kalte Krieg zu Ende war, auf einmal das siegreiche System in eine Art von Hochmut geraten ist, mit dem es eigentlich zu einem schlechten System geworden ist. Das nannte man dann die Globalisierung. Als ich im deutschen Bundestag war, gewählt von Stuttgarter Bürgerinnen und Bürgern, war ich als erstes Vorsitzender der Enquete-Kommission zur Globalisierung. Da haben wir festgestellt, dass das Wort Globalisierung erst nach 1990, nach dem Fall der Mauer, in die Sprachen der Welt eingewandert ist. (...) Und wir haben uns gefragt, wie kommt denn das, denn die Erde war vorher schon rund und den internationalen Handel und Tourismus gab es doch schon lange. Was hat sich denn da verändert?

Die Veränderung war: bis 1990 musste sich das Kapital im Westen mit den jeweiligen Regierungen irgendwie arrangieren, denn es waren die Staaten, die als Bollwerk gegen den Kommunismus zur Verfügung standen, während das Kapital an sich gegen die russischen Kanonen und Atom-Bomben überhaupt nichts hätte ausrichten können. Also war das Kapital einigermaßen anständig und brav, hat auch hohe Einkommenssteuern, Vermögenssteuern, betriebliche Mitbestimmungen, auch Umweltgesetze und viele andere Sachen toleriert, die eigentlich den Aktionären überhaupt nicht gefallen haben. Aber man brauchte halt den Staat als Gegner gegen den Kommunismus. Das heißt, der Kapitalismus wirkte vor 1990 viel angenehmer, viel menschenfreundlicher, viel „friedensstiftender“ bei uns im Westen und hat insofern mit Recht gesiegt über den doch ziemlich ineffizienten und diktatorischen Kommunismus. (...) Ostdeutschland war in einer fürchterlichen finanziellen Klemme, während Westdeutschland florierte. Also waren wir fast alle der Meinung, ja, das gute System hat über das schlechte System gesiegt. Nur, nachdem das Gute gesiegt hatte, wurde es selber schlecht, indem es plötzlich arrogant wurde, und man befand: Wozu brauchen wir denn jetzt eigentlich noch progressive Einkommenssteuer, Vermögenssteuer und Sozialhilfe und ich weiß nicht was alles, denn der Staat ist ja angeblich gar nicht mehr nötig. (...)

Wir haben einen gewaltigen Staatsabbau erlebt nach 1990. Also z.B. eine Senkung der Steuern ganz besonders für die Reichen. Die Reichen, die konnten natürlich auch den Staat erpressen, weil sie so mobil sind. Die normalen Arbeitnehmerinnen und Arbeitnehmer, die konnten ja nicht einfach von ihrem Arbeitsplatz verschwinden und auf die Bahamas auswandern und sagen, da brauchen wir keine Steuern mehr zu zahlen. Dann hätten sie keinen Job mehr gehabt. Das heißt also, das Kapital hatte da offenbar wieder eine riesige Machtposition gegenüber den Schwächeren in der Gesellschaft. (...) Das hat Stephan ja mit „Rückfall in den Manchesterfrühkapitalismus“ angedeutet.

Seit drei Jahren haben plötzlich die neuen, neo-nationalistischen rechten Parteien sich das Thema geklaut und tun auf einmal so, als seien sie die Verteidiger des Volkes gegen diese globalen Finanzmärkte. Der Ärger ist bloß, dass sie überhaupt keine vernünftige Antwort haben. Denn Rückfall in den Nationalismus ist nicht nur wirtschaftspolitisch, sondern auch friedenspolitisch und in praktisch allen anderen Hinsichten genau die falsche Antwort. (...) An der Stelle ist der vorhin von Stephan zitierte SPIEGEL-Artikel ausgesprochen vernünftig, zu sagen: Warum können wir nicht in Bezug auf eine vernünftige Weltregierung wenigstens mit den G-20 Staaten anfangen? (...)

Dann kam Alexander King, Peccei war in der Zwischenzeit gestorben, als Präsident des Clubs auf den Gedanken, dass man nun, nachdem der Kalte Krieg zu Ende sei, gigantische Mengen von sogenannten **Friedensdividenden**, freigewordenen Geldmitteln, in der Hand halten würde, nämlich durch die Abrüstung. Dann könnte man doch all das Geld, das vorher in diese schreckliche Hochrüstung gegangen ist, für die finanzielle Lösung der Probleme, die wir auf der Welt haben, einsetzen. Er und sein damaliger Generalsekretär, der Franzose Bertrand Schneider, haben sodann einen Bericht geschrieben mit dem Titel »**The First Global Revolution**«. Der SPIEGEL hat damals auf Deutsch ein SPIEGEL-Spezial Nr. 2, 1991, dazu gemacht.

Der Ärger war nur, dass das, was ich soeben skizziert habe, eintrat, nämlich die Machtübernahme durch die modernen Kapitalunternehmen. Steuersenkungen ohne Ende zugunsten der Reichen. Das heißt, die ganzen Friedensdividenden versackten in die niedrigere Besteuerung von Unternehmern, von reichen Leuten. (...) Das heißt also, aus den schönen Plänen von der globalen Revolution ist nichts geworden. Der Bericht war ein Blindgänger. Aber daran war nicht der Club of Rome schuld, sondern die Entwicklung, wie ich es eben skizziert habe. Danach hat der Club of Rome ungezählte weitere Berichte gemacht.

Stephan Mögle-Stadel hat mich im Vorfeld der Veranstaltung daran erinnert, dass ein aus Israel stammender Politologe, Prof. **Yehezkel Dror**, über die Regierbarkeit oder eben Nichtregierbarkeit der Welt einen **Bericht*** geschrieben hat. Das war ein sehr bedeutender Bericht, der die Frage der Global Governance, der globalen Regierbarkeit, explizit aufgegriffen hat, allerdings eher pessimistisch. Es war eigentlich ein Trauerspiel, was da zu beobachten war. (...)

* (Anm.: »Ist die Erde noch regierbar? Ein Bericht an den Club of Rome«, 1995, Bertelsmann Verlag)

Heute haben wir einen Weltmarkt, der keinerlei Regeln mehr richtig unterworfen ist, den global keiner wirklich steuern kann. Und das Recht ist im Wesentlichen national geblieben. Das ist eine der ganz großen Krisensituationen, über die wir heute diskutieren müssen. (...) Die heutige Doktrin der Rechthaberei, wie sie insbesondere in westlichen Ländern, ganz schlimm in Amerika, vorherrscht, ich habe da sechs Jahre meines Lebens verbracht, kann doch auf die Dauer nicht das Richtige für Menschheit und Erde sein. Wir brauchen mindestens eine vernünftige Balance. (...) Eine Balance zwischen Staat und Markt, aber auch zwischen Staat und Religion. Ich vermute, niemand hier im Raum möchte gerne einen islamischen Staat. Aber der christliche Staat vor Luther mit Hexenverfolgung und Hexenverbrennung war auch ganz entsetzlich. Eine alles beherrschende Religion ist eine Katastrophe. Aber ein Staat, der die Religionen verachtet und unterdrückt, ist auch idiotisch. Also auch da wieder Balance. (...)

Eine Innovation, die die Stabilität ruiniert, ist eine Katastrophe, aber eine Stabilität, die zur Stagnation führt, ist auch eine Katastrophe. Eine Balance brauchen wir. Im europäischen und im US-amerikanischen Zivilisationsbereich das Dogma vorherrscht: Der eine hat Recht, der andere hat Unrecht. Und dass der, der Recht hat, den besiegt, der Unrecht hat. Es ist idiotisch. Wenn man genau den gleichen Konflikt einem Asiaten vorlegt, einem Chinesen, einem Inder, dann ist dessen erste Reaktion: Ja, selbstverständlich können beide recht haben. Es kommt nur auf die vernünftige Balance an. Das müssen wir Europäer und die Amerikaner von Asien lernen. Und dann, wenn man in Ruhe darüber nachdenkt, dann kann man auch von Afrika einiges lernen. (...)

In dem letzten Club of Rome **Bericht »Wir sind dran«** hat ein inzwischen verstorbener Physiker ein eigenes Kapitel über die Herausforderung der Global Governance geschrieben. Er sagt, mit dem Weltstaat-Gedanken kann man sich anfreunden, aber ihn durchzusetzen, das kriegen wir nicht hin. Das ist leider eine völlig aussichtslose Geschichte im Moment. Das kann später anders werden. (...)

Und dazu haben wir in Europa eine wunderbare historische Erfahrung. Nach 1000 Jahren von Kriegen haben wir uns nach dem Zweiten

Weltkrieg zusammengerauft zu einer Europäischen Union – ursprünglich Europäische Wirtschaftsgemeinschaft – mit der Zielsetzung, dass die Einzelstaaten viele ihrer Souveränitätsrechte abgeben und dabei gewinnen und nicht etwa verlieren. Also wenn ich die AfD-Politiker höre, dann klingt es ja immer so, als würde man ärmer, wenn man Souveränitätsrechte an eine andere Autorität abgibt. Nein, wir sind reicher geworden in der Europäischen Union. (...)

Die Idee von Kohabitations-Ministerien für globale Zusammenarbeit finde ich großartig, und sie wären dann vermutlich eine Art von Präludium für eine Weltgesellschaft, um eines Tages die Grundgedanken der Weltbürger-Gemeinschaft, die Stephan Mögle-Stadel repräsentiert, politisch möglich zu machen. Vielen Dank für Ihr Zuhören.

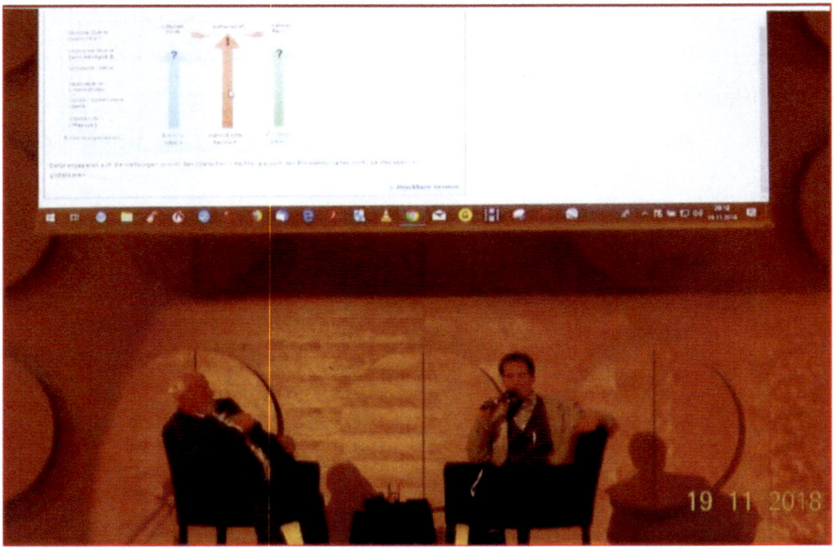

https://weltdemokratie.de/movies/Weizsaecker_Dreigliederung_.jpg
Redner mit Grafik-Einblendungen über den Köpfen

„Die notwendigen Dinge, die zu tun sind“

Aus dem Gespräch zwischen
von Weizsäcker (EUvW) und Mögle-Stadel (SMS)

SMS: Was wir im linken blauen Pfeil sehen, das wäre der Rechtsbereich. Dazu zählen zum Beispiel auch staatliche Strukturen, über die gerade gesprochen wurde. Dann haben wir auf der anderen Seite diesen grünen Bereich, den würde man heute Ethik-Sektor nennen. Dazu gehört alles, was Werte-Bewusstsein stiftet. (...) Und in der Mitte sehen sie den roten Pfeil, das ist der Wirtschaftsbereich. Und jetzt können wir feststellen, Stichwort Globalisierung, dass sich von allen drei Sektoren nur der mittlere Sektor, nämlich die Wirtschaft hin zu einer globalen Ebene, der Welt-Wirtschaft, globalisiert hat. (...) Die anderen beiden Sektoren, also der Ethiksektor und der Rechtssektor, der Staatssektor, sind zurückgeblieben im bestenfalls kontinentalen Bereich, oder sogar noch ein Stück weiter unten im nationalen Bereich. Und das bringt jetzt diese Spannung rein, dass wir einen globalen Akteur haben, der sehr effektiv ist, aber wir haben nichts, das ihn – wie Ernst Ulrich schon sagte – ausbalanciert auf der globalen Ebene. Wir haben eben keine weltbundesstaatlichen Rechtsstrukturen, die z. B. eine gerechte globale Besteuerung durchsetzen könnten, um eben diese inter-nationalen Finanzströme zu besteuern und dadurch andere Aufgaben wie z.B. Umweltschutz zu finanzieren. Und wir haben auf der anderen Seite auch keinen Weltethos, keine Weltethik, oder wie die Veranstaltung sich hier ja auch nennt, keine „Ethik für die Menschheit“, keine Menschheitsethik. Wir haben viele verschiedene Ethiken, die sich widersprechen und bekämpfen.

Der Versuch von Professor Küng mit dem Weltethos-Institut war ja etwas, das dieses Defizit, diesen ethikfreien Raum auf der globalen Ebene durchaus erkannt hat. Der Gedanke war dann, wir lassen sogenannte spirituelle Führer, den Papst, die Mullahs, die Oberrabbiner, den Dalai Lama etc. zusammenkommen in einer großen Konferenz und die entwerfen dann eine „Erklärung des Weltethos". Und alle ihre Gläubigen und die Mitglieder der Kirchen, die richten sich dann danach.

Mein Kritikpunkt daran wäre, dass vollkommen außer Acht gelassen wurde, der starke Zug der Individualisierung heutzutage. Viele Katholiken z.B. richten sich glücklicherweise nicht mehr danach, wenn ihre Bischöfe predigen: „Geht hin, seid fruchtbar und mehret euch!" ist verboten und so. Viele praktizieren Empfängnisverhütung aus vernünftigen Gründen. Ich denke, dass heutzutage diese Art von Weltethos, der von Oben nach Unten verordnet wird, nicht wirklich durchkommt. Sondern, dass man hier anregen muss eine Menschheitsethik, die sich speist aus den Handlungen von ungeheuer vielen Menschen, die als Vorbilder gelten können. Das können sein, der Initiator der Weltbürgerbewegung von 1948, Garry Davis, oder ein Albert Schweitzer, ein Nelson Mandela, eine Bertha von Suttner, eine Eleanor Roosevelt oder ein Dag Hammarskjöld, der als zweiter Generalsekretär der Vereinten Nationen Geschichte geschrieben hat. (...)

An solchen Menschen kann man sehen, wie Global Governance eigentlich verbunden ist mit Human Guidance, mit menschheitlicher Führungskunst. Aber nicht wie Leadership, sondern wie Guidance, eine Art Bergführerschaft. Und ich denke, daraus speist sich etwas, was wir Menschheits-Ethik nennen können. Und ich übergebe die Frage jetzt an Professor Weizsäcker: Vielleicht war es bislang auch immer ein bisschen ein Manko vom Club of Rome, dass man gedacht hat, man hat gute Vorschläge, aber die Re-Evolution, die ergibt sich dann von selbst, ohne kosmopolitische Anführung. Was natürlich so nicht funktioniert hat.

EUvW: Zwei Sachen dazu. Beim Club of Rome hat man ganz bewusst gesagt, jemand, der aktiv in der Politik ist, ist entweder gar nicht mehr Mitglied des Club of Rome oder schlafendes Mitglied. Wir wollen uns nicht in die akute Politik einmischen. (Anm.: Siehe Interview mit Alexander King im Buch.) Das war eine Idee aus den Gründungsjahren. Damals war es eine Riesenversuchung, sich als Welt-Gewissen oder Weltwissenschaftler-Gewissen zu gerieren. Das war nicht gewollt. Ganz bewusst. Und zweitens, in Bezug auf Pädagogik, gab es sehr wohl bedeutende Berichte. Der bekannteste davon ist »No limits to Learning«. Daraus ist in Deutschland entwickelt worden, als das Sekretariat des Club auf Rome in Hamburg war, die Idee von Club of Rome Schulen, die dann auch eingerichtet worden sind. Wir haben so etwa ein Dutzend in Deutschland, wo über die für uns heute relevanten Probleme geredet wird. Also, wir sind da nicht einfach schweigsam, sondern bescheiden.

SMS: Im Grunde vielleicht auch zu bescheiden. Mich würde es als Journalist und Geschichtslehrer natürlich interessieren, zu fragen, wer diesen Club of Rome Bericht über die Erziehung von Ihnen im Publikum gelesen hat? Geben Sie ruhig ein Hand-Zeichen. Da sehen wir, ich dachte es mir, keine Handzeichen. Das ist ein bisschen das Problem.

EUvW: Der Bericht ist schon dreißig Jahre her.

SMS: Das ist ein berühmter Bericht gewesen, ich kenne ihn. Ich habe ihn im Bücherregal stehen. Ich habe ihn sogar gelesen. Aber unser Problem, das Problem der Weltbürger wie das des Club of Rome, ist die Transformation in die moderne unterhaltsame Medien-Gesellschaft. (...) Irgendwelche Neonazis machen irgendwo ein Feuerchen: Sie sind garantiert in der Tagesschau. Aber der Club of Rome oder die Weltbürger-Stiftung haben es da unendlich viel schwerer, in dieser Medienthrill-Kultur Fuß zu fassen. Man kann auch sagen, es ist leichter, etwas kaputt zu machen als etwas aufzubauen. Diese zwölf „Club of Rome Schulen", die es jetzt gibt, sind unter der 1-Prozent-Schwelle. Übrigens, die Weltbürger-Stiftung hat hier in Deutschland ein Projekt, das nennt sich „Globalisierung und Weltbürger-Kunde", d. h. wir gehen in Schulen rein und machen mit denen Projektwochen oder Oberstufentage. (...) Aber ich muss selbstkritisch zu uns und ich darf auch im bisschen kritisch zum Club of Rome sagen: too late and too little.

Wenn ich das aus dem Englischen übersetze: Wir sind ein bisschen spät dran, und es ist noch zu wenig. Aber zwölf Club of Rome Schulen, das ist ein guter Anfang. Gleichzeitig wissen wir ja natürlich, dass die Globalisierungskrise auch eine Beschleunigungskrise ist. Die Dinge verschlimmern sich immer schneller, und wir sind da ein bisschen in einem Wettlauf mit der Zeit. (...) Wir sprechen zwar im normalen Sprachgebrauch von dem Wort „Menschheit", aber wir müssen doch, bitteschön, zur Kenntnis nehmen, dass diese „Menschheit" zunächst eine Ideengeschichte ist, die von einzelnen Menschen repräsentiert wird, mit Erich Fromm gesprochen, die sich persönlich so weit entwickelt haben, dass sie zu Repräsentanten dieser Menschheitsidee wurden. Aber es ist erst eine kleine Gruppe. Wir sind jetzt, in der Wissenschaft nennt man dies „Flaschenhals-Syndrom", an einer Schwelle angekommen, wo wir dieses Problem der Nicht-Menschheits-Werdung irgendwie lösen müssen.

Und es ist wie ein Zen-Koan, es ist schwer, scheinbar paradox. Jetzt sitzen die beiden da vorne und reden über Menschheits-Organisation, aber in der Medien-Wirklichkeit sieht man die AfD, die Stimmengewinne hat, den Front National, die zweite rechte Regierung in Österreich nach der von Wolfgang Schüssel im Jahr 2000. Und der normale Medienkonsument denkt, falls er uns zufällig kurz zuhören würde: Was reden die beiden da eigentlich?

Ich denke, es ist ein fundamentales Problem. Und in dem Wort fundamental steckt auch das Wort mental. Es ist ein mentales Problem wie im Zen-Yoga, an dem wir uns abarbeiten. (...) Und ich denke – wir hatten heute schon ein Gespräch mit Rüdiger Vaas von „Bild der Wissenschaft" darüber –, kosmologisch gesprochen stehen wir hier an einer Schwelle, wo vielleicht viele Zivilisationen, so es sie gibt und gab in unserer Galaxis, schon vor uns standen und daran gescheitert und ausgestorben sind. Die Schwelle zum Planeten-Management, die Schwelle zu erkennen, dass eine Spezies, die unser technologisches Niveau erreicht hat, lernen muss, eben auch als „Eine Spezies" zusammenzuarbeiten, nämlich als Menschheit. Und nicht mehr länger zersplittert in 200 gegeneinander konkurrierende und kriegführende Nationalstaaten. Es ist also wirklich eine kosmische Intelligenzaufgabe, ein Art kosmischer Turing-Test. Entweder bestehen wir den oder wir scheitern daran.

EUvW: Ich würde zunächst einmal die Sichtbarkeit der AfD in den Medien nicht so negativ bewerten. Die Zeitungen berichten über fast jeden Verkehrsunfall und berichten überhaupt nicht über normales Fahren. Aber das Berichten über Verkehrsunfälle hat zu einer ganz beachtlichen verbesserten Gesetzgebung und verbesserter Autotechnik geführt, so dass wir heute sehr viel weniger Tote auf der Straße haben als früher. Und so ähnlich kann die intensive Beschäftigung mit der AfD dazu führen, dass man sehr bald für solchen Blödsinn nicht mehr so anfällig ist. Ich finde es daher nicht so schlimm, wenn die Medien ständig darüber berichten. Die Hauptsache ist natürlich, dass wir etwas dagegen setzen können, und zwar inhaltlich. Dazu muss natürlich eine Art von planetarem Bewusstsein gehören.

Aber auch konkrete Dinge, im Sinne von diesen Kohabitations-Ministerien. (...) Dass also nicht einfach die Starken die Schwachen vom Platz fegen und die dann ins Elend stürzen, sondern dass auch auf der Weltebene eine vernünftige, soziale Gemeinschaft geschaffen wird. Das ist ja der Grundgedanke der Nachhaltigkeits-Agenda der Vereinten Nationen, 2015 beschlossen, mit den 17 sustainable development goals, nachhaltigen Entwicklungszielen. Dies ist eine Art von großem weltweitem Solidarprogramm. (...)

SMS: Nun ist es ja so (wir gehen gleich über zu den Publikumsfragen, ich habe schon den Herrn gesehen, der gerade die Hand hochgestreckt hat), dass der Mensch leider nicht nur aus Vernunft besteht, sondern wir haben natürlich auch einen großen Bereich von Irrationalismus. Ich bin ein bisschen außerhalb der Zeit, weil schlichtweg meine Armbanduhr noch beim Rednerpult liegt. Vielleicht kann Professor Weizsäcker mir sagen, wieviel Uhr wir haben?

EUvW: Fünf nach halb neun.

SMS: Wir wollten ungefähr um diesen Zeitpunkt die nächste halbe Stunde nutzen für Fragen und Gespräch mit dem Publikum. Dann wäre es jetzt vielleicht eine gute Chance zu dem Herrn überzuleiten, der sich da schon gemeldet hat.

Älterer Herr: Ich bin in jungen Jahren engagiert gewesen, als Achtundsechziger. Das meiste, was hier erzählt wurde, weiß ich. Aber meine Kinder wissen es nicht. Ich kriege es denen auch nicht vermittelt. Es geht so furchtbar viel verloren dadurch. Und man fängt immer wieder an, das Rad neu zu erfinden. Meine Frage an Sie, ich habe da eine gewisse Resignation, gibt es vom Club of Rome Ideen, wie man ein Gleichgewicht schaffen kann zwischen einer Weitergabe von Wissen und dem Enthusiasmus der Jungen, die alles neu machen wollen.

EUvW: Eine hervorragende Beobachtung. Mir geht es natürlich genauso. Ich war auch rebellisch als Juso-Vorsitzender in Freiburg. Ich habe manchmal wirklich andere Auffassungen als so manche in der jungen Generation. Im Moment sind die mir eher zu konservativ. Ich bin zuversichtlich, dass das, was unsere Generation gut gemacht hat, zum Beispiel in der Transformation von einem nationalistischen Deutschland zu einem europäischen Deutschland, dass das bleibt. Es gibt ein paar Idioten, die das heute immer noch nicht begriffen haben und zurückkehren wollen, aber die sind marginal. Auch wenn sie im Moment sehr viele Stimmen kriegen. (...) Trotzdem darf man das Problem nicht verniedlichen, die Selbstheilungskräfte in einer Gesellschaft sind manchmal zu schwach, und es ist wichtig, die Probleme als solche zu identifizieren, (...) das hilft dann, die richtigen Fragen zu stellen statt die falschen. Die falsche Frage ist ja in dem Beispiel, das ich genannt habe, dass man über die EU irgendwie unglücklich ist, (...), und dann die närrische Alternative aufbaut: Machen wir doch lieber alles wieder im nationalen Rahmen. Das ist doch schlicht absurd. Und die erdrückende Mehrheit in Deutschland weiß das inzwischen. (...) Aber die Art, wie wir in der Schule gelernt haben, da waren wir viel zu brav. Und jetzt gibt es junge Leute, insbesondere auch in den Club of Rome Schulen, die finden, Sachen konstruktiv anpacken, statt nur rezeptiv, ist doch eine tolle Sache. Da bilden sie selbst Arbeitsgruppen. Das fing historisch in der Reformpädagogik der 1920er Jahre an, dann bei den Montessori-Schulen, dann bei den Waldorfschulen und bei einigen anderen. Und damit kommt eine neue Sorte von Pädagogik ins Land, von der ich das Gefühl habe, das ist doch besser als das, was wir bisher gemacht haben. Also ich bin auch gegenüber der jungen Generation manchmal, wie Sie, kritisch und sage: Können die nicht auch ein bisschen was von dem lernen, was wir durchlebt haben. (...)

SMS: Also ich bin ja noch ein bisschen von der jüngeren Generation. Ich sehe es eher als ein Kopf-an-Kopf-Rennen. Also ich würde die Gefahr durch AfD oder Front National oder FPÖ nicht in dem Sinne sehen: Ok, das sind ein paar Spinner und es ist wie eine Neurodermitis und nach vielleicht vier Tagen, aber vielleicht auch erst nach vier Jahren oder 14 Jahren, hat sich das von selbst erledigt. Wir leben in einer hoch gefährlichen Welt im Sinne der technischen Möglichkeiten. Wir leben in einer hoch gefährdeten Welt im Sinne der ökologischen Notwendigkeiten, die wir angehen müssen. Manchmal würde es da sogar genügen, wenn so ein paar „Spinner“ die Lösungen, die ja durchaus möglich wären, soweit verzögern, dass wir in ein Zeitdefizit kommen, das als richtig Erkannte nicht mehr anwenden zu können – und dadurch entsprechende Einbrüche oder Zusammenbrüche erleben.

EUvW: Kein Widerspruch hierzu.

Zweiter Fragender: Wenn ich heute Abend nochmal reflektiere, dann stelle ich schon fest, dass es eine Spaltung gibt. Auf der einen Seite gab's immer schon Gruppen von Intellektuellen, von Wissenschaftlern, die sich ausgetauscht haben über die Situation der Welt, die dann Bücher geschrieben haben und gehofft haben, dass möglichst viele Leute das lesen und dass sich das verändert dann. Und wir stellen nun fest, dass das offensichtlich ein Weg ist, der nicht dazu führt, dass es zu großen, grundlegenden Veränderungen kam. Und ich sehe die Spaltung darin, dass es auf der anderen Seite viele Gruppen von jungen Menschen gibt, die heute weltweit anfangen, neu zu denken. Die sich dem Konsumzwang entziehen. Die sich zusammenschließen in Dorfgemeinschaften.

SMS: Das war jetzt ein Statement, aber keine Frage. Haben wir noch eine Frage, bevor wir vielleicht zu weiteren Statements kommen?

EUvW: Ich möchte noch ein Wort dazu sagen. Sie haben vollkommen recht damit, dass ich auch mit Bücher schreiben beschäftigt war. Aber ich bin ja dann in den Bundestag gegangen, wo Hermann Scheer zur mir kam, in meiner Fraktion, und sagte: Wir haben hier ein wunderbares neues Gesetz entworfen, Erneuerbare-Energien-Gesetz, hilfst du mir, dass wir das durch die Fraktion durchkriegen? Da habe ich sofort gesagt, ja, wunderbar. (...) Das hat die Welt verändert, viel mehr als jedes von den Büchern, an denen ich gearbeitet habe. Also, Sie haben recht, man muss es auch praktisch machen. Und wenn junge Leute neue Lebensstile entwickeln, freut es mich.

SMS: Dazu eine Anmerkung. Seit meinem 16. Lebensjahr lebe ich vegetarisch, mit 22 habe ich mein Automobil abgeschafft und mir seitdem kein neues Auto zugelegt. Aber darüber hinaus möchte ich sagen, dass diese persönlichen Verantwortungsstile, also vegetarisch leben, nicht nur wegen der armen Tiere, sondern weil es ökologisch sinnvoll ist, nicht ausreichen. Was mir ein bisschen fehlt, ich bin ja nicht nur Journalist, ich bin ja auch Oberstufen-Lehrer für Geschichte und Geographie, kenne also die Schüler-Generationen. Was mir da auffällt, sie versuchen vieles im Kleinen (...) mit WGs, mit Öko-Dörfern und so.

Aber ich sehe auf der anderen Seite auch die Notwendigkeit, breiter politisch tätig zu werden, so wie z.B. damals die 68er-Bewegung. Und so war es im Ansatz auch 1948 in der Weltbürger-Bewegung. Garry Davis in seiner Autobiografie »Heimatland: Erde« schildert, wie er von Frankreich über die Rhein-Brücke bei Kehl nach Deutschland wollte, weil er eingeladen war, hier in Deutschland Vorträge zu halten, wo er dann 1949 in Hannover das Weltbürger-Geld als von den Hannoveranern akzeptiertes Zahlmittel erfunden hat. Die französischen Gendarmen wollten ihn nicht über die Brücke gehen lassen, weil er ja staatenlos war und ohne nationale Identitätspapiere. Die Studenten von Straßburg haben sich zusammengerottet und wollten ihm mit Knüppeln bewaffnet den Weg durch diese Polizeikette freikämpfen nach Deutschland. Garry Davis hat dann eine Ansprache gehalten und gesagt: Moment mal Leute, das ist nicht Weltbürgertum, das muss man intelligenter, friedlicher lösen. Und dann ist er nachts im Schlauchboot über den Rhein gefahren. Was mir heute fehlt bei den meisten nicht nur jungen Leuten, ist die größere politische Dimension. Ich habe nächstes Jahr mein 30-jähriges Jubiläum, wo ich am 9. November 1989 meinen Kriegsdienst aus kosmopolitischen und ökologischen Gründen verweigert habe, mit einer Psychoanalyse das Patriarchats und des Militarismus. (...) Ich habe mich durchgekämpft (...) und habe dann als erster und auch als einziger Deutscher meinen Zivildienst bei den Vereinten Nationen unter Boutros-Ghali gemacht. Das meine ich, wenn ich sage: Okay, Ökodörfer sind gut, vegetarisch leben ist gut, aber diese kosmopolitische Dimension, die sehe ich momentan noch tief schlafen. Sehen Sie das gänzlich anders oder kommen wir da überein, Professor Weizsäcker?

EUvW: Ich sehe das ähnlich. Ich will versuchen, beim Club of Rome auch eine Art Jugendorganisation zu gründen.

SMS: Was ja mit den Club of Rome Schulen immerhin langsam anläuft. Und ich denke, das historisches Momentum, das kann man am Reißbrett nicht planen, eine neue Jugendbewegung oder eine neue Studentenbewegung. Da müssen verschiedene Faktoren zusammenkommen. Aber man kann vorbereitet sein, wenn das Momentum stattfindet, dass dann Multiplikatoren, Institutionen, Möglichkeiten, Foren da sind, um den jungen Menschen Unterstützung zu liefern. Weitere Fragen?

Zuhörer, männlich: Ich habe mit Interesse vernommen, wie hier ein Idealismus präsentiert wird, der mir echt zu Herzen gegangen ist. Und jetzt habe ich eine Aufbruchsstimmung, die zumindest bis zum Einschlafen nachher anhält. Und morgen kommt dann der Alltag, meine Frau und Aktivitäten im Haushalt. Aber was ist das eigentlich, das im Fernsehen zum Beispiel Sex & Crime und dann zur Abwechslung Crime & Sex und Action die Leute viel eher anspricht als die wirklich gut gemeinten, auf Weltrettung hin zielenden Ideen, die dann doch offensichtlich am Menschen, wie er ist, vorbeilaufen? Da gibt es doch die große Mehrheit, die durch Idealismus oder Intellektualismus gar nicht mehr zu erreichen ist. Warum machen Sie überhaupt dann so etwas, wie diese Veranstaltung hier, wenn ich das fragen darf?

SMS: Ernst, antworte Du mal bitte zuerst.

EUvW: Also mir geht's natürlich häufig ganz ähnlich, wobei meine Frau auch zu den Idealisten gehört. Sie ist im Moment in Ägypten bei der Vertragsstaaten-Konferenz der Vereinten Nationen über die Konvention der biologischen Vielfalt. Da arbeitet sie meistens bis Mitternacht und macht das wahnsinnig gut und die Gegner haben Angst vor ihr. Also Idealismus verträgt sich bei uns in der Familie sehr gut mit praktischem Anpacken. Gestern habe ich für die ganze Familie gekocht, wir leben in einem Drei-Generationen-Haushalt, also mit Tochter und Schwiegersohn und deren drei Kindern. Und da waren noch Gäste. Also es ist nicht so, einfach nur so abgehobener Idealismus. Ich bin sehr dafür, dass man im praktischen Leben, so im schwäbischen Sinne, gescheit arbeitet. Und das auch gut tut. Aber das heißt nicht, dass ich mich blind stelle gegenüber den wirklichen Herausforderungen, die einfach nun einmal da sind in der Politik, in der Wissenschaft. Ich habe vorhin über dieses Gene Drive Problem geredet oder über die Klimafragen. Da gibt es wahnsinnig viel zu tun, wo man dann auch Vorbild sein kann, zum Beispiel als Vegetarier, das ist auch wichtig. Und ich fahre selbstverständlich mit der Bahn, wo immer es geht. Nur in zwei Wochen muss ich nach Shanghai, und das geht mit der Bahn nicht so gut, um die chinesische Ausgabe von dem Buch »Wir sind dran«, das dort hinten auf dem Büchertisch liegt, den Chinesen vorzustellen. Ich möchte mit interessierten Chinesen darüber reden, wie macht man daraus eine chinesische Öko-Volksbewegung. Also ich finde, auch hier wieder eine vernünftige Balance zwischen einem guten Idealismus, der einem aber nicht zum Pessimisten machen darf, weil dann irgendwann auch die nicht so gute Realität wiederkommt. Da sollte man diese Realität auch noch mitertragen, oder? Auch morgen früh noch.

SMS: Ich hatte vor ein paar Monaten eine Diskussion mit einem Kollegen vom Club auf Rome, mit Professor Radermacher, in der Nähe von Ulm. Und der sagte, was auch viele andere Wissenschaftler sagen: Wenn er sich die Überlebenschancen der Menschheit für die nächsten 30 bis 50 Jahre anschaut, dann ist er zu 75 % Pessimist. Aber er arbeitet für die restlichen 25 %. Ich habe noch etwas anderes bei Ihrer Frage mit herausgehört. Man kann ja auch fragen, warum engagieren Sie sich bei solchen scheinbar idealistischen Dingen wie Weltbürgertum, Menschheitsethik, Club of Rome, Warnung der Menschheit vor dem Öko-Kollaps etc. Ich möchte kurz auf Václav Havel hinweisen. Václav Havel war Mitglied der Weltbürger-Bewegung und hat in seinem Buch »Versuch, in der Wahrheit zu leben« geschrieben, dass es nicht darum geht, ob eine Aktivität am Ende wirklich erfolgreich ist oder ihr Ziel erreicht, sondern es gibt Dinge, die sind sinnvoll, die gehören so zur Menschenwürde, dass sie getan werden aus einem inneren

Imperativ heraus. Ich kann keine Garantie abgeben, ob vielleicht nicht in 20 Jahren hier Halbwüste ist oder Radioaktivität durch einen Atomkrieg. Aber ich habe für mich einen Weg gefunden, über die UmWeltbürger-Bewegung etwas zu tun, wovon ich zutiefst überzeugt bin, dass es sinnvoll ist und zu meiner Würde als Mensch beiträgt. Andere mögen vielleicht die Flucht in Drogen antreten, weil sie von den Problemen, auch von negativen Autosuggestionen, so überschwemmt sind, dass sie sagen, nach uns die Sintflut. Oder denken Sie an das Wort Konsumenten, trennen Sie das Wort bitte in der Mitte, dann haben Sie den Begriff Konsum-Enten. Natürlich kann man auch versuchen, den letzten Sommerschlussverkauf zu veranstalten. Aber um die Würde unserer selbst als Menschen willen, stimme ich Václav Havel zu, dass es egal ist, wie es ausgeht am Ende, sinnvoll und würdevoll ist, sich im Rahmen von solchen Organisationen wie Club of Rome oder Weltbürger-Bewegung zu engagieren. (Applaus aus dem Auditorium)

Fragestellerin: Das Thema Ethik ist heute schon mehrfach angeklungen, und manche sagen, wir leben heute in einer Bewusstseinsrevolution. Wir haben dazu die industrielle Revolution hinter uns gebraucht, die Informationsrevolution, und ich denke mal, da gehört nun die Ethik-Frage dazu. Was mich beschäftigt ist, wie bekommen wir ethisches Verhalten, was ich als Grundlage ansehe für die ganze Entwicklung, wie bekommen wir ethisches Verhalten in die Menschheit?

EUvW: Meine Beobachtung ist, dass die Religionen dazu sehr positiv beitragen könnten. Aber wenn die Religionen intolerant gegen andere, Andersgläubige und gegen wenig Gläubige sind, dann zerstören sie das, was sie eigentlich aufbauen sollten. (Anm.: Gesagt in einem evangelischen Veranstaltungszentrum mit teilweise christlich orientierten Zuhörern und mit einem Gesprächspartner, der als Humanist bewusst nontheistisch eingestellt ist.)

SMS: Meine Antwort wäre, dass wir durchaus riskieren müssen, uns die Finger an den (ökologischen) Herdplatten zu verbrennen. Denn das ist der Weg, wo die meisten von uns als Kinder gelernt haben, dass das Ding (hier nun das biosphärische Gleichgewicht) verdammt heiß ist und dass man besser die Finger davon weglässt. Das ist natürlich jetzt etwas riskanter, mit unserer Waffen-Technologie, sich die Hände zu verbrennen. Aber ich fürchte als Pädagoge, dass wir immer noch in diesem Prinzip drinstecken, dass man erst konkrete Negativ-Erfahrungen machen muss, und dann anhand dieser Negativ-Erfahrungen seine Rückschlüsse zieht, wie es jetzt besser in einer globalen Welt zu managen wäre. Ich denke, wir sind gerade dabei in Europa, uns an diesen nationalen Bewegungen erneut die Finger zu verbrennen, und ich hoffe, dass wir daraus dann die richtigen Schlüsse ziehen werden. War das, angesichts der späten Abendstunde, beim Thema Schlüsse ziehen vielleicht schon fast ein gutes Schlusswort?

Ernst Ulrich von Weizsäcker nickt lächelnd. (Applaus aus dem Auditorium)

Die DVD-Video-Dokumentation der Veranstaltung ist erwerbbar, mit weiterem Zusatzmaterial, unter der Bezugsadresse auf Seite 274.

4. Kapitel

Ökokrise: Wir brauchen ein neues Wertesystem

„Kann in der Demokratie ein politischer Führer ökologisch ehrlich sein und als politischer Führer wiedergewählt werden? – Und die Antwort ist: Nein.“ (A. King)

Gespräch mit Alexander King (1909–2007), Co-Gründer und Präsident des Club of Rome (CoR) von 1984 bis 1990. Auszugsweise publiziert im September 1989 in der Zeitschrift Connection.

Anlässlich der „Club of Rome“ Tagung im Juni 1989 in Hannover interviewte Stephan Mögle-Stadel den Präsidenten des Club of Rome, Alexander King, über den neuen Menschen, die Feigheit der bestellten Politiker und den Handlungsspielraum der UNO.

„Jenseits der Grenzen des Wachstums“ lautet das Motto der 21. Tagung des Club of Rome im Messezentrum Hannover. Und so lautet auch der letzte Buchtitel (dva, 1988) von Eduard Pestel, zeitweise niedersächsischer Kultusminister, zu dessen Gedenken es dem Pestel-Institut im Verein mit der Stiftung Niedersachsen gelungen war, den CoR ins provinzielle Hannover zu holen.

Die führenden CoR-Mitglieder überraschten denn auch gleich bei der Pressekonferenz mit ungewohnten Sätzen. Von „Wir kommen jetzt in ein neues Zeitalter ..." (A. King) über „ein neues Bewusstsein wahrnehmen" (K. Furgler) bis hin zu **„Was fehlt, ist der politische Wille"** (B. Schneider) präsentierte man sich mit einem Hauch caprascher New Age-Semantik. Nachdem sich der Club am Wochenende zur internen Tagung im InterConti getroffen hatte, referierte und diskutierte die wissenschaftliche und literarische Prominenz drei Tage vom 12.–14. Juni. Ungefähr 200 Personen aus Verlagswesen, Wirtschaft, Uni und Politik lauschten Referaten wie »Evolution, Gesellschaft und die Umkehr der Werte« (Carsten Bresch) und »Internationale Kredite: Drogen für Entwicklungsländer?«

Einer der literarischen Höhepunkte war Günter Grass mit seinem »Beispiel Kalkutta«. Grass prophezeite Europa bald ähnliche Zustände wie in seinem liebevoll-literarisch gehegten Alptraum von Kalkutta. Momaday, Pulitzerpreisträger indianischer Abstammung, verglich den modernen Menschen mit einem Fossil in einem High-Tech-Museum. Der Ägypter Mohammed Kassas (Universität Kairo) demonstrierte eindringlich, wie verletzlich unsere Biosphäre durch die unberechenbaren Reaktionen künstlicher Industriestoffe miteinander ist. Und er demonstrierte dabei ebenso eindringlich, wie ohnmächtig (späte) wissenschaftliche (u. a.) Erkenntnis ist, angesichts von Macht- und Rechthabern, Gewohnheiten und unseren durch Konsum verdrängten Ängsten.

Wissen sollte man und frau, dass der Club of Rome zu Zeiten der 68er-Bewegung, nämlich am 6./7. April, von dem Ex-Fiatmanager Aurelio Peccei in der Accademica dei Lincei (Rom) gegründet wurde, in Anwesenheit von 15 eingeladenen Wissenschaftlern, den ersten Mitgliedern. Der erste Bericht an den Club, basierend auf einer Computerstudie von D. Meadows, begründete dann 1972 den weltweiten (Warn-)Ruf dieser informellen Gruppe: Die »Grenzen des Wachstums« wurden publik.

Der Club als solcher ist inhomogen, d.h. es wirken eingefleischte, systemkonservative Wirtschaftswissenschaftler neben humanistischen und systemkritischen Kollegen. Unglaubwürdig klingen die bevölkerungsexplosionseindämmenden Forderungen angesichts z.B. eines Kurt Furgler, Jurist, seines Zeichens ehemaliger Bundespräsident der Schweizerischen Eidgenossenschaft und Vater von vier Kindern. Wo blieben hier die verordneten Grenzen der Vermehrung? (Oder sind diese mit der Einkommensgrenze erweiterbar?) Fragen nach der Unmöglichkeit der Militärdienstverweigerung in der Schweiz, Schweizer Waffen- und Drogengelderkonten, sowie die Alltäglichkeit von Auswirkungen der Militär-Industrie im Leben der Schweizer haben ihm sichtlich nicht behagt. Positiver war der Eindruck, den Alexander King hinterließ – siehe nachfolgendes Interview.

Das Fazit auch dieser Tagung: **Es genügt nicht mehr, von Auswegen zu reden und selbst ein wohlangepasster Bürger zu bleiben**.

Stephan Mögle-Stadel (SMS): Sie sprachen in der Eröffnungskonferenz von einem neuen Bewusstsein, einer neuen Verantwortlichkeit. Bedingt dies einen neuen Menschen, den Welt-Bürger?

King: Ja, das ist richtig. Darüber haben wir uns im Club auch schon Gedanken gemacht. Stellungnahmen einzelner Mitglieder gehen hier schon sehr weit in den Bereich veränderter Werte und Weltanschauungen hinein. Mein verstorbener Freund und CoR-Mitbegründer Aurelio Peccei äußerte ja in seinem Beitrag zu dem Buch »Der Weg ins 21. Jahrhundert« einen sehr gesellschaftskritischen Humanismus, welcher ein konsequentes Weltbürgertum befürwortet.

SMS: Bleibt der Humanismus des CoR auf den Mann beschränkt? Ich vermisse auf dieser Tagung Frauen und die jungen Leute.

Alexander King (rechts) im Gespräch mit Stephan Mögle-Stadel

King: Wir haben nur fünf Frauen im CoR. Dies hängt sicher auch mit den allgemeinen akademischen Strukturen zusammen. Wir halten aber Ausschau nach mehr Frauen. Den jungen Leuten fehlt meist einfach noch die nötige Erfahrung und die Position der Ruhe nach Ausbildung und Studium. In unseren nationalen Gesellschaften, z.B. in Spanien, gibt es aber auch viele junge Leute.

SMS: War das „Forum Humanum" ein Versuch, junge Menschen für die Thematik des CoR zu interessieren?

King: Dieses vorwiegend niederländische Projekt humaner Wissenschaften war ein gemischter Erfolg, da es nur vom Engagement zumeist junger Studenten genährt wurde. Wir hatten hier kurze Zeit große Erfolge und umfangreiche Aktivitäten. Dann aber wurden die Studenten älter, heirateten, bekamen Kinder, hatten Prüfungen und Vor-Diplome abzulegen, sorgten sich um ihre berufliche und akademische

Karriere, bekamen erste Partnerschaftsprobleme und wir hatten keine Kontinuität mehr.

SMS: Apropos Kontinuität – sehen Sie nicht die u.a. von Robert Jungk gesehene Gefahr, dass der CoR sich zu einer Technokratie der wirtschaftswissenschaftlichen Gesellschaftskontrolle entwickeln könnte?

King: Zugegeben, da ist eine gewisse Gefahr des Missbrauchs. Daher bemühen wir uns in den letzten Jahren verstärkt, Mitglieder nicht so sehr nur aus den materialistischen Wirtschaftswissenschaften zu bekommen, sondern auch aus den humanistischeren Geistes- und Sozialwissenschaften. Unser Paris-Meeting 1988 war da eine Art Wendepunkt. Wir brauchen ein neues Wertesystem. Wir können nicht mehr zulassen, dass Leute zu seelenlosen, ich meine, verantwortungslosen, Robotern gemacht werden. Wir erkennen mehr und mehr, wie wichtig gerade auch für den CoR nicht nur Politik und Wirtschaft, sondern auch Religion, Philosophie und Erziehung sind.

SMS: Wie schätzen Sie das durch Bürokratie, Korruption und die Komplexität der Weltprobleme verzögerte Reaktionsvermögen ein? Gelingt uns eine humane Reduzierung und Reformierung der menschlichen „Zivilisation", oder werden wir mit globalen Ein- und Zusammenbrüchen konfrontiert werden?

King: **Sicher ist, dass wir den momentanen Weg unseres Zusammenlebens so nicht mehr fortsetzen können.** Die Erkenntnisse in »Die Grenzen des Wachstums« von 1972 sind da grundsätzlich richtig. **Ich weiß nicht, ob wir – hier im Westen – noch frühzeitig genug zu einem neuen, bescheideneren Lebensstil finden können.** Ich weiß nur, dass es absolut entscheidend ist, dass wir uns bemühen.

SMS: Unsere Politiker müssen bislang alle 4 oder 5 Jahre neue Wahl- und somit Wohlstands- und Wachstumsversprechen machen, um wiedergewählt zu werden. Kommen so Politiker nicht in die schizophrene Zwangslage, den Wählern etwas Fortschrittliches vorlügen zu müssen?

King: Sicherlich.

SMS: Brauchen wir dann nicht jenseits dieser nationalen Beschränktheiten eine Art globales Krisenmanagement...

King: Unbedingt. Sie haben Recht.

SMS: ... vielleicht sogar eine Stärkung der UNO?

King: Die UNO ist zu bürokratisch gehemmt, wir brauchen mehr. Beim Kongress in Paris fragten wir uns **„Can a political leader be honest and remain a political leader? – And the answer was: NO."** Dazu ein Beispiel. Einstmals in Salzburg hatten wir eine Tagung mit 15 Premierministern und Präsidenten. Vereinbart war, dass nichts darüber veröffentlicht wird, so dass ehrlich und offen gesprochen werden konnte. Der damalige Vertreter Kanadas, **Präsident Pierre Trudeau, sagte: „Sehen Sie, wenn ich die Dinge täte, die nun notwendig wären, so verlöre ich innerhalb kürzester Zeit mein Amt.** Der Nachfolger der Opposition bräuchte allein 3 Jahre, um das zu verstehen, was ich nun erkannt habe, und um sich meinen Grad an regierungsspezifischer Informiertheit zu erarbeiten. Täte er dann das Entsprechende, so wäre auch er draußen." In den Demokratien bleibt es letztendlich bei der Allgemeinheit hängen. Diese muss nun so gut und weitestgehend informiert werden, dass die entsprechenden Reformen durchgeführt werden können.

SMS: Sie arbeiten gerade an einem neuen Projekt mit der UNO?

King: Ja, in Friedenszeiten sind die Armeen glücklicherweise quasi arbeitslos. Ich besprach mit Pérez de Cuéllar, dem Generalsekretär der Vereinten Nationen, die Möglichkeit, eine „Military Force for Peace" zu schaffen, welche, mit dem entsprechenden technischen Equipment versehen, in den Notgebieten eingesetzt werden kann, um Straßen und Brücken zu bauen, Bäume zu pflanzen, Brunnen zu bohren und ähnliche Dinge.

SMS: Hungersnöte und Fleischkonsum: Liefern die jungen Menschen der westlichen Industrienationen, die sich zunehmend vegetarisch ernähren, hier einen Ansatz, der ihnen selbst vielleicht nur zum Teil bewusst ist, zu einer Lösung der Welternährungsproblematik?

King: Möglich, wenn sich dieser Trend gesellschaftlich deutlich verstärkt. Aber wir verbrauchen ja nicht nur ein Vielfaches an Getreide und Soja, um ein Kilo Fleisch zu erzeugen. Wir verbrauchen hier im Westen, z.B. die USA, auch mehr als fünf Kalorien Erdöl für Energie und Verpackung, um eine Nahrungskalorie zu produzieren. **Wir müssen nun auch mit den petrochemischen und energetischen Anteilen unserer Nahrung rechnen** – vieles ist da überflüssig.

SMS: Gleichzeitig zu dieser Tagung läuft in Amerika eine Pressekonferenz zum Ben-Johnson-Doping-Skandal, welche von Journalisten und Kamerateams geradezu überschwemmt wird, während wir hier nahezu das einzige Kamerateam sind. Wie erklären Sie sich diese – lebensbedrohliche – Diskrepanz?

King: Nun, die oberflächliche Sensationslust der Medien ist solange präsent, wie es die Medienmacher nicht selbst betrifft. Dies hier trifft sie aber unmittelbar existenziell. Daher ziehen sie es meist vor, nicht genauer hinzusehen. **Was wir mit der Erde machen, ist auch ein Skandal, aber ein alltäglicher.**

***

Nachfolgend infolge Platzierungslimit eine in der Zeitschrift Connection damals entfallene Frage und Antwort.

SMS: Was kann der Club of Rome noch tun, um nachdrücklicher auf Regierungen und Weltgesellschaft einzuwirken, um jenen globalen Handlungsrahmen herzustellen, der notwendig ist, die globalen Überlebensprobleme der Menschheit zu lösen? Gibt es hierzu ein Themenpapier? Oder wird es hierzu noch einen Bericht geben?

King: Momentan gibt es hierzu kein öffentliches Themenpapier. Über einen Bericht zum Thema der Regierbarkeit denken wir nach.*

Aber der deutsche Schriftsteller Bergius hat auf Anregung unseres langjährigen Gründungsmitgliedes Eduard Pestel einen Roman über eine Wissenschaftlervereinigung geschrieben, die sich noch aktiver in die Weltpolitik einmischt. Am Ende werden die Wissenschaftler eliminiert.**

* Erschien dann 1995 unter dem Titel »Ist die Erde noch regierbar?« im Bertelsmann Verlag. Autor wurde Prof. Yehezkel Dror. Englischer Titel »The Capacity to Govern«.

** Erschien 1984 unter dem Titel »Endstation Tibet« im Goldmann Verlag. Autor war C. Bergius, Pseudonym von Egon-Maria Zimmer.

„Die Möglichkeit, Gutes und Schlechtes zu tun"

Interview mit Dr. Kurt Furgler, Vize-Präsident des Club of Rome, über Schweizer Nummernkonten, freie Marktwirtschaft und Technologietransfer. Erschienen in der Hamburger Rundschau am 11. Januar 1990. Interviewer: Stephan Mögle-Stadel, HR-Redaktion

HR: Herr Furgler, wie können die globalen Gefahren abgewehrt werden?

Furgler: Die Gefahren können nur beseitigt werden, wenn jeder sich selbst treu bleibt, und das, was er verspricht, auch realisiert. Wir brauchen globale Lösungen, die zugleich die Eigenheiten des Franzosen, Deutschen, Japaner, oder was immer er ist, bewahren.

HR: Wahrscheinlicher ist doch, dass nationaler wie individueller Egoismus die Lösungen verhindern wird. Beispielsweise werden doch Drogengelder zur Bezahlung von Technologietransfers, Bankkrediten oder Waffenlieferungen immer noch bevorzugt über Schweizer Nummernkonten abgewickelt.

Furgler: Sie zeichnen hier Zerrbilder, unter anderem auch Zerrbilder meines eigenen Landes. Natürlich hat es Schwachstellen, es gibt keine perfekten Menschen, das wird auch Ihnen nicht ganz gelingen, aber man sollte Schwachstellen überwinden. Und wenn ein Land wie das unsrige schon immerhin 700 Jahre existiert, wissend, dass es allein nicht alles machen kann, sondern dass die Menschen hier zu Europa und zur Welt gehören – und wenn man jedem einzelnen Menschen zumutet, dass er seine Persönlichkeit zu leben versucht, dass er dann aber eben das, was er nicht alleine zu tun vermag, in Partnerschaft, in echter Solidarität, versuchen soll, dann ist das ein Staatsgedanke, der weltweit Gültigkeit hat.

HR: Wenn jemand wie Sie Nummernkonten, Kreditgeschäfte, Waffen- und Technologietransfer als einen Staatsgedanken bezeichnet, der weltweit Gültigkeit hat, dann ist das schon hochinteressant – und deprimierend zugleich.

Furgler: Ich würde eher zusammenfassend sagen, der Mensch hat dank seiner Einmaligkeit die Möglichkeit, Gutes und Schlechtes zu tun. Wollen wir dafür sorgen, dass das Gute überwiegt.

HR: Sind wir nicht am Ende des Wirtschaftsliberalismus angelangt, auch wenn dieser sich sozial maskiert?

Furgler: Sie machen jetzt aber den Gedankenfehler, dass Sie zurückgehen zur Politik des Laisser-faire. Die freie soziale Marktwirtschaft, gleichsam als Spiegelbild der freien Gesellschaft, will ja Güter produzieren und sie in möglichst gerechter Form den Menschen zukommen lassen. Wenn Sie heute die Diktaturen sehen ...

HR: Die östlichen?

Furgler: ... wie sie sich öffnen, um marktwirtschaftliche Elemente einzubauen ...

HR: Die eines anthropozentrisch sozialisierten Kapitalismus?

Furgler: ... dann wohl deshalb, weil das marktwirtschaftliche System wohl wesentlich besser funktioniert.

HR: Sie haben gerade die Metapher „freie Gesellschaft" erwähnt, die ja wohl zu einer freien, d.h. ungehemmten Konsumgesellschaft entartet ist. Aber warum ist dann z.B. die Möglichkeit der Kriegsdienstverweigerung in der Schweiz nicht existent?

Furgler: Ich glaube, Sie müssen sich etwas länger mit meinem Land beschäftigen. Bei uns ist das ganz klare Grundrecht der Freiheit jedem gegeben. Und wir gehen davon aus, dass ein Mensch, der frei ist, auch das Recht und die Pflicht hat, wenn er angegriffen wird, sich selbst verteidigen zu können. Wenn Sie das tun, dann haben Sie ein Notwehrrecht. Das Anteilhaben an einer Gemeinschaft mit sehr vielen Grundrechten ergibt, aus unserem Staatsverständnis, auch die Pflicht, diese Gemeinschaft erhalten zu helfen – auch in Notzeiten.

***

Entfallene Frage und Antwort:

SMS: Der Club of Rome macht sich ja zu Recht Sorgen über die weltweite Bevölkerungsexplosion im Zusammenhang mit der ökologischen Tragfähigkeit der Biosphäre. Nun haben Sie aber selbst insgesamt sechs Kinder. Wenn man den hohen Energie-, Nahrungs- und Rohstoffverbrauch westlicher Mittelklasse-Kinder umrechnet auf afrikanische Verhältnisse, so entspricht ein Schweizer Kind in etwa sechs afrikanischen. Wie sehen Sie das?

Furgler: So einfach können Sie das nicht sehen. In der Schweiz ist man in der Lage, den Kindern eine gute Bildung und ausreichend Nahrung zukommen zu lassen. Das lässt sich nicht mit Afrika vergleichen.

***

Nachbemerkung: Furgler bekleidete dreimal das Amt des Schweizer Bundespräsidenten. Er war Brigadier der Schweizer Armee. Damit erreichte er den höchsten militärischen Dienstgrad eines Bundesratsmitgliedes nach dem Zweiten Weltkrieg. Beim Video-Interview mit S. Mögle-Stadel rutschte er nach Beobachtung des Kameramannes unruhig bis vor auf die Stuhlkante. Der Kameramann hatte das Empfinden, dass wenn er die Kamera auch nur kurz von Dr. Furgler weg geschwenkt hätte, dieser sofort aufgesprungen und davongeeilt wäre.

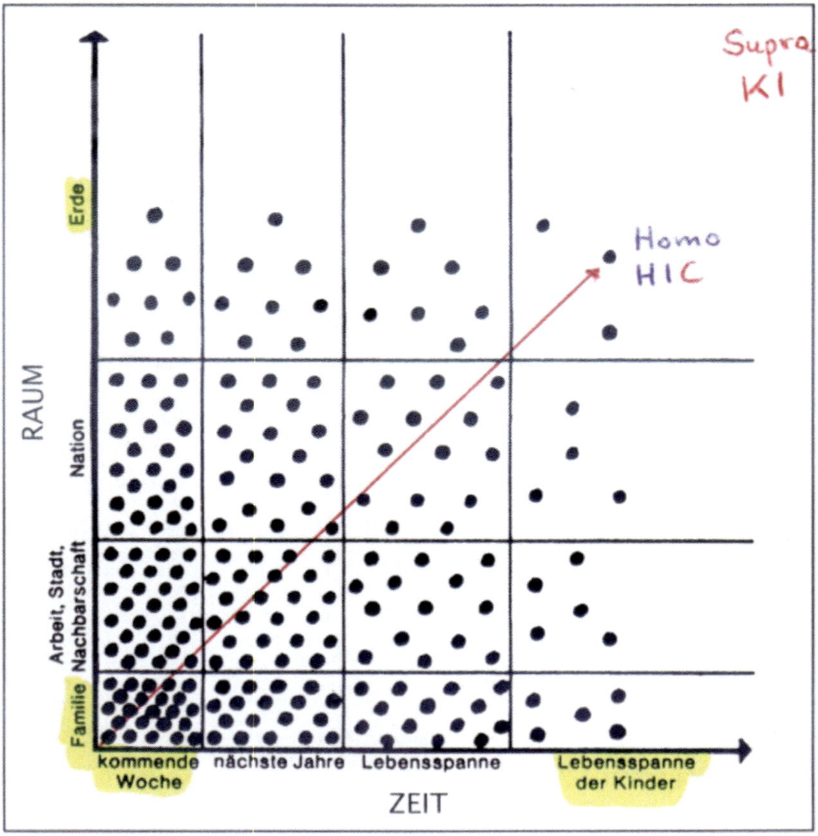

5. Kapitel

(Wie) Ist die Erde noch zu retten? Gespräch über einen Weg zwischen Globaler Krise und totaler Katastrophe

TV-Diskussionsrunde, Juni **1989** in Ludwigshafen, mit Dr. Rudolf Bahro, Dr. Herbert Gruhl, Dr. Rüdiger Lutz und Stephan Mögle-Stadel (Moderation) über die Tiefen und Konsequenzen der globalen Öko-Krise. Die Fernsehdiskussion dauerte zwei Stunden und kann als DVD bezogen werden. Der hier wiedergegebene Text stellt Ausschnitte, etwa 70 Prozent, aus dieser Diskussion dar.

Rudolf Bahro war 1987 u.a. Autor von »**Die Logik der Rettung**. Wer kann die Apokalypse aufhalten. Ein Versuch über die Grundlagen ökologischer Politik«. Zusammen mit Herbert Gruhl gehörte er 1980 zu den Mitbegründern der Partei Die Grünen. Auf Seite 9 des Buches schreibt der linke Kosmopolit Bahro: „Mitte 1985 habe ich die Grünen verlassen, weil sie eine andere Partei geworden sind. Obwohl in der Idee bei Ökopax geblieben, haben sie vor lauter ... Machtbeteiligungsdrang die ursprüngliche Substanz ihres Ansatzes ganz in tagespolitisches Kleingeld eingewechselt." (Darüber könnte man auch 2022 noch diskutieren.) Frühjahr 1990 begann er mit dem Aufbau des Instituts für Sozial-Ökologie an der Humboldt-Universität. 1997 verstarb er infolge einer Krebserkrankung.

Herbert Gruhl war von 1969 bis 1978 für die CDU im Bundestag. 1975 erschien sein Bestseller »**Ein Planet wird geplündert**. Die Schreckensbilanz unserer Politik«. Als er der CDU als ökologischer Mahner zu unbequem wurde, entzog die Parteispitze unter Kohl dem Gemobbten die Aufgaben des Fraktions-Sprechers für Umweltfragen. Juli 1978 trat er aus der CDU aus und verblieb bis 1980 als Fraktionsloser im Bundestag. Er publizierte weiterhin Bücher wie »Unter den Karawanen der Blinden«, »Der atomare Selbstmord« (1986) und zuletzt 1992 **»Himmelfahrt ins Nichts**. Der geplünderte Planet vor dem Ende«. Er verstarb 1993 an einem Schlaganfall, nachdem er dem Magenkrebs erfolgreich getrotzt hatte.

Rüdiger Lutz kam ersatzweise für Robert Jungk als dessen Mitarbeiter bei den **Zukunftswerkstätten** (ZW) in die Sendung. Er hatte eine Professur für Zukunfts-Design und publizierte als Zukunftsforscher und Co-Autor u.a. in Büchern wie »Bewusstseins(R)evolution" (1983) und als Autor »Pläne für eine menschliche Zukunft" (1988). Er wurde 1993 Beiratsmitglied von WFM-Germany e.V., der Vereinigung der Weltbürger und Weltföderalisten in Deutschland. Nachdem er u.a. im kalifornischen Esalen Institut sich intensiv mit tiefenpsychologischen und tiefenökologischen Bewusstseinstechniken befasst hatte, plädierte bei den ZW-Jahrestreffen für eine dritte Generation von Zukunftswerkstätten, unter Einbeziehung von psycho- und körpertherapeutischen Arbeitselementen und für mehr kosmopolitisches Engagement bei den ZW-Leitern. Dadurch geriet er immer mehr ins Abseits bei der *„Zukunfts“*-Szene. Zuletzt erkrankte er Stressbedingt psychisch und beging am 17. September 2006 Suizid.

Stephan Mögle-Stadel (SMS) war, damals 23-jährig, Co-Produzent, Redakteur und Moderator der TV-Diskussionsreihe, welche im Jahr seiner ökologischen und kosmopolitischen Kriegsdienstverweigerung, 1989, startete und Ende 1991 wieder eingestellt wurde.

Die Sendung beginnt mit einen Kurzinterview des Regierungsberaters Dr. Köppl bei einem Kongress in Hamburg. Danach erfolgte die Rückschaltung ins Studio Ludwigshafen.

SMS: Ich begrüße Sie zu der Live-Diskussions-Sendung: „Ist die Erde noch zu retten?“ Wir sind hier im Studio Ludwigshafen und ich möchte ganz kurz die Gäste vorstellen: Zu meiner Linken sitzt Herbert Gruhl. Dr. Gruhl ist Publizist, war früher als Politiker in der CDU, dann kurzzeitig bei den Grünen tätig und ist auch bekannt als Gründer der Ökologisch-Demokratischen Partei. Zu meiner Rechten sitzt Dr. Rudolf Bahro, ebenfalls bekannt als Publizist. Herr Bahro war früher DDR-Bürger und ist 1979 zu uns in den Westen gekommen. Und noch einen Stuhl weiter haben wir Dr. Rüdiger Lutz von den Zukunftswerkstätten. Herr Lutz ist auch als Publizist tätig und ist ein Mitarbeiter von Prof. Dr. Jungk. Nun möchte ich einmal an einen der Herrn weitergeben, um das Statement des Regierungsberaters Dr. Köppl im Hamburger Interview aufzugreifen. Wie sind Ihre Eindrücke? Wer möchte spontan etwas dazu sagen?

Gruhl: Ich könnte etwas sagen. Der Satz von Herrn Köppl „Die Welt ist nicht sehr kompliziert“, dem möchte ich entschieden widersprechen. Das ökologische Gefüge auf unserem Planeten Erde, was die ganze Lebenswelt anbetrifft, ist durchaus sehr, sehr kompliziert. Und darum hat auch die Wissenschaft lange Zeit überhaupt nicht begriffen, welche Schäden die Technisierung in dieser Lebenswelt anrichtet. Und es wird noch lange Zeit dauern, bis man die Kompliziertheit weiter aufgeklärt hat.

Lutz: Ich möchte da vielleicht anschließen und diese Metapher, die da benutzt wurde, dass wir vor der Geburt eines neuen, technologischen Zeitalters stehen und auch mit Kaiserschnitt und Tod der Mutter Erde rechnen müssen. Das ist meiner Ansicht nach eine überzogene Vorstellung gegenüber der komplexen Ökologie der Erde. Wir sind wirklich die Kinder dieses Planeten und in keiner Weise in der Lage, unseren Mutterplaneten zu zerstören. Wir sind in der Lage, unseren Lebensraum so weit zu verändern, dass wir vielleicht als Menschheit nicht mehr darauf leben können. Das ist die Gefahr, in der *wir* stehen. Es geht also weniger um das Überleben der Erde als um **das Überleben der Menschheit.** (...) Die Erde hat die meiste Zeit der Existenz ohne den Menschen gelebt. Und nur eine ganz kurze Periode, also die letzten paar Millionen Jahre, war der Mensch darauf zu Gast. Wir können uns genauso gut vorstellen, dass die Erde sich in fernerer Zukunft wieder davon erholt und für Jahrhunderte von Millionen Jahren wieder ohne Menschen lebt und vielleicht den Schöpfungsakt neu beginnt. Ich möchte einfach die Relation etwas verändern. Und wir sind der schwächste Teil, das absolut schwächste Glied auf diesem lebendigen System Erde. (...) Wir haben uns wirklich nicht zu sorgen um das Großsystem Erde oder gar um das Sonnensystem.

SMS: Gut. Es läuft darauf hinaus, dass wir uns um die Erde zu sorgen hätten. Unser Thema lautet: „Ist die Erde noch zu retten?“ – Natürlich müsste das Thema heißen: Ist die Menschheit noch zu retten? Denn das Ökosystem Erde wird sicherlich schon irgendwie überleben. Aber es geht auch um die Schädigungen, die wir auslösen können. Ich denke da z.B. an die ABC-Waffen, die einen Großteil unserer Biosphäre sicherlich verwüsten können. Ich denke aber auch an die schleichenden Vergiftungsprozesse. Es ist natürlich primär, dass wir Menschen uns selbst vernichten werden, dass es ein menschlicher Selbstmord ist. Aber wir werden einen Großteil der jetzigen Erde, der Flora und Fauna mitnehmen, wir werden sie einfach ausradieren. Und es ist natürlich die Frage, ob wir dazu das Recht haben, wenn wir uns unbewusst umbringen wollen?

Lutz: Mein Einwand galt der Richtung, dass wir gegenwärtig eine etwas seltsame Vorstellung von Umwelt haben. Es wird so gesprochen, dass es ein Luxus ist. Wenn wir also reich genug sind, dann erlauben wir uns auch noch Umweltschutz. Anstatt zu begreifen, dass wir grundlegende Daseinsfürsorge betreiben müssen. Das heißt, unseren Lebensraum so zu gestalten und zu erhalten, dass zukünftige Generationen von Menschen hier noch leben können. Und **nicht so zu tun, als wäre Naturschutz ein Luxusprodukt**, das man sich leisten kann, aber, wenn es eben nicht geht, dann stehen andere, ökonomische Dinge im Vordergrund.

Beispiel, dass man die Ökonomie gegenüber der Ökologie ausspielt. Dass man sagt: Arbeitsplätze oder Umweltschutz. Solche Dinge sind wahnsinnig. Die eigentliche Grundlage unseres Lebens, unsere Existenzgrundlage, ist die Ökologie, nicht die Industrie. Alles baut auf Ökologie auf, unsere wirtschaftlichen und unsere sozialen Systeme. (...) Deswegen sollte man auch nicht von Umwelt reden, sondern schlichtweg von unserer Welt oder unserer Mitwelt, mit der wir koexistieren.

SMS: Vielleicht möchte Herr Bahro auch noch etwas einbringen zum Thema.

Bahro: Mein Eindruck ist, dass der größte Teil der Diskussion, die wir uns über Umweltkrise und Erde leisten, ein ungeheures Ablenkungsmanöver ist, von der Konsum-Veranstaltung, die wir uns leisten. Also ich meine, ich kann nicht sehen, dass es an irgendwelchen Schadstoffen liegt, die wieder eingefangen werden müssen. Sondern es liegt an Autos und Flugzeugen. **Es liegt an dem Gesamtsystem der indus-**

triellen Massenproduktion. Und wenn sich die Klimatologen hinsetzen und mit Hoechst diskutieren wollen und dabei noch nicht kapiert haben, dass die Frage nicht ist, ob uns diese Art Großproduktion wirklich in den nächsten ein, zwei Generationen kaputt macht, oder ob wir die rechtzeitig zumachen. Dann ist die eigentliche Dimension des Themas noch gar nicht gesehen. Und ich glaube, die meisten haben das noch nicht gesehen. Also, ich habe mir einmal für mich ausgerechnet, als ich noch in dieser armen DDR lebte, dass ich damals schon, wenn man alles, was da angerechnet werden muss, auf mich anrechnet, zehnmal so viel verbraucht habe wie Friedrich Schiller vor zweihundert Jahren. Und (...) ich war auch nicht etwa glücklicher durch den Energieverbrauch, sondern, wir haben uns einfach eine Wahnsinns-Struktur geschaffen, was mit dem Schwachsinn der menschlichen Gattung zu tun haben muss. Und da wird uns, glaube ich, Wissenschaft nur unter „ferner liefen" helfen. (...) Woran es uns mangelt, ist eine Grundeinstellung, mit der wir das Maß wieder finden könnten. Das menschliche Maß und eines, das dem Planeten angemessen ist. **Die Realität ist: Für das, was wir hier veranstalten, ist das Häuschen zu klein.**

SMS: Wir erkennen immer mehr den Wahnsinn, der hinter diesen Strukturen steckt. Und **die Frage ist doch eigentlich (...), warum wir überhaupt in diesen Selbstzerstörungsprozess hineingekommen sind?** Da gibt es doch auch Analogien. Ich kann nicht als Umweltschützer oder als Mensch, der sich Sorgen macht, mit einer Zigarette in der Hand dastehen und mich über die rauchenden BASF-Schornsteine auslassen, ohne dabei diese rauchende Zigarette in meiner Hand mit einzuplanen. Da fängt es doch schon also beim kleinsten Menschlichen an. Oder bei einem Öko-Seminar, wenn eine Seminarteilnehmerin auf der Wiese sitzt und gedankenlos Gras rupft und sich beklagt, dass sie das wahrhaft Schöne auf der Erde nicht mehr findet: Das ist doch eigentlich eine Schizophrenie. Also beruht unsere Situation heute, mit dieser Selbstzerstörungspotenz, auf einer Art von Geisteskrankheit?

Gruhl: Nein. Der Mensch hat diese industrielle Welt der Neuzeit begonnen zu errichten mit dem Glauben an die Unerschöpflichkeit des Planeten Erde. Und er hat erst dann gemerkt, dass die Ressourcen dieses Planeten sehr, sehr klein sind, als er schon sehr weit in der Ausbeutung vorangeschritten war. Nun hat er inzwischen ein riesiges, industrielles Ausbeutungssystem auf dieser Erde errichtet und merkt sehr, sehr spät, dass die Erde das nicht hergeben wird und dass sich durch die Belastung der Folgen dieses lebendige System vernichtet. Insofern brauchte er schon die wissenschaftliche Erkenntnis dazu, um dies zu begreifen. Ich sagte vorhin, das ist sehr, sehr kompliziert. Die Schizophrenie, die gegenwärtig die Welt beherrscht, ist ja die, dass alle Regierungen und alle politischen Kräfte in der Welt dieses System weiter erhöhen wollen unter dem Begriff „ständiges wirtschaftliches Wachstum", während sie auf der anderen Seite die Schäden beklagen. Man kann heute gleichzeitig jeden Tag in den Zeitungen Erfolgsmeldungen lesen über weitere Steigerungen von Produktion, Verkehr und was nicht alles, und auf den anderen Seiten der Zeitung liest man dann die Zerstörungen, ohne dass eine Verknüpfung hergestellt wird, dass die Zerstörungen die Folgen der Erfolge sind. Dies wird offensichtlich nicht miteinander verknüpft. Und solange dies nicht der Fall ist, glaube ich, ist die Erde, das heißt, die belebte Natur, nicht zu retten.

Bahro: Ich glaube, dass man die wesentlichen und die unwesentlichen Dinge auseinander halten soll. Also, die Zigaretten und das individuelle Gras-Ausrupfen, weil man ein Neuröschen hat und gerade seine Hände nicht im Griff, da könnte man fast sagen, nein, daran liegt es nicht so sehr. So ist der Mensch immer gewesen, Suchtverhalten gehört mit dazu. **Wir haben etwas zu spät kapiert, dass wir inzwischen Motorsägen haben** und dass das dann mehr Schaden anrichtet. (...) Mit zum Spiel gehören die meisten Ökowissenschaftler, die das jetzt entdeckt haben. Die wollen neue Forschungsgelder für noch bessere Feststellungen und Modelle, wie wir das Klima kaputt machen.

Den Motor ausschalten, darauf kommen die nicht. (...) Man muss sich schlicht darüber klar werden, es ist eine via Massenproduktion industrialisierte *Menschheit*, wie wir sie jetzt haben. (...) Dann entsteht die Frage, wann wir bremsen werden, und ob es nicht möglich ist, die menschliche Kultur und damit auch die Muster unserer Bedürfnisbefriedigung ganz anders aufzubauen. Also, der Mensch braucht kein Auto. Wenn er eins bräuchte, dann gäbe es ihn nicht. (...) Wir können Alternativen, rettende Alternativen, nur unter dem Gesichtspunkt denken, dass die technischen Errungenschaften der letzten einhundert Jahre dabei aber keineswegs angetastet werden dürfen. Nichts davon darf in Frage gestellt werden. Und es ist schlicht hirnrissig, wenn wir uns einbilden bei diesen Identifikationen, mit dem, was ist und was die Erde kaputt macht, dann über die Rettung der Erde und übers Davonkommen reden zu wollen.

SMS: Heißt das denn, um die Metapher von vorhin aufzugreifen, es genügt, einfach auf die Idee zu kommen, den Motor auszuschalten? Hat denn dieser Motor, gesellschaftlich gesehen, wirtschaftlich gesehen, nicht eine gewisse **Eigendynamik**? Spielen da nicht auch sehr stark tiefenpsychologische Komponenten mit hinein, dass der Mensch Ängste vor der Natur hatte? Und dass mit den Anfängen des Feuers ein gewisser kompensatorischer Effekt erreicht war, der später aber zu einem Defekt wurde, also dieser Kampf gegen die Mutter Erde. (...) Dass also die Defekte sehr früh in der menschlichen Entwicklung anfingen.

Lutz: Der Motor läuft primär innen. Das ist klar. Da haben wir ihn eingeschaltet.

SMS: Und wie lässt sich dann dieser innere Motor ausschalten? Ist das die Frage?

Gruhl: Ja, er produziert fortlaufend im übertragenen Sinne oder als Maschine. (...) Und was diese Maschinen produzieren, das gehört heute zum Lebensstandard. Zum geheiligten Lebensstandard. Der materielle Lebensstandard, der darf sich nur erhöhen. Der darf sich niemals vermindern. Das würde als Verlust empfunden.

SMS: (...) Wenn sie nicht freiwillig getroffen werden, diese Einschränkungen, diese Verluste, diese Neuorientierungen, dann wird es uns eben aufgezwungen werden. Und **dann sind wir in 40 oder in 50 Jahren soweit, dass dann eben diese Zivilisation, diese Gesellschaft, diese Wirtschaft zusammenbrechen wird.** (...)

Lutz: Es ist kein Zufall, dass ich mein Buch genannt habe: „Die sanfte Wende". Dass ein Umsturz kommt, ein Umbruch, ist ganz klar. Nur, es geht darum, wie ist dieser Übergang, dieser Umbruch, zu gestalten, dass die Mehrheit der Menschen dabei überlebt?

SMS: Hm. Mehrheiten, die ihren Überkonsum überleben. *(Leicht ironischer Unterton.)*

Lutz: Also, ich möchte jetzt nicht hier irgendeiner Veränderung entgegenstehen, auch nicht sagen, das ist sowieso gegessen, sondern es geht darum, wie können wir **den Umbruch so gestalten, dass wir dabei überleben** – und, ja, dass das Ganze eben so sanft wie möglich geschieht.

Bahro: Also, Herr Lutz, es ist so, wenn man sich trifft mit den Leuten, die am frühesten angefangen haben, technische Alternativen auszuarbeiten, und man spricht mit ihnen nicht für die Öffentlichkeit, dann kommt man schnell auf ihre Verzweiflung daran, dass man mit punktuellen Ansätzen an den Symptomen nicht durchkommt. Und sie kommen alle auf den Punkt, den Einstein einmal so formuliert hat: **Nicht die Atombombe ist das Problem, sondern das Herz des Menschen.** Das ist eigentlich das große Thema. Wenn wir auf die Symptome sehen und daran herum bessern wollen, also das Ozonloch, das Klima, dann haben wir es doch mit Ausdrücken zu tun, die aus der Dynamik des Menschen überhaupt erst einmal hervorgegangen sind. Und die Frage ist, wollen wir uns vordringlich auf die Folgen oder wollen wir uns auf die Ursachen konzentrieren? (...) Ich sehe nur dann eine Hoffnung, wenn genügend Leute auf die Realität stoßen, dass jeder einzelne Mensch hinlänglich Spiegel des Ganzen ist. Und wir mit dem Auftrag aus der Natur hervorgegangen sind, diese großen Gleichgewichte ... als Hirten des Seins ... zu hüten. Ich würde nicht sagen, ihr seid alle gut, wenn ihr euch mit der Thematik befasst. Es gibt heute keinen Professor mehr, der nicht irgendein „Öko" in seinem Büchlein stehen hat und Geld dafür kassiert. Ich glaube, dass es wirklich darauf ankommt zu sehen, nur wenn wir, was die Professoren betrifft, auf die Jagd nach dem Nobelpreis verzichten, und das bisschen Selbstlosigkeit wenigstens in der zweiten Lebenshälfte lernen, wir uns wieder in den Dienst des Seins stellen können. (...)

Lutz: Es ist immer noch ein Missverständnis, und zwar in dem Sinne: Was ist Ursache und was ist Wirkung? Nun wissen wir doch, und das machen ja die neuere Philosophie oder solche Selbstorganisationstheorien wie von Varela und Maturana über molekülbasierte, autopoietische Systeme klar, dass hier immer wechselseitige Beziehungen sind, dass die Wirkung wieder zur Ursache wird und umgekehrt. Und da einfach zu sagen, wir gehen ganz in das Eindimensionale hinunter, irgendwo in den Kern des Menschen, das ist doch wieder ein ganz zutiefst hierarchischer Ansatz. (...) Also, ich möchte einfach widersprechen, diese Vorstellung, dass ich jetzt gerade an den Symptomen herumgearbeitet hätte, weil ich von Technik sprach, und es gäbe etwas Inneres, was sozusagen der Kern sei. Ich sehe da Wechselwirkungen, und zwar multikausal, vielerlei Art (...) Und das auch mehrdimensional vernetzt. Wir haben ja den Begriff des Hologramms dafür und sehen, wie komplex es dann ist. Wir sollten nicht hergehen und darum streiten, was war nun die eigentliche Ursache. Hätten wir z. B. jetzt noch eine Feministin hier sitzen, die würde die Ursache dann im Problem des Patriarchats sehen. (...)

Gruhl: Vielleicht könnten wir darüber Einigkeit erzielen, dass Sie zugeben, dass mit Mitteln der Technik, wenn auch mit einer fantastisch verbesserten Technik, dennoch mehr Energie eingesetzt werden muss, die immer umweltschädlich ist, mehr Rohstoffe aus der Erde geholt werden müssen. Auch mit einer verbesserten Technik, die viel effektiver arbeitet, wird dennoch ein riesiger Verbrauch analog zur Zahl der Menschen, die das tun, nötig sein. (...) Sind Sie bereit, das zuzugeben?

Lutz: Nein, ich gehe davon aus, dass wir Technologien entwickeln können, die näher an den natürlichen Systemen sich entwickeln. Das heißt, dass wir nicht unbedingt weiter diese Entropie, die in den letzten zweihundert Jahre zunahm, steigern müssen.

Gruhl: Nein, man soll die Natur schön in Ruhe lassen, denn die hat dies bereits alles in Millionen Jahren entwickelt, und zwar auf die effektivste Weise entwickelt. Auch im Versuch und Irrtum. Was ein Irrtum war, ist durch die Erfahrung der Jahrtausende, der Jahrmillionen, wieder ausgeschieden worden. Arten, die sich dem nicht angepasst haben, sind wieder verschwunden. Das ist die Entwicklung in der Natur. Die Natur verwertet Sonnenenergie auf die effektivste Weise. Warum sollen wir nicht das Geschäft der Fotosynthese wie eh und je der Natur überlassen? Jetzt plötzlich mit technischen Mitteln, mit zweifellos wieder zusätzlichen neuen Energieaufwand, diese Fotosynthese künstlich herbeiführen, während wir auf der anderen Seite die Arten, die in der Fotosynthese leben, ausrotten. Dies ist ein absoluter Unsinn. Ich glaube, da bin ich mit Herrn Bahro einig.

Bahro *(wirft ein)*: Die Wissenschaftler setzen ihre „Flucht vor sich selbst“ fort.

Gruhl: Ja, und sie müssen natürlich neue technische Betätigungsfelder suchen, weil sie dies beherrschen. In anderen Bereichen sind sie nicht ausgebildet. Aber ihre Technik beherrschen sie als Maschinenbauer oder als Chemiker. Glauben sie.

Lutz: Also, ich möchte hier einmal den Technik-Begriff etwas abklären. Sie gehen natürlich von dem Begriff des Industriezeitalters aus. Ich gehe von Technik aus als Inbegriff vom Umgang mit der Natur. Und ich rede, wenn ich von neuen Technologien rede, z. B. von den

Formen ökologischer Landwirtschaft, die heute versucht werden. Oder, dass jetzt verschiedene Techniker, Naturwissenschaftler, Ingenieure versuchen, ökologische Systeme zu entwickeln. Und ich möchte diese Ansätze nicht so weggewischt sehen, etwa im Sinne von „diese Technik ist falsch". Ansonsten möchte ich mich hier nicht zum Technik-Freak machen. Ich bin da bei denen, die sanfte Technologie betreiben, die ökologische Landwirtschaft machen, die ökologische Stadtentwicklungspolitik machen. Das sind alles Ansätze, die natürlich noch nicht ausreichen, aber, die für mich ein Lichtblick sind und eine Hoffnung, dass wir ins nächste Jahrtausend überhaupt gelangen. Und dazu muss ich auch sagen, Sie haben vorher gesagt, Herr Bahro, wenn man heute mit diesen Ökotechnikern der ersten Stunde spricht, dann sind die irgendwie alle resigniert und sagen, es ging dann doch nicht so, wie wir dachten.

Bahro: Sie sind dabei, auf die andere Ebene des Denkens überzuwechseln.

Lutz: Ja, das ist teilweise wahr. Aber genau dasselbe stimmt ja auch für die Gruppen, die den psychologischen Weg gingen. Alle diese Ansätze haben gewisse Rückschläge in den letzten zwanzig Jahren erlebt, und da möchte ich keinen Unterschied machen zwischen den Eso-Technikern, also den Esoterikern, den Technologen, den Psychologen, der Therapie-Szene, der New-Age-Szene. Alle wurden zurückgeworfen, weil es doch nicht so naiv einfach ging, wie man sich das in den 60er Jahren vorstellte. Und damit müssen wir doch leben, bzw. die Konsequenzen ziehen und sagen: Es ist komplexer, das Ganze. Und das hatten Sie, Herr Gruhl, ganz am Anfang einmal gesagt. Wir wissen eben nicht, wie das gesamte System funktioniert, weder auf der geistig-seelischen Seite, noch auf der ökologischen. Und deswegen würde ich nicht vorschnell Ansätze abkappen, die Hoffnung versprechend sind.

Bahro: (...) Die Griechen haben, als sie noch weit entfernt waren, so heftig die Gleichgewichte zu stören, von „Hybris" gesprochen und von der „Nemesis", die auf uns zurückschlagen wird. Der „heilige Kaiser" in China, also die Utopie davon, die Idee, der war dazu bestellt, dafür Sorge zu tragen, dass die Gleichgewichte nicht gestört werden, dass die große Ordnung nicht gestört wird. (...) Schaut ´mal, das wirkliche Ding ist doch, dass die Massenproduktion als solche das Problem ist, dass die Last zu schwer ist. (...) So wie Sie über die Sache reden, gibt es den Leuten Trost: Damit brauchen wir uns nicht zu befassen.

Lutz: Im Gegenteil. Ich will Mut machen, dass die Leute etwas tun. Gerade unsere Zukunftswerkstätten sind ja auch Mutmacherwerkstätten, wo die Leute selber beginnen, Konzepte zu entwickeln und es nicht den Experten zu überlassen, irgendeiner Enquete-Kommission. (...) Und wenn ich z. B. das Problem habe, eine Großmetropole umzuorientieren, da genügt es nicht, einfach nur ein neues Menschenbild zu verlangen. Sondern ich muss den Menschen auch zeigen, und zwar gemeinsam entwickelt, wie wollen wir denn unsere Stadt? Dabei entwickelt sich auch Bewusstsein. Also, in diesem Sinne sind z.B. unsere Zukunftswerkstätten gemeint. Ich kann nie vorher als Prediger dorthin gehen und sagen, ihr müsst erst einmal euer Glaubenssystem ändern, denn dies passiert erst in diesem Prozess. (Einwurf SMS: Bestenfalls!)

Bahro: Nee, ich meine keine Predigt, sondern erst einmal zu begreifen, worin liegt die Art, wie der menschliche Geist in der Welt ist? Das hat diese Probleme verursacht. **Statt uns selbst innen zu qualifizieren, haben wir unsere Probleme immer in neuen Problem-Lösungen nach Außen abgeschoben.**

Nochmal. Ich rede nicht von Predigten, sondern von der Einsicht. In dem Grundzusammenhang, von dem die Technik in ihrer überwältigenden Ausdehnung jetzt nur eine Folge ist. Und ich kann nicht sehen, wie man Ursachen der einen und der anderen Art in diesem Wechselwirkungsgefüge, das ist wohl so eine Art Computerspiel, wie man das gleichsetzen kann.

Lutz: Das ist kein Computerspiel. Es ist gerade nicht dieses einfache Ja-Nein-Denken, sondern spielt auf einer sehr vielschichtigeren Ebene. (...) Mir sind einfach diese Konzepte zu eng, die Sie liefern und direkt sagen: Ich weiß die Ursache. Wie gesagt, das erinnert mich an die Diskussion vor zwanzig, dreißig Jahren, wo man wusste, der Kapitalismus ist an allem schuld, und deswegen kann man dann den ganzen Problembaum aufstellen. Wir wissen, ganz so einfach ist es nicht, sondern es sind viel komplexere Wechselwirkungen. Das heißt nicht, die Probleme zu verleugnen, aber eine etwas tiefgründigere Struktur zu erkennen, um dann auch wirkungsvoll zu agieren. Wenn wir nämlich derart simpel an die Realität herangehen, werden wir ein **Ökosystem** überhaupt nie begreifen können. Dort ist es auch nicht so, dass es einfache Ursache-Wirkungsketten gibt, sondern viel ...

Bahro *(wirft ein)*: In Ruhe lassen, statt be-greifen, sagte Herbert Gruhl.

Lutz: **Wie können wir es in Ruhe lassen, wenn wir mittendrin stecken?** Wir partizipieren in diesem System. Wir sind ja nicht Beobachter. Ich meine, das ist wie in der Wissenschaft. Wir wissen heute, wir können nicht einfach das System nur beobachten, sondern wir greifen immer ein. Allein unser Dasein auf diesem Planeten ist schon ein Eingriff.

Gruhl: Ja, dem ist so.

Lutz: Und deswegen kann ich mich gar nicht raushalten.

Gruhl: Ja, auch das ist wahr.

SMS: Bevor das hier zum Stellungskrieg zwischen Herrn Bahro und Herrn Lutz ausartet, gehen wir noch einmal zurück, wo sich das auseinander dividiert hat. Herr Bahro erwähnte, dass das Kernproblem der Mensch sei. Sie, Herr Lutz, erwähnten, dass dies zu monoton, also seine Sicht zu einseitig wäre. Ist es nicht so, dass das Innere, was er angesprochen hat, selbst sehr komplex ist, also dass der Mensch, der diese Technik erzeugt, der diese Gesellschaftsstrukturen erzeugt ...

Bahro *(wirft nachdrücklich ein)*: Unsere Real-Projektionen sind das!

SMS: Richtig. Und unsere Komplexe. Was wir innen nicht verarbeiten können, das projizieren wir jetzt in unsere Umwelt. Aber da können wir sie auch nicht lösen und dann kommt das Problem, was Sie sagten: dass uns die Eigendynamiken, dass uns die Rückkopplungsprozesse dann davonrennen. Ich habe mit etlichen Zukunftsforschern gesprochen. Langsam habe ich ein bisschen den Eindruck, dass sie den Menschen nicht wehtun wollen in ihren Zukunftswerkstätten. Aber ich glaube ...

Bahro (wirft wiederum ein): Sie fragen „Was möchtet ihr denn, was wünscht ihr euch gerne?“, anstatt zu fragen: Was zwingen uns die großen Gleichgewichte auf, nachdem wir so maßlos interveniert haben, dass nur noch um eine oder zwei Generationen zu reden ist. **Das ist so verrückt, diese Frage „Wie möchten wir es denn gerne haben?“ in der jetzigen Situation.**

Gruhl *(setzt an)*: Also ...

Lutz *(wirft ein)*: Das ist immer so, wenn eine Epoche zu Ende geht, dann muss es dazu eine Alternative geben. Und deswegen die Frage, nicht nur, wie wünschen wir es, sondern, was wäre besser, sinnvoller und richtiger?

SMS: Aber wohin führt es, wenn die Diskussion immer nur so ewig weiter geht? Ich habe in Vorbereitung zur Sendung mindestens dreißig Bücher durchgearbeitet, auch die Bücher von Robert Jungk. Was ist aus seinen Projekten – er hat darin sehr viele kleine Projekte vorgestellt – geworden? Und der größte Teil von seinen Projekten ist wieder eingegangen. Oder die neuen Projekte, die jetzt existieren, sind nicht neu Hinzugekommene, sondern die alten Projektmacher sind immer wieder in neue Projekt-Ketten eingestiegen. So dass man sagen kann, wenn man ein Zukunftsbuch nimmt, das vor zehn Jahren geschrieben worden ist, wie z.B. »Der Jahrtausend-Mensch« von Robert Jungk, dass die Projekte, die er dort beschrieben hat, zu 60 Prozent nicht mehr existieren. Und was Sie heute in Zukunftswerkstätten vorstellen mit neuen Projekten, sind aber auch wieder nur die alten Manager. Es geht auf der einen Seite natürlich darum, wie können wir unsere Zukunft gestalten, aber, es geht ja auch um die Interaktion, die Vernetzung und die Beziehung zwischen unserer inneren Komplexität, worüber viel zu wenig geredet wird, und unserer äußeren, wirtschaftlichen Komplexität. Und da ist es auch sehr wichtig, über unsere inneren Ängste, über unsere Depressionen zu reden, über unsere inneren Bewusstseinsspaltungen, die sich doch ins Äußere verkehren. Nicht, wie können wir die äußeren Krankheiten ein bisschen korrigieren, schönreden, sanfter, softer machen, sondern, verdammt noch mal: Warum haben wir uns eine Gesellschaft geschaffen, die, sagen wir es einmal knallhart, kurz vor dem Verrecken ist? **Hat uns denn diese Botschaft, dass wir vor dem Abgrund der Zerstörung stehen, nicht erreicht?** Dieser Selbstzerstörungsprozess, der ja auch innerlich stattfindet, wir haben ja nicht nur Umweltzerstörung, wir haben auch innerlich Selbstzerstörung, wir haben innere Kündigungen, wir haben eine hohe Zunahme von Depressionen, und da müssen wir doch fragen, wie unsere Selbstschädigung innen mit den Schädigungen außen korrespondiert. In dem Augenblick verbinden sich doch ganz klar, ohne Streit, ihre beiden Meinungen. Wenn Herr Bahro sagt…

Bahro *(wirft ein)*: Das ist nicht so, dass sich das verbindet!

SMS: Hm, gut, lässt sich das denn überhaupt verbinden? Die Kompliziertheit, der Kern, das Menschliche an sich und das, was Herr Lutz in seinen Zukunftswerkstätten versucht auszudrücken?

Bahro: Also wenn wir dabei bleiben wollen, immer größeres Gewicht den Sachen, die wir gemacht haben, zuzusprechen, das ist eindeutig so, die Komplexität, die wir produzieren, wirkt andauernd und immer mächtiger auf uns zurück, dann kommt dabei nur heraus: Wir armen Mäuse können uns nicht ändern. Und es geht auch nicht darum, die Neurosen zu nehmen und darauf zu setzen, dass die erst einmal stellenweise geheilt werden. Sondern es geht um die Botschaft, der

Mensch übersteigt unendlich den Menschen.

Pascal sagt das so. Das heißt, wenn wir uns endlich zu unserer Gottesebenbildlichkeit, in welcher Religion auch immer, echt verantwortungsvoll bekennen würden, dann hätten wir sehr schnell die Möglichkeit, die notwendigen Neuentscheidungen zu treffen. Wir würden uns auch das Regiment dazu schaffen, den politischen Willen wirklich in Institutionen gießen, und zwar national – und weltweit. Nur, **wir lenken uns ab mit Pseudolösungen für Symptome, die wir fortdauernd produzieren.** Das ist meine Grundposition.

Lutz: Wenn dieses Äußere eine Projektion oder eine Auswirkung unseres inneren Wesens ist, dann kann ich dieses doch eindeutig an diesem Äußeren veranschaulichen und auch daran arbeiten.

Wir arbeiten mit Menschen. Also gehe ich selbstverständlich davon aus, dass es Menschen sind, die dabei einen Lernprozess machen. Und diesen Lernprozess könnte man jetzt Selbsterkenntnis nennen oder vielleicht sogar „kleine Erleuchtung“. Aber mir geht es nur darum, die Wege offenzulassen, wie dies geschieht, und nicht einfach so den Menschen auf sich so zurückzuwerfen und zu sagen, es geht nur so. Meiner Erfahrung nach gibt es sehr viele Wege, und jeder muss dann schauen, mit welcher Art er am besten klarkommt und womit er seine Selbsterfahrungserkenntnis hat, seinen Paradigmenwechsel erlebt. Also dass es letztendlich um den Menschen geht, darin sind wir uns völlig einig. Aber ich bin gegen eine eindimensionale Richtung, zu sagen, ich weiß genau, wie das Konzept der Menschen der Zukunft zu sehen ist. Das wäre diese Predigerreise, wir schaffen den vollkommenen Menschen und dann wird der ganze Rest natürlich auch in Ordnung sein. Die Frage ist, wie geht das?

Gruhl: Ich bestreite, dass es sehr viele Wege gibt. Ich wäre schon sehr froh, wenn ich einen einzigen Weg wüsste. Herr Bahro hat eben ein gefährliches Stichwort eingeworfen von der Gottebenbildlichkeit. Und darin scheint auch einiges zu liegen. Unter dem Erfolgsrausch seiner eigenen Erfindungen der letzten Jahrhunderte und der ständigen Vergrößerung und Vertiefung dieser Erfindungen bis zur Spaltung des Atoms, ja heute bis zur Genmanipulation, benimmt sich der Mensch selbst als Gott. Und es gibt genügend Äußerungen dieser Tage, diese sind sogar beim Club of Rome in Hannover gefallen, der Mensch nähme jetzt die Evolution selbst in die Hand. Das heißt eigentlich gar nichts anderes, als er setzt sich an die Stelle des Schöpfers und wird nun eine Welt aufbauen, die in Ordnung ist.

Im Hintergrund steht aber die Welt, wie sie geworden ist. Sie ist nicht gut genug. Sie ist nicht in Ordnung. Der Mensch muss es nun selbst in die Hand nehmen. Und dies überfordert ihn total. Darum, so sagte ich vorhin, ist es auch so kompliziert. Der Mensch kann ja den Sinn der Evolution noch gar nicht erkennen. Er weiß ja gar nicht, warum Evolution stattfindet und was das Ergebnis der Evolution sein soll. Der arrogante Mensch sagt, wir Menschen seien das Ziel der Evolution. Und vielleicht in Zukunft ein noch höherer Mensch als der bisherige. Aber darüber wird man nie wissenschaftliche Klarheit finden. Da haben sich eben die Menschen früher mit dem Glauben geholfen. Da der Glaube nichts mehr gilt, muss konsequenterweise der Mensch selbst als Leiter und Lenker auftreten, als Schöpfer der Natur. Und er versucht es jetzt auch. Und er scheitert daran. Und meiner Ansicht nach scheitert er allein schon daran, weil es für ihn nur noch eine Frage der Quantitäten geworden ist. Stelle ich noch mehr her, verbrauche ich noch mehr, dann ist das immer gut. Die Frage der geistigen Dimension ist immer mehr und mehr in den Hintergrund getreten, und ich zweifle nicht daran, dass **die Völker**, bis hin zu den Entwicklungsvölkern, **alle von dem gleichen Rausch besessen sind: die Erhöhung ihrer Quantitäten,** ihres Lebensstandards, würde sie auch glücklicher machen. Die Erfahrung beweist, dass sie nicht glücklicher werden. Es wurden eben vom Moderator einige Beispiele dafür angeführt. Man kann auch die hohen Selbstmordraten gerade in den reichsten Völkern der Welt als

Beispiel dafür anführen, dass sie eben nicht glücklicher werden.

Es ist eine Fehlentwicklung und diese Fehlentwicklung lässt sich nicht durch noch raffiniertere, weitere Entwicklung korrigieren. **Am Anfang** des Ganzen **müsste die Frage stehen, auf was können wir alles verzichten?** Und das, auf das wir verzichten, das wir gar nicht produzieren, gar nicht ver-brauchen, gar nicht erst wegwerfen, das schützt die Natur hundertprozentig, das macht Null Schäden. Aber alles, was wir tun, entwickeln, steigern, das schädigt weiterhin. Und der Glaube weltweit ist noch ungebrochen, dass die Steigerung das Ziel sei. Einige glauben immer noch, das Ziel sei ein menschengeschaffenes Paradies. Es ist fast schon absurd, dass dieser Glaube heute noch existiert, wo – da sind wir uns wieder einig – wo man die Zusammenbrüche schon überall beobachten kann.

Bahro: Ich habe das Wort „Gottesebenbildlichkeit" nicht in diesem Sinne gemeint. Sondern, dass wir wirklich Spiegel sein sollen einer Ordnung, Dao, die überlebensfähig ist. (...) Und dass wir uns dort treu einfügen. Das habe ich eigentlich gemeint damit. Ich denke, dass vielleicht Verzicht noch gar nicht genug ist als Lösung. Verzicht heißt irgendwie, wir fahren auf 22 Grad und gehen vielleicht auf 18 Grad runter. Ich denke, dass dies an die Größenordnung des Problems noch gar nicht heran reicht, sondern dass es eigentlich der Verzicht nicht auf bestimmte Güter ist, sondern auf eine bestimmt jetzt gewohnte Art und Weise modern zu existieren ...

Gruhl *(gibt zu bedenken)*: Die ist aber nun einmal unmittelbar mit Güterproduktion verbunden.

Bahro *(fährt fort)*: Ja sicher, das ist klar. Natürlich. Nur, ich meine, wenn wir nur Verzicht sagen, ich glaube, dann erzeugen wir nur die Vorstellung einer Verschlechterung aller Standards ...

Gruhl: Sie sagen „Verschlechterung". Verzicht ist ja aber noch keine Verschlechterung.

Bahro: Also ich vermute, dass uns das der Verzichtsgedanke doch nahelegt, dass wir im Winter frieren, beispielsweise. Ich denke, dass es um einen ganz neuen Standard des Lebens gehen muss. Um eine neue Existenzform des Menschen. Wir müssen wahrscheinlich bis auf Kommunikation weltweit auf diesen ganzen Transportwahnsinn verzichten. (...) Es darf keine größeren Transportwege geben für 90 Prozent Grundbedarf als den Umkreis von 25 Kilometer, so dass wir eine kontraktive statt expansive, also eine zusammengezogene Ökonomie wieder haben müssen.

Gruhl: Das meinte ich ja auch.

Bahro: Also große Hausgemeinschaften, Klosterökonomien.

Gruhl: Ja, das meinte ich damit.

Bahro: Ich glaube, dass der Verzicht dann ein Gewinn sein könnte. Dass wir viel weniger damit zu tun hätten, statt andauernd diese Mega-Maschine aufrecht zu erhalten.

Gruhl: Ja.

Bahro: Wir gehen also, welcher Wahnsinn, 12 oder 13 Jahre in die Schule und dann noch weitere 10 Jahre, bis wir der Chefkonstrukteur irgendeines Empire State Building sind. Und man hat in der Zeit nicht gelebt. Das stellen ja jetzt einige Studenten fest. Also ich mache in unserer bescheidenen Kommune die Erfahrung, was da so an Arbeit nötig ist, doch menschlich viel mehr wert ist. Da kommt viel mehr zurück als bei der Pflichterfüllung in diesen Bienenwaben.

SMS: Hm, die Masse der „Chefkonstrukteure“ glaubt sicherlich, dass ihr Leben des „immer Weiter, Höher und Mehr“ das wahre Leben sei. Ich glaube, Herr Lutz wird schon ganz unruhig, weil ihm etwas auf der Zunge liegt dazu.

Lutz: Ich möchte dieser Verzichtsideologie widersprechen. Das ist ja gerade das Problem, wenn man den Leuten nur weniger vom Gleichen gibt, dann fühlen sie sich verdummt und sagen, jetzt also müssen wir den Gürtel enger schnellen, werden weniger haben. Das ist genau die falsche Richtung. Worum es eigentlich geht, ist ja wirklich ein Wertewandel und eine Bereicherung. Sie (*er zeigt Richtung Gruhl*) haben das Beispiel gebracht mit der Temperatur runter regeln, um Energie einzusparen. (...) Und dann noch ein Wort zu diesem großen Verbrauch, den wir alle haben, wir sprechen hier ja nur über ein Fünftel und weniger der Menschheit, die diesen Luxus hat. Die Mehrheit hat doch gar nicht, was sie braucht. Das stimmt also nicht zu sagen, dass der Mensch an sich zu viel verbraucht, sondern es ist eine ganz kleine Gruppe hier im Nord-Westen auf diesem Planeten, die unheimlich viel verbraucht an Energie und Ressourcen. Die Mehrheit steht unterhalb dieses „Standards".

Gruhl: Das ist richtig. Aber schon dieses eine Fünftel verbraucht ja viel zu viel.

Lutz: Richtig. Das ist ja das Problem.

Bahro: Und zwar, weil wir uns das eben insgesamt falsch eingerichtet haben. Das ist der Punkt.

Lutz: Es geht jetzt darum, zu überlegen, wie könnte es auch für die anderen Milliarden gehen. Das heißt, selbst wenn wir hier im Westen 10 Prozent reduzieren, haben wir das Weltproblem damit noch lange nicht gelöst.

Gruhl: Nein, das ist wahr, zumal die anderen im Begriff sind, uns nachzuahmen und das Gleiche zu tun, was wir die ganze Zeit tun.

Bahro: Und was wir ihnen jetzt vormachen, ist, dass sie uns jetzt dieses neue Stockwerk „Umweltschutz im Industriesystem" werden nachmachen müssen (...) Während das alles Bestandteile ein- und desselben falschen *„Ganzen"* sind, das wir hier praktizieren.

Lutz: Ja, aber dazu muss man sagen, dass dieselbe Industrialisierung, die wir vorgemacht haben in den letzten zweihundert Jahren, für den Rest der Welt gar nicht nachzuholen ist, weil wir doch gleichzeitig in dieser Zeit die Ressourcen für diese mögliche Industrialisierung mit aufgebraucht haben. Das heißt, **die Schwellenländer oder die noch nachrückende arme Welt kann überhaupt nicht mehr materiell so**

industrialisiert werden. (...)

Bahro: Ja, das ist ganz klar so.

SMS: Zum Stand der Diskussion: Was wir herausarbeiten sollten, ist ja diese Spitze, auf die wir zulaufen. Das heißt, wir haben das Problem, dass wir immer mehr Arbeitslosigkeit kriegen. Erstens durch die Rationalisierung, also den Einsatz von Maschinen. Dann noch mehr Arbeitslose, weil wir einsparen müssen auf todbringenden Sektoren, die einfach für die Umwelt nicht mehr verträglich sind. Übrigens auch für die menschliche Gesundheit. Haben wir doch das Problem, dass wir hier auch Kinder des Wohlstandes sind und dass wir sehen, dass die Modeberufe der jungen Leute, Versicherungskaufleute, Bankkaufleute, Verlagskaufleute, am Computer sind. Aber in die Landwirtschaft oder ins Handwerk will doch keiner mehr. Da sprechen ja auch die Zahlen ganz eindeutig dafür.

Lutz *(wirft ein)*: Es geht ja auch darum, dass auch Jobs bereitgestellt werden. Wollen tun viele Leute in diese Bereiche. Also, es ist z. B. ein sehr großer Bedarf bei Gymnasiasten, die Abitur gemacht haben und die jetzt eigentlich mal genug haben von dieser Kopfarbeit, die würden gerne in handwerkliche oder in ökologische Bereiche. Aber es gibt da keine Jobs.

SMS *(wirft ein)*: Ja, aber vielleicht als Urlaub. Würden Sie das beständig tun wollen, in der Landwirtschaft zu arbeiten?

Lutz: Wir dürfen nicht so schnell sagen, die Leute wollen nicht. Es ist ein großes Bedürfnis, aber, ich erlebe das ständig, wie junge Leute danach fragen: Wo gibt es eine Arbeit, wo ich auch z.B. handwerklich etwas tun kann und nicht weiterhin nur im Büro sitze, in einer dieser Bienenwaben, in Versicherungskonzernen oder sonst wo. Es wird also eigentlich gewünscht, so eine Mischung aus Hand- und Kopfarbeit, allerdings nicht dann mit diesem niedrigen Sozialprestige und dem niedrigen Lohn wie in unserer Gesellschaft üblich. Wir haben also hier wieder ein politisches Problem und ein ökonomisches, nicht aber eins von Bedarf oder von Bedürfnis her.

SMS: Nicht nur ein politisches. Ich meine, es ist kein Zufall, dass ich in dieser Runde den jungen Leuten altersmäßig am nächsten sitze oder stehe. Und ich weiß aus eigenem Erleben, dass viele junge Leute lieber in die Disko gehen, lieber mit High-Tech gamen oder Squash und Tennis spielen gehen. Wir sehen an den Zahlen, die immer wieder veröffentlicht werden, dass eindeutig Facharbeiter und Fachhandwerker fehlen. Das sehen wir an den Bilanzen des Arbeitsamtes.

Bahro: Wenn da was fehlt, dann ist es nicht Geld, sondern dann sind es soziale und geistliche Führungsimpulse. Und dass wir unser institutionelles System so ändern, dass diese Entscheidungen getroffen werden können. (...) Wenn wir das weiter laufen lassen, dann kann es nur zum großen Crash kommen. Also ist es doch **nötig, dass hier wirklich ein grüner Gorbatschow kommt.** (...) Einer, der die Lücke schließt, die hier in Punkto Führung besteht. Dass einer riskiert zu sagen: Stoppt mal! Alles, was wir bisher gemacht haben, da laufen wir auf eine Sackgasse zu, wir brauchen grundlegende Änderungen. (...)

Lutz *(wirft ein)*: Aber doch nicht durch einen neuen Führer!

Bahro: Also, ich freue mich darüber, wie die Deutschen Michail Gorbatschow hier begrüßt haben. Ich bin ja von drüben, ich habe das gehofft, dass so etwas kommt. Und ich freue mich insbesondere darüber, da bin ich ganz offen, dass das ein Mann ist, der jetzt zeigt, dass das Thema Führung nicht unbedingt gleich abgewiesen werden kann, indem man nur immer auf Hitler und Stalin hinweist. In dieser Zeitenwende, in der wir jetzt stehen, ohne Führung auskommen zu wollen, (...) ohne die Besetzung einer Funktion mit echter Richtlinienkompetenz, ohne das sehe da keine Chance.

Lutz: Das führt ja dann zur Ökodiktatur.

Bahro: Wieso denn? Also ich zumindest möchte, dass es eine Führung gibt, die die ökologische Wende hier vollzieht. Und wenn ich selbst das möchte, dann werde ich nicht einer fremdbestimmten Diktatur ausgesetzt werden. Und mir scheint, dass sehr viele Leute, die jetzt Gorbatschow so begeistert begrüßt haben, doch irgendwie ein Bedürfnis nach dieser Art Führung haben. (...)

SMS: Vielleicht können wir ganz kurz einmal erwähnen, es gibt ja auch positive Führer wie Gandhi, Roosevelt und so.

Gruhl: **Gorbatschow ist ein Beweis dafür, dass auch Führung nötig ist, um sich von einer Diktatur zu befreien!**

SMS: Von einer Habgier- und Konsum-Diktatur.

Bahro: Genau. Genau.

Lutz: Also wir müssen ja erst einmal sehen, bei Gorbatschow ist es ja ein Ausdruck des Wollens von einem großen Teil der Bevölkerung. Und er ist nun jemand, der eben nicht wie in anderen Staaten gegen die Bevölkerung steht, sondern genau diese symbolisiert. Also in diesem Sinne Führung...

Gruhl *(wirft ein)*: Vorsicht, Vorsicht! Er klagt ja alle Tage, dass ihm die Bevölkerung nicht genügend folgt und dass es nicht genügend schnell geht. Also ihn da sozusagen als Ausgeburt des Willens der Bevölkerung zu bezeichnen, da habe ich große Zweifel. Ich glaube, es ist eher umgekehrt.

Lutz: Ich darf das vielleicht noch weiterführen. Es ging mir darum, wenn nämlich Gorbatschow tatsächlich jetzt als Führer alleine steht und die Bevölkerung gegen ihn arbeitet, dann wird er ja sowieso keinen Erfolg haben. Es ist doch eindeutig, dass es nur *mit* der Bevölkerung gehen kann.

Gruhl *(wirft ein)*: Er gewinnt sie. Und es muss erst einmal einer da sein, um sie zu gewinnen.

Bahro: Wir haben doch auch Führerschaft hier im Westen. Wir haben Führung, die dauernd die Selbstsucht bestätigt. Es gibt eine Weltregierung durch diesen Wissenschaft-Technik-Kapital-Prozess. Aber nur ja kein Mensch, um Gottes Willen.

Lutz: Mir ging es aber um etwas anderes: Ökologie ist für mich im einem gesellschaftspolitischen Sinn auch eine Abkehr von hierarchischen Führungsformen. Also hierarchische Strukturen, die typisch sind für Führertum, d. h., dass es Leute mit Richtlinienkompetenz gibt und der Rest muss nachfolgen, das halte ich nicht für eine öko-logische Zukunftsform von Politik. (...)

Gruhl: Dem widerspreche ich. Es gibt durchaus in der Natur hierarchische Strukturen. Nehmen wir eine Elefantenherde, da ist es die älteste Kuh, also der weibliche Elefant, der die Führung hat. Bei anderen, Löwenrudeln oder dergleichen, ist es einer. Es gibt ja nun aus den letzten Jahren viele Untersuchungen, wie z. B. die dem Menschen nächst stehenden Tiere leben, die Menschenaffen. Die haben hierarchische Strukturen.

Und da gibt es sehr, sehr viele Arten, die haben hierarchische Strukturen. Das ist keine Erfindung des Menschen, sondern das ist das Ergebnis komplizierter Beobachtungen, die in den letzten Jahren möglich geworden sind, weil man sehr viel Filmaufnahmen machen konnte. (...)

Bahro: Ich meine, „Hierarchie" ist daher ein Schimpfwort, weil man sich dann immer Armeestrukturen und Kirchenstrukturen vorstellt, solche Kommando-Hierarchien, wo von vornherein definiert wird, wer das Wort hat und wer nicht. (...) Ich glaube nicht, dass es einen einzigen Menschen als Alternative zu Gorbatschow gegeben hätte, der diese Funktion so ideal ausfüllen kann wie er jetzt. Und vor allem geht es darum, dass Geist in sich selber wohl hierarchisch ist. Also ich meine, **wenn ich nicht bereit bin selbst an der Königsfunktion, symbolisch, oder an der Meisterfunktion teilzunehmen, wenn ich also diese Kräfte nicht entwickle, dann wird natürlich auf diesen Ebenen jemand anders die Entscheidung treffen.** „Republik der Könige" war das, was mit der Bürgerlichen Revolution mal im Idealsinne gemeint war, dass also praktisch alle sich zu ihrer königlichen Verantwortung berufen und bekennen. Deshalb hat Shakespeare den Bürgern auch diese Königsdramen gezeigt. Es ist doch klar, dass erst einmal Minoritäten sich zuerst aufraffen werden. Dass das Einzelne sind, die erst mal einen Vorschlag machen. Das ist doch eine Frage der Initiative für eine geistige Intervention, die ich da mit Führung meine. Sie können es gar nicht bestreiten, weil Sie führen nämlich auch, Herr Lutz.

Lutz: In diesem Sinne habe ich doch vorher die Sache gesagt, dass es darum geht, Impulse zu geben. Aber wir stehen jetzt tatsächlich, sehr positiv, in einer Führungskrise, dass nämlich überall dort, wo noch alte Führungsstrukturen bestehen, es nicht mehr funktioniert. Und wir müssen neue Formen der Organisation und auch der Politik finden. Dass es darunter dann Menschen gibt, die als Gruppen **eine Art Avantgarde-Funktion** bekommen und Impulse geben, das ist, finde ich, selbstverständlich. Aber sie sollen nicht in die lebenslange Rolle des Führers oder Gurus kommen. Es geht darum, temporäre Impulsgeber zu haben, die man dann auch wieder verlassen kann oder die selber ihre Funktion abgeben.

Bahro: Aber wir müssten doch eine politische Sphäre schaffen, die stärker ist als das Kapitalkommando. (...) In Wirklichkeit darf niemand etwas dazu sagen, sondern die Entscheidungen sind gefallen in der Anonymität eines Prozesses. Wir haben nicht die positiven Machtstrukturen, die wir bräuchten, um dem Unheil gegenzusteuern. Und vor lauter Angst, es könnte dann wieder falsch ausgehen, sagen wir: „Keine Führung!“ Das heißt, es soll so weiter laufen.

Lutz: Aber einig sind wir uns doch, dass wir neue Konzepte entwickeln müssen, wie so etwas funktionieren kann. Und dass wir nicht zurückfallen können in die Hierarchie, wie sie Kirche und Militär aufgebaut haben. Und dass ist doch die Gefahr, dass viele Menschen, wenn sie das Neue noch nicht kennen und nicht wissen, was auf sie zukommt, zurückfallen in alte Strukturen. (...)

Gruhl: Ja, können Sie denn einmal eine praktisch existierende, nach Ihrer Bezeichnung neue Führungsstruktur benennen. Wo funktioniert denn eine in Ihrem Sinne neue Führungsstruktur?

Lutz: Es ist überall dort, wo die kleinen Versuche gemacht werden, diese kleinen Netzwerke von Betrieben. Ich sagte ja, das steckt noch in den Kinderschuhen.

Gruhl *(leicht ironisch resigniert)*: Ach so, nun gut.

Lutz *(fährt fort)*: Aber es muss daran gearbeitet werden. Wenn wir hierarchisch erzogen wurden, ist es ja selbstverständlich, dass wir damit Schwierigkeiten kriegen, wenn wir eine ganze andere Form, eine Netzwerkstruktur, jetzt plötzlich leben sollen. Dazu gehören die ganzen Rollenprobleme zwischen Mann und Frau, hierarchische Über- und Unterordnungsvorstellungen. Dazu gehört natürlich die Sache, dass ein Kollektiv anfängt und sagt: Wir sind eigentlich alle gleich. Nach einiger Zeit bildet sich dann doch eine Alphastruktur, dass jemand eine stärkere Funktion hat als andere.

Gruhl: Mich hätte am Ende interessiert, ob das irgendwo auf staatlicher Ebene funktioniert, was Sie da meinen?

Bahro: In unserer Gruppe versuchen wir, genauso zu leben. Ich spiel´ da nicht den Meister. Bewusst nicht.

SMS: Schauen wir uns noch einmal jene Realität namens „Macht" an. Wer hat oder wer hätte denn die Macht, diesen Weg auf den Abgrund zu aufzuhalten? **Demokratie ist schön, wenn alle einsichtsvoll wären. Aber es ist doch so, dass die meisten lieber gedankenlos konsumieren.** Die Leute sehen, auf was für eine, Pardon, Scheiße sie zusteuern mit ihrer Wegwerf-Mentalität, mit ihrer Konsum-Mentalität. (1) Aber können wir von der Mehrheit erwarten, dass sie jetzt plötzlich (...) die Erleuchtung kriegen und wir gemeinsam die Wende vollziehen? Oder ist es nicht auch eine Frage von alten Machtstrukturen, die noch einen Gewinn daran haben, wie das System jetzt ist. **Da bleibt doch die Frage, welche Führung, welche Vorgabe, brauchen wir?** Kann das eine Gruppe sein, können das einzelne Leute sein, die schon im System drin sind, wie dieser Gorbatschow, der ja ein Apparatschik ist, um diese Wendung zu präsentieren und das den Leuten bewusst zu machen? Denn was nützt uns, und da kommen wir jetzt auch zu der interessanten Demokratie-Frage, wenn wir demokratisch vor die Hunde gehen? Einzelne oder Minderheiten, die sehen, welchen fatalen Weg wir gehen, haben die dann nicht auch das Recht, zu sagen, Demokratie Hin oder Her, aber **Leute, ihr geht – demokratisch – vor die Hunde.** Welche Möglichkeiten gibt es da, diesen kollapsartigen Prozess statt zu Ende zu führen, zu einer Wende zu führen?

Bahro: Das ist schwierig, wie es scheint. Denn, wenn es beispielsweise so ist, dass dieses System in der Sowjetunion, das völlig Andere wie Gorbatschows Glasnost und Perestroika hergibt, dann kann es aber umgekehrt durchaus sein, dass unsere Strukturen, obwohl ich mir wünsche, dass wir uns so etwas wie ein „Oberhaus" schaffen würden, anstatt bloß dieses Unterhaus namens Bundestag, wo nur die Parteien- und Sonderinteressen notiert werden, es nicht hergibt. Ich könnte mir durchaus vorstellen, wenn „der Mensch" in jedem Abgeordneten, in jedem Politiker, sich wirklich aufraffen würde, dass dann auch etwas anderes möglich wäre. Was mir die Hauptfrage erscheint, ist, dass erst einmal die Botschaft von einer echten Autorität ausgesprochen werden muss. Also, ich würde mir z.B. wünschen, dass der Bundespräsident deutlicher ausspricht, was eigentlich die Stunde geschlagen hat. (...) Es ist doch gar nicht wahr, dass ich überhaupt kein Konsuminteresse hätte, ich muss ja auch etwas essen und etwas anziehen, sondern es ist nur die Frage, ob ich dauernd daran erinnert werde bei der Wahl, es geht um nichts Wichtigeres als Renten, Steuern, all dieses Zeug, und dann noch nicht ′mal um jene Steuern, die jetzt wichtig wären, um unsere riesige Verbrauchsgier zu beschränken. (...)

Gruhl: Ja, ich würde nur sagen, Herr Bahro, wenn der Bundespräsident so etwas geäußert hätte, dann wäre er nicht mehr gewählt worden. Jetzt ist er gewählt, aber offensichtlich will er alle Seiten, die ihn gewählt haben, nun nicht enttäuschen und darum spricht er weiterhin so, als würde er es jedem recht machen können.

Bahro: Aber er könnte auch anders, als sich den Mehrheiten unterzuordnen.

Gruhl: **Ja. Das ist ein Problem der Demokratie.** Offensichtlich.

SMS: Dann sollten wir hier vielleicht durchaus einmal ein bisschen tiefer bohren. Wenn er auch anders könnte als eine potentielle Symbolfigur, die da Zukunfts-Impulse geben könnte, und es wegen falscher Anpassung an vermeintliche Mehrheiten nicht tut, dann ist das auch ein Selbstbehinderungs-Problem der Demokratie. Wollen wir dann hier vielleicht mal ein bisschen tiefer wühlen. **Ist die Demokratie, unsere, wie wir sie jetzt kennen, der Globalen Krise überhaupt gewachsen?**

Lutz: Also erstmal müssen wir jetzt richtig stellen, dass wir nicht Demokratie gegen Hierarchie stellen. Wir haben eine Demokratie, die hierarchisch aufgebaut ist, wir haben eine repräsentative Demokratie. Und wenn wir sprechen von Ökologisierung oder Netzwerkstrukturen, dann wäre dies auch eine andere Demokratie. (...) Und wir brauchen tatsächlich eine effizientere Form von Regierung, aber das heißt nicht unbedingt zurück in eine Diktatur, (...) sondern eben in neue Formen, wie direkte Demokratie, Rotationssystem der Bundestagsmitglieder. Wir wissen, es funktioniert noch nicht richtig, aber die Demokratie, wie wir sie haben, funktioniert auch nicht richtig. Es geht also darum, Veränderung einzuleiten im Sinne von „Mehr Demokratie wagen". (...)

SMS: Das Problem ist ja noch tiefer. In Demokratie steckt ja auch suggestive Wahlwerbung. Wenn die Leute souffliert bekommen, ihr müsst mehr und mehr kaufen, und wenn die Leute auch im Wahlkampf quasi immer wieder versprochen bekommen, ja mehr Wachstum, verhaltet euch so und so, wie sollen dann diese Leute eine Wende oder ein anderes Weltbild wählen? Es geht ja auch um das Weltbild, das täglich über Massenmedien von entsprechenden Firmen und von entsprechenden Parteien verkauft wird. Wie können wir da ansetzen, bevor man überhaupt darauf hoffen kann, dass über einen demokratischen, also über einen Mehrheitsprozess, hier wirklich eine Wende eingeleitet werden kann?

Gruhl: Das Problem ist eben, dass im demokratischen Parteiensystem **die Parteien** den Wählern das versprechen müssen, was im Bewusstseinsstand der Wähler erstrebenswert ist. Sie **müssten** aber andererseits auch **versuchen, den Bewusstseinsstand des Wählers zu erweitern. Diesen Versuch machen sie nicht.** Insofern stimme ich Herrn Bahro zu, der Bundespräsident müsste z.B. so etwas sagen. Ich habe mich auch in meiner Zeit in Bonn gewundert, warum nicht ausscheidende Abgeordnete, die entschieden haben, ich mache jetzt die letzte Amtsperiode (...) einmal eine Lippe riskieren. Aber auch das hat keiner von ihnen getan. Das ist ein eigenartiges Verhältnis, vielleicht kann man das auch unter Herdentrieb einordnen. (...) Wir sind ja insofern noch in einer verhältnismäßig guten Lage in unserer Gesellschaft, wir dürfen wenigstens – ich gebe zu, auch mit Schwierigkeiten – in den Medien offen reden. Das hat dazu geführt, dass die Probleme als solche heute weitgehend erkannt (...) und doch wenigstens in aller Munde sind. Und dies ist schon ein richtiger Schritt. Hier müsste eigentlich über die Aufklärungsarbeit von Presse, Rundfunk, Fernsehen noch viel mehr getan werden als bisher, wobei ich nicht verkenne, dass auch diese Institutionen sich oft in Abhängigkeiten befinden von herrschenden Kräften. Ein Beispiel einer herrschenden Kraft nannte Herr Bahro ja vorhin, das Kapital. (...) Die Hauptfrage ist die, ob wir noch so viel Zeit haben, jahrelang über die Probleme zu diskutieren, während die faktische Entwicklung nach wie vor in die verhängnisvolle Richtung läuft.

Bahro: Also, ich glaube, dass das wirklich das entscheidende Problem ist mit der Demokratie. (...) Es geht doch darum, für einen neuen Konsens, ohne den geht das doch nicht, die Zustimmung einzusammeln, einzuwerben. (...) Aber bis jetzt werden im Wahlkampf nur konventionelle Dinge in den Mittelpunkt gestellt, als wenn alles weiterlaufen könnte wie bisher. (...) Die Grundfragen der Zukunft sind einfach nicht Thema. (...) Was ich sehe, ist, **wenn wir so weitermarschieren wie bisher als Schlafwandler, dann kriegen wir Notstandspolitik ohne böse Absicht auf den Tisch.** Das ereignet sich dann einfach.

SMS: Ich glaube, das ist jetzt auch ein ganz gutes Wort Richtung Abschluss, da unsere Sendezeit zu Ende geht. Gerade zu der Thematik Notstandsgesetze wäre es sicher für die Zuschauer interessant, noch mehr zu hören. (...) Nun müssen wir allerdings, rein aus zeitlichen Gründen, abschalten. Ich möchte diejenigen, die sich für diese Problematik interessieren, darauf verweisen, dass wir Nachfolge-Sendungen produzieren werden, denn diese zwei Stunden hier können natürlich nur ein Anriss sein und die Thematik nicht ausschöpfen. (...) Und damit möchte ich die Live-Sendung „Ist die Erde noch zu retten?“ beenden.

Transkription und Lektorat der Sendung durch Martina Füg. Redaktionelle Kürzung durch S. Mögle-Stadel. Die TV-Sendung kann vollständig als DVD-Edition und PDF-Edition bezogen werden, siehe Info auf Seite 274.

Nachbemerkung: Wenn man die Substanz der Diskussion mit den heutigen Talkshows zum Thema vergleicht, dann könnte man durchaus zu der Erkenntnis gelangen, dass diese Diskussion 1989 weiter und tiefsinniger war als heute.

(1) Umfragen 2021: „Obwohl 74 Prozent der Befragten davon überzeugt seien, dass die Welt auf eine ökologischen Katastrophe zusteuert, wollen sie ihr (Konsum-) Verhalten nicht ändern.“ Zitat aus Stuttgarter Nachrichten, Seite 1, 24.08.2021, Überschrift: „Trotz Klimakrise kein Verzicht“.

https://www.weltdemokratie.de/movies/Oeko-Kollaps,-Cartoon-1993_.jpg

6. Kapitel

Ist die Erde noch zu retten?

Publiziert als Titelessay in dem gleichnamigen Themenheft der Zeitschrift Connection, Doppelausgabe Juli/August 1989.

(Intro der Redaktion:) Für die jüngeren Insassen des Raumschiffs Erde, sagen wir mal: die Jahrgänge ab 1960, sieht manches anders aus. Wenn im Jahre 2000 die Seelen von Deng Hsiao Ping, George Bush, Ayatollah Khomeini und anderer seniler Regenten von irgendeinem astralen Orbit aus das Desaster betrachten, das sie hinterlassen haben, werden die dann 30, 40 oder 50-Jährigen nicht mehr über pro und contra Ökologie und globale Einheit diskutieren, sondern nur noch über die Minimierung des angerichteten Schadens. Stephan Mögle-Stadel, 23, Student der Medien und Überlebenschancen, meint, dass 100 Generationen erfolgreiches Schmarotzertum eine Spezies noch nicht berechtigen, so weiter zu machen.

***

Wie kann ich diese komplexe Frage meines Verlegers bei einer körpereigenen Temperaturerhöhung auf 39,3°C, umgangssprachlich auch Fieber genannt, beantworten? Kein Luftstrom bewegt sich mehr durch die mit gelblichem Sekret verstopfte Nase. Meine Ärztin diagnostizierte einen viralen Infekt, gab mir Arzneimittel zur biochemischen Stimulierung der körpereigenen Abwehr, zuletzt Antibiotika. Durchfall und Reizhusten machen sich unangenehm bemerkbar, die Mandeln sind geschwollen und stark gerötet, während ich auf den Beipackzetteln meiner Pharmazieansammlung, irgendwo zwischen arabischen und chinesischen Schriftzeichen, den „deutschlichen" Hinweis auf mögliche Nebenwirkungen wie Hautreaktionen, Haarausfall und Sehstörungen verschwommen wahrnehmen kann.

Infektion

Frau Doktor empfiehlt mir eine Blutanalyse. Ohne das Wort Aids zu nennen, fragt sie mich etwas verlegen nach meinen „sozialen Kontakten". Habe ich es bei meiner letzten Asienreise an der gebotenen hygienischen Vorsicht mangeln lassen? Habe ich mich vielleicht mit Cholera- oder sonstigen Krankheitserregern infiziert? „Infiziert" (von lat. inficere – hineintun). Ein irreführendes Wort, behauptet es doch indirekt, dass der (virale) Feind von außen kommt. Ein Erreger von außen kann jedoch normalerweise nur einen bereits aus dem Gleichgewicht geratenen Körper ernsthaft bedrohen.

Sollte ich daran sterben, wird man, motiviert von ängstlichem Mitgefühl (der vorübergehenden Vorstellung, dass es ja auch Dich hätte erwischen können) und egoistischer Erleichterung (Gott sei Dank bin es nicht ich) leichtfertig feststellen, dass „die Krankheit gesiegt habe". Genauer besehen haben hier jedoch alle verloren. Denn mit dem Patienten (**Erde**) ist zwangsweise auch der **Virus (Mensch)** zugrunde gegangen. Verfolgen wir diese **Analogie** weiter:

Warum wurde aus dem Menschen, einem potentiellen „Symbionten“, (siehe z.B. Darmbakterien wie escherichia coli, welche lebensnotwendige Regelstoffe wie Vitamine freisetzen) ein zerstörerischer Parasit? Wie kam es dazu, dass ihre Vermehrung die symbiotische Grenze der Verträglichkeit überschritt, so dass der Erreger seinen Wirt – und damit sich selbst – vernichtete?

Der Parasit stirbt mit seinem Wirt

Könnten wir (Noo- & Biosphäre Erde) mit den Choleraerregern (Menschen) reden, dann würden wir wahrscheinlich den Versuch machen, sie mittels Temperaturerhöhung, schüttelfrostartigen Erd(körper)beben, hautausschlagähnlichen Waldbränden, mit Baum- bzw. Haarverlusten und anderen Symptomen des Selbst(zer)störungsprozesses darauf hinzuweisen, dass sie nicht nur uns (Erde) gefährden, sondern es auch in ihrem eigenen Überlebensinteresse liegt, die ungehemmte Vermehrung ihrer Population rechtzeitig und freiwillig einzustellen.

Obwohl die Choleraerreger nach dem Tod des einen noch andere Wirte befallen können. Die Menschen nach dem Tod der Erde aber hätten keinen anderen Planeten mit auch nur annähernd so wirtlichen Bedingungen wie ihr Heimatplanet. Aller Wahrscheinlichkeit nach würden die Choleraerreger unsere Mahnungen in den pestiziden Wind schlagen – und dies sogar mit logisch erscheinenden Argumenten. Denn in der Zeit, die sie bräuchten, um unsere Ratschläge wahrzunehmen und quasi zu beherzigen, hätten sie in dem von ihnen besetzten Lebensraum schon fast 100 Generationen Vermehrung hinter sich gebracht: circa alle 20 Minuten eine Zellteilung, d. h. Verdoppelung ihrer Population. Innerhalb von nur 33 Stunden macht dies 99 Generationen – das ist ungefähr jene Inkubationszeit, nach der es für einen Virus- oder Cholera-Patienten lebensgefährlich zu werden beginnt.

100 Generationen lang erfolgreich

Wenn wir die menschliche Geschichte etwa 100 Generationen* weit zurückverfolgen, geraten wir in die Endphase des pharaonischen Ameisenstockprinzips in Ägypten, und in die Anfangsphase der mosaischen Zeit mit ihren, für die Individuation (Ich-Werdung) des Menschen katalytischen Ereignissen, z.B. den Monotheismus. (...)

*(Anm. Hrsg.: Bei einer Generationsfolge von etwa 33 Jahren käme man damit circa ins Jahr 1278 v. Chr. Damals wurde Pi-Ramesse die Hauptstadt von Ägypten.)

Vermutlich würden die Choleraerreger unseren Hinweis auf die Gefahren der Überbevölkerung mit dem Argument begegnen, dass man nun schon seit 99 Generationen konsequent auf Vermehrung, Expansion und Konsum (hier: die Vertilgung anderer Mikroorganismen des Körpers) gesetzt habe und dass man prächtig damit gefahren sei. Angesichts des konkreten Erfahrungshintergrundes von 99 erfolgreichen Generationen werden sie unsere Mahnungen aus dem Bewusstsein ausblenden. Die Katastrophe nähme ihren Verlauf. Verständlich, denn Choleraerreger sind nun einmal gänzlich außerstande, sich die Konsequenzen einer geometrischen Progression (2-4-8-16-) vorzustellen. Man kann es ihnen umso weniger vorwerfen, da selbst Menschen als „Besitzer" eines komplexer organisierten Großhirns Schwierigkeiten haben, zu begreifen, dass nach 99 folgenreichen Vermehrungen (Hurra, wir leben noch!) ein einziger weiterer Fort-Schritt von

- Bevölkerung
- Waren- und Energiekonsum
- Rohstoffverbrauch
- Abfallproduktion
- anonymisiertem Bürokratismus
- computerisierten ABC-Massenvernichtungswaffen
- und Umweltvergiftungen etc.

die finale Katastrophe auslösen wird.

Der Kollaps ist schon da

Allerdings sind wir nicht erst in naher Zukunft von einem globalen Zusammenbruch bedroht: Der größere Teil der *Menschheit* erlebt den Kollaps schon heute. Ich diskutierte darüber mit einem Theosophen in Madras. Wir saßen am Ufer des Adyar – einer stinkende Kloake, in welcher die Ärmsten der Armen ihre Wäsche waschen – und Schlimmeres tun. (Soviel zur Blindheit eines spirituellen Tourismus.) Niemand von uns westlichen, Industrienationen-Bürgern, mit der noch existierenden Sicherheit eines halbwegs demokratischen Sozialstaates, dessen Wohlstand auf Armut und raffinierter Ausbeutung der sogenannten 3. und 4. Welt beruht (mit der Ölkrise 1973 wurde die Chance einer Wende verpasst), würde von einer zukünftigen Katastrophe sprechen, wenn sein gegenwärtiges Familieneinkommen weniger als ein Dollar pro Tag betrüge, oder er mit seiner Familie in einer Hütte ohne Wasserversorgung und Elektrizität leben müsste, während umher seine Kinder und Nachbarn an Hunger und den Folgen von Unterernährung sterben.

Doch merken auch wir es schon: Zunehmende Trinkwasservergiftung durch Nitrate und Asbestfasern, zunehmende Radioaktivität und Risiken bei der Entsorgung von Abfällen der Atomindustrie, **anschwellende Asylantenströme** (die **Thermik** bei krasser werdenden politischen und sozialen Unterschieden), steigende Arbeitslosenziffern bei steigendem Profit und sozialen Leistungskürzungen, Zunahme der Immunschwäche-Krankheiten und Nahrungsmittel-Allergien, mitverursacht durch chemische Zusätze und denaturierende Verarbeitung, Umweltgifte und Schwermetalle schon in der (psychologisch unersetzbaren) Muttermilch, Ausweitung der Ozonlöcher und Hautkrankheiten, Robbensterben und überdüngte Algenteppiche, steigende Benzinpreise und mangelnde autofreie Verkehrsstrukturen, **zunehmende Ausländerfeindlichkeit** einer schon längst multikulturellen Gesellschaft als Symptom einer nationalstaatlichen Regression ... Diese Aufzählung ließe sich fast endlos weiterführen – in den ökologisch-gesellschaftlichen Kollaps, welcher uns dann wohl endgültig die Sprache verschlägt.

Unsere automobile Antwort: Freie Fahrt für geistig ver(bl)ödete *Bürger*? Wussten wir denn, was wir taten, als
1972 der Club of Rome »Die Grenzen des Wachstums« veröffentlichte,
1971 Gordon R. Taylor »Das Selbstmordprogramm« vorstellte,
1962 Rachel Carsons »Silent Spring« („die geplante Vergiftung") erschien,
1960 Erich Fromm »Der moderne Mensch und seine Zukunft« (heute »Wege aus einer kranken Gesellschaft«) publizierte,
1932 Aldous Huxley »Welt – wohin?« fragte?

Überhörte Warnungen

Die Mehrheit unserer Großväter und Großmütter haben die Mahner und Kritiker aus den Anfangszeiten der „Industriellen Revolution" geflissentlich überhört und situativ überhören müssen. Doch wir, ihre Kinder und Enkel, wie konnten wir die Kilometer von warnenden Büchern, Magazin-Beiträgen und Dokumentar-Filmen der fünfziger, sechziger und siebziger Jahre übersehen?

Arbeiteten wir so viel härter und länger als unsere Vorfahren? Wir Bürger und Kleinbürger der „ersten Welt" wissen, dass dies nicht der Fall ist. Wir wissen es und wollen es doch nicht wahrnehmen, dass **die Kehrseite unseres Wohlstandes uns bald einholen wird. Wir sind eine mittels** sozialem **Schweigegeld**, Konsum- und Freizeit-Hedonismus **gekaufte und betäubte** *wohlanständige* **Gesellschaft**.

Hier in Europa werden im Namen der Preisstabilität massenhaft Nahrungsmittel („EG-Überschüsse") vernichtet. Im übersatten Westen erleben Abführmittel und medizinische Fettabsaugungen Hochkonjunktur, während in den Elendsvierteln des Globus Menschen an Hunger, Unter- und Mangelernährung sterben. Wenn wir als Menschen und Teilnehmer des Ökosystems Erde (wenigstens halbwegs, reduziert) überleben wollen, dann darf es keine zweite, dritte, „andere" Welt mehr geben, sondern nur eine. Das „Andere" (das „ich" nicht bin) offenbart immer einen Mangel an Bewusstsein. Und ohne Bewusstseins-Revolution sind dies die letzten Nächte der *Menschheit.*

Wollt ihr den totalen Krieg?

Kein Propagandaminister hat uns gefragt: Wollt ihr den totalen Krieg gegen die Natur, gegen den Gesamtorganismus Erde? Aber unsere jubelnde Zustimmung klingelt jeden Tag in den Kassen der Supermärkte, Tankstellen und Kaufhäuser, wenn wir unsere Milch im Plastikbeutel, unser pestizidgepäppeltes Gemüse, unser Deo-Spray und die leuchtend roten Steaks bezahlen. (Siehe auch Lothar Mayer „Warum schweigen wir?" in der SZ). Sogar Norbert Blüm bekennt: „Der Zug fährt auf den Abgrund zu. Gegen die Macht der Interessenverbände." (Spiegel Nr. 10/88)

Keine Frage: Wir wussten es alle – irgendwie schon. Wenigstens hätten wir es wissen können, wenn wir es nur hätten wissen wollen. Dies erinnert speziell uns Deutschsprachige an das millionenfach stumme Mitläufertum der Nazizeit. Und mit der Erkenntnis, dass jene, die nicht gewillt sind, sich an Vergangenes und vergangene Motivationen zu erinnern (...), automatisch dazu verurteilt sind, es abermals verstärkt zu erleben – *bis hin zur atomaren Auflösung und Selbstvernichtung,* möchte ich versuchen, von der – zunächst notwendigen –Aufzählung von Fakten wieder zu einer sozialpsychologischen und geistigen Betrachtungsweise zu kommen.

Betroffenheit

Der erste Schritt zur Lösung ist persönliche Betroffenheit. Auch der bestinformierte Weltbürger wird nur in seltenen Ausnahmefällen sein

Verhalten ändern, wenn er nicht persönlich betroffen ist. Erst eine persönliche Verletzung, etwa durch Armut oder Krankheit, wird ihn aus den fast omnipräsenten gesellschaftlichen Betäubungsmechanismen aufwecken. Ohne dieses Getroffenwerden im geistigen Intimbereich wird sich kaum jemand bewusst, konsequent und dauerhaft für soziale Umstrukturierung und individuelle Mäßigung einsetzen.

Im anfänglichen Cholera-Beispiel wurde der Autor mit dem Organismus Erde identifiziert, die Krankheitserreger standen für die Menschen, die ihren Wirt Erde epidemisch befallen haben und deren Tätigkeit nach einer Inkubations- (Ausbrütungs-) Zeit zum Auftreten der Krankheitssymptome führen wird. Optimisten mögen unter „Inkubation“ bitte nicht nur die Zeit zwischen der Ansteckung des Erdenkörpers und dem Ausbruch der Krankheit verstehen, die mit ihrem Wirt auch die Erreger vernichten würde, sondern auch den altgriechischen Tempelschlaf, in dem der Adept die Einheit mit dem Göttlichen wieder erlangte.

Des-Infektion

Wollen wir die Hintergründe der katastrophalen und orga(ni)smischen Entwicklung erkennen, dann müssen wir uns mit dem Phänomen der zumeist im Geburtskanal stecken gebliebenen „Individuation“, der Schizophrenie und der Mensch-Umwelt/Natur-Beziehung (Ich-Selbst-Konstellation), sowie den daraus resultierenden Ängsten, Depressionen, Defiziten und (Minderwertigkeits-) Komplexen hautnah, und tiefer, befassen.

Überlassen wir dies unserem kollektiven wie *individuellen* Unterbewusstsein, dann geschieht beispielsweise Folgendes: FCKW-Moleküle werden in der Stratosphäre vom harten UV-Licht geknackt und geben dabei Chloratome frei. Jedes FCKW-Molekül „knackt“ so mehr als 1000 Ozonmoleküle (niedrigster Berechnungswert!). Wir desinfizieren mit Chlor unser Trinkwasser und das Wasser unserer Badeanstalten, wir 'des-infizieren' mit Chlor nun auch die Ozonschicht unseres Planeten. Die große, christlich lang ersehnte Reinigung beginnt: Ein Planet wird des-infiziert. Psychoanalytisch könnte man diesen globalen Suizid auch als Versuch der Reinigung von bislang verdrängten Ängsten, Schuld- und Minderwertigkeitskomplexen deuten, die uns dazu trieben, uns die Erde untertan zu machen.

Immunität?

Wir Menschen kämpfen gegen zunehmende Viruserkrankungen und gegen Computerviren. Wir Menschen verlieren den Kampf um unsere haut- und haupt-verkapselte Immunität (gemeint ist unser imaginäres Ego), denn die „Angst in den Seelen", AidS, durchlöchert unsere körpereigene Abwehr, so wie die FCKW-Treibgase die Lufthülle unseres Planeten durchlöchern.

Die Mehrheit der menschlichen Neuronen ist, mehr oder minder, neurotisch-depressiv verstört. Neuzeitlicher Ausdruck – und negative Lösungsmöglichkeit – dieser Störung, sind die virologischen Biowaffen und die Neutronenbombe. Es ist ganz nah. Auflösung. Erlösung. Endlösung. Selbst(zer)störung. Selbstvernichtung (...) durch die schockweise, quasi traumatisch-dramatische Erkenntnis unserer Nichtigkeit?

Keine Ausflüchte mehr, die Mehrheit besteht aus Mitläufern, schwerhörigen Walkman- und Sonnenbrillenträgern. Ohnmacht – ohne Macht zu sein, diese Erkenntnis kann befreien, kann Achtsamkeit und Beweglichkeit entwickeln, die zu Machbarkeit führen.

No Future?

Auch Lothar Mayer (um einen Journalisten der Süddeutschen Zeitung mitzunehmen ins Gefecht der – vielen verhassten – Radikalaufklärung) kommt zu der schmerzlichen Erkenntnis: „Eine Gattung, die unfähig ist, aus der Vergangenheit zu lernen, hat keine Zukunft verdient."

Daran ändern auch einige semi-indianische, immer noch Pfeifen und Zigaretten rauchende Regenbogen-Aktivisten nichts mehr, die uns mit vierfarbigen und hochglanzbeschichteten Kunststoffaufklebern umweltschützerisch sensibilisieren wollen, da, so auch ihre Begründung, diese Welt noch unseren Kindern gehören soll. „Warum sollten unsere unschuldigen Kinder für unsere Verbrechen büßen, nachdem wir noch einmal das Leben aus vollen Regalen genossen haben? Sie werden es nicht besser haben", meint Lothar Mayer, „und sie werden auch nicht besser sein: Warum sollten unsere Kinder und Kindeskinder, Wesen also von unserer Art (großes Hirn in Verbindung mit einer kleinen Krämerseele) und mit uns Mitläufern als Vorbild aufgewachsen, besser sein? Nein, alles spricht dafür, dass sie bekommen, was wir verdienen: keine Zukunft und, oh Gott, was für eine Gegenwart!"

***

Nachträgliche Anmerkung des Essayisten 2022:
Das von einem Aushilfsredakteur 1989 weggekürzte Ende – und damit des Essay Plot – gipfelte, in der Anspielung auf jenen angeblichen „Zen"-Metapher von dem in einen Abgrund hinab rutschenden „Zen-Mönch", der dabei noch in Ruhe eine am Abhang gepflückte Erdbeere verspeist. Ein wahrhaftig spiritueller (oder ökologisch-humanistischer) Mensch als Synonym für unsere Spezies würde auf das Verspeisen (Verkonsumieren) der Erd-Beere verzichten, lautete der – zensierte – Schlusspunkt des Essay.

PS: Selbstverständlich benutze ich keine Antibiotika bei viralen Infekten. Ich habe im Essay auf das Verhalten des damaligen Durchschnittslesers extrapoliert. Zudem bin ich, entgegen dem von der Redaktion zu verantwortenden Intro, ausdrücklich nicht der Meinung, dass Deng Hsiao Ping zu den dort aufgelisteten „senilen Regenten" gehört. Ähnlich wie Tschou En Lai gehört er eher in die Gruppe der weit vorausschauenden Staatsmänner. Als Kosmopolit tendiere ich nicht dazu, mir die US-amerikanischen Vorurteile des pseudo-christlichen Abendlandes (Euro-pa) zu eigen zu machen. Als Homo HIC bin ich da eher autonom.

***

Dem Essay war damals im Sinne der Bibliotherapie Erich Fromms angefügt ein Info-Kasten mit einer **„21-Tage-Bücher-Meditation für den Urlaub“:**

Am Ende ökonomisch-technischer »Fortschrittsmythen« (Ivan lllich) beobachten wir, dass »die Furcht vor der Freiheit« (Erich Fromm) ein »Verrat am Selbst« (Arno Gruen) ist. Da bleibt als »Logik der Rettung« (Rudolf Bahro) nur noch ein »Wachstum bis zur Katastrophe?« (Hrsg. Horst E. Richter). Nun es bleibt »Die Chance der Menschheit« (Hrsg. Stan' Grof), »Die Grenzen des Wachstums« (D. Meadows u.a.) zu erkennen, denn »Ein Planet wird geplündert« (Herbert Gruhl), weil wir so *„leben“,* als käme »nach uns die Zukunft« (Hans A. Pestalozzi). Wahrnehmung ist, zu begreifen, dass wir diese schreckliche Zukunft sind. Suchen wir daher »Wege aus einer kranken Gesellschaft« (E. Fromm) denn »Angst allein genügt nicht" (Beltz-Verlag). Um »Das Überlebensprogramm« (Frederic Vester) zu realisieren, brauchen wir einen „Einbruch in die Freiheit« (J. Krishnamurti) und eine »Ökologie des Geistes« (Gregory Bateson). Vielleicht führt uns dann »Das Selbstmordprogramm« (Gordon Taylor) »Unter den Karawanen der Blinden« (H. Gruhl) zu der fundamentalen Erkenntnis: »Offene Weiten, nichts von heilig«, lass Es geschehen (Alan Watts). Denn in einer »Psychologie des Seins« (Abraham Maslow) bleibt die Angst in der Seele des Menschen eine »Herausforderung zur Menschlichkeit« (Elisabeth Kübler-Ross).

»So lasst uns denn ein Apfelbäumchen pflanzen« (Hoimar v. Ditfurth). Es ist so weit: »Die Zukunft hat schon begonnen« (Robert

Jungk) – jetzt oder vielleicht nie mehr. Pro Tag genügen acht intensive Stunden, um jeweils eines dieser Bücher (an)zulesen. Titel, welche über den Buchhandel nicht mehr zu beziehen sind, finden Sie in Ihrer (Stadt)Bücherei.

***

Nachfolgend Auszüge aus einem Interview mit Rudolf Bahro, welcher zuvor schon im Juni 1989 Teilnehmer bei Stephan Mögle-Stadels TV-Runde »Ist die Erde noch zu retten?« (5. Buchkapitel) war. Das Interview wurde ebenfalls in der gleichnamigen Themen-Ausgabe Juli/August der Zeitschrift Connection, S. 18 und 19, abgedruckt.
Intro: Unpolitische Spiritualität ist ebenso ein Egotrip wie Politikasterei, meint Rudolf Bahro, der in seiner «Lernwerkstatt», einer kleinen Kommune in der Eifel, die Einheit von Spiritualität und Politik zu leben versucht.

Bahro: Ohne Rückkopplung zum geistigen Ursprung verdient Politik ihren Namen nicht, ist sie bloß Politikasterei. Umgekehrt lässt Unpolitischsein vermuten, dass die eigene Spiritualität eine Selbsttäuschung ist.

Wenn – nach Rainer Maria Rilke – ein Gefühl soweit reichen kann, dass es „Welten bewegt und einen Stern verschiebt“, dann ist jede(r) von uns mindestens für das gesamte soziale Geschehen auf der Erde mitverantwortlich. Wenn ich ins Flugzeug steige, was noch vorkommt, trage ich zur Lebenszerstörung bei – und das ist noch ein grobes Beispiel. Unpolitische Spiritualität lässt im allgemeinen darauf schließen, dass die gemeinte Selbstsuche weitgehend im Egotrip steckenbleibt. Die Politikasterei ist ein anderer Egotrip. (...) Jeder Mensch muss zu seiner Verantwortung fürs „Göttliche“, also fürs natürliche und soziale Ganze erwachen. Dann sind Spiritualität und Politik nur zwei untrennbare Aspekte unserer Existenz, wie es denn auch der wirklichen Ordnung des inneren „Menschen im Kosmos“ entspricht. (...)

Connection: Wie können wir die Apokalypse aufhalten?

Bahro: Mit Bewusstseinspolitik. Deren Anfang ist, uns rücksichtslos bewusst zu werden, dass wir die Apokalypse selber machen und selber sind. Unsere Lebensweise – und wünschten wir sie wirklich nicht so wie sie ist, würden wir sie auch schnell gründlich ändern! – ist techno-energetisch und materiell mindestens zehnmal zu schwer für die Biosphäre. Wann werden wir den Mut aufbringen, uns in ... Ersatzbefriedigungs-Verzichte zu stürzen?

Connection: Sind die Politiker noch zu „retten”?

Bahro: Ebenso sehr oder ebenso wenig wie wir alle. Denn erleuchtete Ausnahmen sind eben – Ausnahmen. Privat wissen viele Politiker durchaus um den wahren Zusammenhang. Gerade sie müssen sich allerdings fragen lassen, warum sie die etablierte Spielregel akzeptieren, nach der Politik ein im tieferen Sinne geistloses Machtspiel zu sein hat. (...)

Wer sich nicht zur Mitwirkung an der Weltregierung aufschwingt, verdient die Bescherung und macht sich die schlechte Provinzregierung selbst, auf die er/sie dann schimpfen kann.

***

Zur Ergänzung. Wie etablierte Medien an der Abwehr der Umkehr-Einsichten arbeiten. Ein Beispiel (Internet) aus der „1. Vorlesung zur Sozial-Ökologie (1990) Von Rudolf Bahro (detopia.de)“ an der Humboldt Universität:

Wie so etwas gemacht wird, kann ich am besten charakterisieren, indem ich erzähle, was ich mit zwei ... Organen für Meinungsmache, SPIEGEL und STERN, erlebt habe, nämlich exakt die blöde Masche, für die sich arrivierte Journalisten nicht zu schade sind. Der SPIEGEL schickte, nachdem ich in Rajneeshpuram gewesen war, einen freundlich wirkenden Mann, der, wie sein Artikel dann zeigte, sein Schema schon als Auftrag in der Tasche hatte und nur noch die „Belege" brauchte. Er setzte sich mir gegenüber an die andere Schreibtischseite, fragte vielerlei, und ich gab ihm in aller Aufrichtigkeit Auskunft. Neben ihm auf dem Bücherbord standen zufällig auch Bücher von Bhagwan, darunter eines, wenn ich mich recht erinnere, über sexuelle Kraft und Yoga. Während ich mal draußen war, hat er sich die Titel notiert und dann geschrieben, dass es das ist, was mich jetzt interessiert, und Marx natürlich nicht mehr.

Es ist noch kein Jahr her, da waren sie vom Stern bei mir, und der Schreiber hatte genau dasselbe Format. Auch er fand Bhagwan im Regal. (...) Auch das stand dann in der Spalte als charakteristisch für mich, nachdem ich nicht mehr mit den Grünen Politik mache.

Je weiter man sich von der Norm-alität entfernt, also von den Zuständen und Verhaltensweisen, die eigentlich das Verrückteste sind, was es gibt, um so mehr reizt man natürlich die Abwehr-Mechanismen. Das sind nicht nur der SPIEGEL und der STERN als Institutionen, sondern da fechten natürlich auch Menschen ihren Abwehrkampf gegen die Zumutung, ihre jämmerliche Rolle fahren zu lassen. Man darf sich nicht allzu lange über solche Erbärmlichkeiten aufregen.

***

Nachfolgend Auszüge aus einem Interview mit Rüdiger Lutz, welcher zuvor schon im Juni 1989 Teilnehmer bei Stephan Mögle-Stadels TV-Runde „Ist die Erde noch zu retten?" (5. Buchkapitel) war. Das Interview wurde ebenfalls in der gleichnamigen Themen-Ausgabe Juli/August der Zeitschrift Connection, S. 28 und 29, abgedruckt.

Lutz: Die Frage „Ist die Erde noch zu retten?" ist eigentlich irreführend, es sollte vielmehr heißen: „Sind wir Menschen noch zu retten?". Denn nicht das Schicksal des Planeten Erde liegt in unseren Händen, sondern lediglich unser eigenes. (...) Wir können zwar uns selbst ... zerstören, nicht aber Gaia selbst. (...) Eines meiner Szenarien – Chinatown – besagt, dass eine neue Weltkultur entstehen wird, die nicht mehr nach Nationalitäten ... trennt wie bisher, das wäre das Ende des Nationalstaates. Erst dann kann der Weltbürger (als Normalität) entstehen, wobei das sicherlich noch einige Geburtswehen kosten wird (...) da sieht es im Moment so aus, dass sich die ökologischen Krisen noch etwas verschärfen müssen, damit bei den Menschen das Bewusstsein entsprechend wächst. (...) Einerseits klingen die Zukunftskonzepte utopisch, wenn wir von Planetarisierung, Weltbürgertum oder Ökopolis hören, andererseits sind sie recht vertraut. (...) Dies ist auch das Spannungsfeld in unseren Zukunftswerkstätten: kleine Schritte und große Visionen, kurzfristige Maßnahmen und langfristige Planungen.

Plakat Hamburger Morgenpost-Serie 1990 über den kommenden Klima-Kollaps. Fuhr damals täglich auf dem Weg in die Redaktion daran vorbei.

7. Kapitel

Ansätze zur Hoffnung Stephan Mögle-Stadel interviewt Robert Jungk

Zeitschrift Connection, S. 8 bis 10, Ausgabe Juli/August 1989

Intro: Wenn sich nichts ändert, ist es vorbei, meint der Zukunftsforscher Robert Jungk, „aber die Kräfte der Veränderung wachsen". Bei allem Gerede vom Globalen sieht Jungk Chancen vor allem im Kleinen, in den Kommunen und Städten, „weil man da leichter umorganisieren kann". Konzepte, die sich im Kleinen bewährt haben, können dann ins Globale übertragen werden.

Stephan Mögle-Stadel (SMS): Herr Jungk, wie sehen Sie die Zukunft des Menschen in den nächsten 20 Jahren? Hat der Mensch in seiner heutigen Gesellschaftsform, der heutigen Zivilisation, überhaupt eine Überlebens-Chance?

Jungk: Nein. Wenn sich die Dinge geradlinig so weiterentwickeln, dann wird die Überlebenschance immer geringer – wobei man wahrscheinlich sogar noch 50 Jahre so weitermachen kann, vielleicht sogar 100. Aber auf die Dauer ist das nicht durchzuhalten. Eine Veränderung ist notwendig. Die Frage ist, wie und in welchem Tempo und wer sind die Kräfte, die sie bestimmen. Ich würde nun nicht sagen, dass ich optimistisch bin, aber ich glaube, dass die Kräfte der Veränderung wachsen. Die Kirchen, die gegenüber diesen Fragen lange Gleichgültigkeit gezeigt haben, engagieren sich jetzt immer stärker in diesem Sinne. Die Gewerkschaften, die ja zum Teil ein Anhängsel des Industriesystems geworden sind, denen Arbeitsplätze oft wichtiger waren als die

Schonung der Umwelt, haben jetzt auch eingesehen, dass es so nicht weitergehen kann. Und die große Menge der Nichtorganisierten, der weder religiös noch gewerkschaftlich Organisierten, die sind auch nicht mehr willens, auf demselben Weg weiterzugehen und protestieren oder versuchen, neue Wege zu finden – das lässt einem zumindest eine kleine Hoffnung übrig.

Ich kann noch nicht sagen, eine große Hoffnung, denn diejenigen, die sich für diese Veränderung engagieren, sind zwar in der Menge die meisten, sie sitzen aber nicht an den Hebeln der Macht. Wir haben jetzt gerade in Peking erlebt, dass selbst eine Minorität, wenn sie über das genügende technische Arsenal verfügt, nicht nur nach außen, sondern auch nach innen aufgerüstet ist und imstande, eine große Mehrheit zu kontrollieren.

SMS: Allerdings findet man in allen Entwicklungsländern, die ja für den kapitalistisch denkenden Menschen einen idealen Markt darstellen, auch das Bedürfnis, unsere FCKW-Sprays, Kühlschränke, Autos etc. zu importieren oder selbst herzustellen, was die Umweltverschmutzung vervielfachen würde.

Die wollen ja nicht nur Demokratie, sondern auch unseren *way of life*. Wenn man etwa die Konferenz von Montreal beobachtet hat, wo Entwicklungsländer wie Peru und China auf das Recht Anspruch erhoben, die FCKW-Produktion überhaupt erst noch aufzubauen – kann man da immer noch so optimistisch sein?

Jungk: Ich kann besonders von China berichten. Ich war im September 1988 in China bei einer Konferenz über die Zukunft der Dritten Welt, da waren ganz entschieden kritische Stimmen, die sich gegen die **Nachahmung des amerikanischen *way of life*** in China gewehrt haben. Und hätten jetzt die Studenten im Peking gesiegt, dann wäre wahrscheinlich ein „chinesischer Fortschrittsweg“ entwickelt worden, der vielleicht für die ganze Dritte Welt hätte beispielhaft sein können. Auf Dauer werden noch andere Länder der Dritten Welt erkennen müssen, dass es **unsinnig** ist, **einen Weg nachzugehen, der in den Abgrund führt.** Es gibt genügend einsichtsvolle Menschen in der Dritten Welt, die das nicht wollen. Zum Beispiel ein naher Freund von mir, ein marokkanischer Zukunftsforscher, der lange in der UNESCO in Paris gearbeitet hat und jetzt Rektor der Universität Fez ist, tritt ganz entschieden dafür ein, dass die Länder der Dritten Welt sich vom westlichen Modell abkehren und ihren eigenen Fortschrittsstil entwickeln.

Was nicht bedeutet, dass sie auf ihrem alten Niveau des Elends, des Hungers, des Nichtweiterkommens verharren, sondern dass sie einen ihnen gemäßen Lebensstil entwickeln, der ja im Grunde eine viel längere Tradition hat als der westliche Lebensstil. So spielen im Lebensstil der meisten Länder der Dritten Welt Dinge wie Schönheit und Ästhetik eine viel größere Rolle als bei uns. Da muss etwas nicht nur konsumiert werden und erfolgreich sein, sondern es muss auch schön sein, es muss in einer Harmonie mit der Landschaft oder mit den Menschen stehen. Solche Fortschrittselemente könnten von dorther kommen.

Man darf ja nicht vergessen, dass die übergroße Mehrheit der Menschen im nächsten Jahrtausend in der Dritten Welt leben wird. Die werden nicht nur demographisch Druck ausüben, sie könnten uns auch mit einem eigenen, anderen Lebensstil beeinflussen. Bisher haben immer nur wir sie beeinflusst, jetzt werden vielleicht sie uns beeinflussen. Ich halte **diese Phase der Nachahmung unseres industriellen Lebensstils**, unseres sogenannten Fortschrittes, für eine vorübergehende Phase, die **katastrophal enden kann**, wenn sie nicht rechtzeitig abgebrochen wird. Ich kann da einfach nur hoffen, dass sie abgebrochen wird.

SMS: Glauben Sie, dass es ähnlich wie jetzt in China, vielleicht in den nächsten 15 Jahren im Westen, wenn Immunkrankheiten und Umweltkatastrophen zunehmen werden, dass dann ähnliche soziale Unruhen auch in den westlichen Ländern möglich sind?

Jungk: Ich glaube, „Unruhen" ist das falsche Wort, denn wie ich vorhin schon sagte: Gerade **in den westlichen Ländern** hat ja eine

Aufrüstung nach innen stattgefunden. Die **Staatsgewalt** hat ihre Exekutive **so aufgerüstet, dass eine Revolution im alten Stil kaum mehr möglich ist.** Es wird so gut überwacht, es wird eingegriffen mit Gewalt, zunächst einmal nur mit Wasserwerfern, aber morgen vielleicht schon mit Tanks. Ich hielte es für ganz unsinnig, hier Unruhen anzustiften. Die müssen einfach schlecht ausgehen, die müssen einfach mit der Niederlage der Unruhestifter enden und das verschlimmert sich dann noch.

Ein Bewußtseinswandel ist notwendig, gerade auch in der Führung selber: im Management und bei den Politikern. Wir erleben ja z.B. heute, dass die Stadtverwaltungen von Berlin oder von Frankfurt mit ihren Rot-Grünen Mehrheiten schon versuchen, anders zu agieren. Ich selber kenne eine Menge junger Manager, die sagen: Wir können so nicht mehr weiterwirtschaften, das ist kein Wirtschaften, das ist einfach Ausbeutung der Erde. Das sind nur kurzfristige Erfolge, die wir so erzielen können. (...) **Auch in den Führungsschichten bereiten sich langsam Veränderungen vor,** im Denken und vielleicht auch im Handeln.

Wahrscheinlich wird es 20 bis 30 Jahre dauern, bis das zum Tragen kommt. Natürlich haben wir die Zeit dafür eigentlich nicht mehr. Trotzdem bin ich sehr für den offenen, gewaltlosen Protest, der immer wieder anzeigt: So geht es nicht weiter! Ich bin für Streik, für Aufmärsche, auch für Hungerstreik, wenn es sein muss. Nur nicht mit Gewalt! Wir müssen der Öffentlichkeit anzeigen: Wir machen das nicht mehr mit! Ich meine, dass das auch bei den Mächtigen zu einer Veränderung ihrer Strategien führen wird.

Dass Wackersdorf geschlossen wurde, hängt nicht nur mit ökonomischen Berechnungen zusammen – es war für die Leute, die dort in der Führung waren, einfach unerträglich, in einem solchen Klima der Ablehnung zu leben.

SMS: Ich sehe verschiedentlich Tendenzen zu nationalstaatlichem

Robert Jungk, Ossip Flechtheim und Stephan Mögle-Stadel beim Bibliotheksgespräch

Rigorismus, wie z. B. durch die Republikaner (nun AfD; Anm.), die gewisse Ängste in der Bevölkerung für sich ausnutzen und sozusagen geschichtlich regredieren, zum vaterländischen Denken und dazu, Grenzen dicht zu machen. Und das gerade in der Bundesrepublik, die ja sehr abhängig ist vom Außenhandel. Glauben Sie, dass einzelne Staaten oder kleine Gruppen von Staaten die zu erwartende Krise meistern können? Oder liegt der Ausweg in einer sehr intensiven weltweiten Zusammenarbeit, sei es über die UNO oder durch eine Weltregierung?

Jungk: Ich glaube auch, dass es in vielen Dingen zu globalen Entschlüssen kommen muss. Zum Beispiel die Frage, wo wir die heute schon enorme Anhäufung von radioaktivem Giftmüll hinbringen werden. Die können wir nicht in dicht besiedelten Gebieten lassen, sondern vielleicht in der Wüste Gobi oder in der Sahara, aber auch das nicht gegen den Willen der Bevölkerung, sondern da müssen wir klarmachen, dass das nur vorübergehend ist, weil wir mit der Atomenergiewirtschaft einen Fehler gemacht haben.

Vieles lässt sich nur noch global lösen. Dennoch meine ich, dass es fast noch wichtiger ist, auch lokal etwas zu tun. Da finde ich diese Anfänge in den Städten enorm wichtig, etwa in Berlin, Frankfurt, Basel; die entwickeln ein eigenes Konzept. Ich glaube, dass die Erneuerung in Details, in den Kommunen, in den Städten passieren wird, weil man da leichter umorganisieren kann. Man kann z.B. sagen: Wir probieren einmal, den Autoverkehr aus dem Inneren der Stadt zu verbannen. Diese Konzepte kann man dann auch auf Größeres übertragen.

Die großen Lösungen können wahrscheinlich nur global entstehen, nicht autark. Was in Frankreich Le Pen und hier die Republikaner wollen, das führt letztlich zu nichts. Die weltweiten Abhängigkeiten sind heute viel zu groß. Autarkie gab es noch in den 30er Jahren - unter Hitler eventuell - heute sind die Abhängigkeiten zu groß.

Seit etwa einem dreiviertel Jahr sammle ich mit meinen Mitarbeitern **Beschreibungen von neuen sozialen Modellen.** Wir haben schon fast tausend solcher Modelle gesammelt und werden Anfang des nächsten Jahres im Luchterhand Verlag den ersten Band eines Jahrbuchs herausgeben, wo wir jedes Jahr eine Auswahl solcher Modelle veröffentlichen wollen. Es soll »**Katalog der Hoffnung**« heißen. Heute müssen wir in der Berichterstattung diese Seite des Spektrums verstärken. Auch ich habe ja immer noch sehr viel von der negativen Seite. Wir müssen auf die Katastrophen hinweisen und immer wieder warnen, aber wir müssen auch darauf hinweisen, dass es Anfänge gibt, es anders zu machen. Da ist allmählich eine Bewegung im Gange, die von der Öffentlichkeit noch viel zu wenig wahrgenommen wird, weil die Medien diese kleinen Anfänge, anders zu arbeiten oder andere Dinge zu produzieren, nicht richtig wahrnehmen. Man denkt, das sind nur so Sachen am Rande.

Vor 15 Jahren fing ich an, mich um Sonnenenergie zu kümmern. Da sagte man: Ach, das können ein paar Spinner machen. Jetzt reden sogar die Regierungen von Sonnenenergie, weil sie sehen, dass es gebraucht wird. So ist es mit den anderen Sachen auch. Die großen globalen Neuerungen müssen erst einmal lokal, kommunal oder in kleiner Gemeinschaft erprobt werden, damit man sieht, dass es geht. Dann kann man sie auf Größeres übertragen. Insofern liegt eine gewisse Ungerechtigkeit darin, dass man die Sachen den Pionieren wegnimmt, sobald man gesehen hat, dass sie funktionieren. Das ist aber immer so, auch bei technischen Entwicklungen. Die ersten Durchbrüche zum Personalcomputer haben kleine Firmen gemacht. IBM hat lange gezögert und hat dann das von Apple entwickelte PC–Konzept einfach übernommen.

SMS: Damit zu vergleichen ist vielleicht auch die Organisation des Geist & Natur Kongresses, die dem Herrn Kempfer (vom Institut für Interdisziplinäre Forschung in Hannover) von der Stiftung Niedersachsen aus der Hand genommen wurde. Werden diese positiven Ideen nicht auch oft von Leuten in den Machtapparaten, die eigentlich an der Misere mitschuldig sind, dazu benutzt, ihre Macht aufrechtzuerhalten, indem sie sagen: Ach, seht ihr, wir denken doch um, wir tun doch was Positives!

Jungk: Sicher, die sind jetzt schon auf dem Trip, die Alternativ-Ideen und -Initiativen zu vereinnahmen. Aber das ist ja nur Kosmetik an der Oberfläche. Wenn die sich wirklich radikal ändern würden, dann müssten sie eine völlig andere Kosten-Nutzen-Rechnung machen. Da müssten z. B. die Folgen für die Gesundheit miteinbezogen werden. Die Folgelasten der Herstellung, Verwendung und Entsorgung eines Produktes, von denen die verschiedensten Menschen betroffen sind, die mit der Herstellung gar nichts zu tun haben, werden ja bisher einfach der Gemeinschaft aufgebürdet. Ich glaube, dass **die Taktik, sich oberflächlich anzupassen, auf Dauer nicht hinhauen wird.** Sie durchschauen es, ich durchschaue es, Hunderte, Tausende, Millionen durchschauen es und fallen darauf nicht mehr herein.

***

Nachbemerkung des Interviewers zur China-Kritik von Robert Jungk:

Die Vorgänge des im Westen sogenannten „Studentenaufstandes“ sind wesentlich komplexer, als sie oft zu Ungunsten der Regierung Chinas dargestellt werden. Siehe hierzu meinen Web-Essay 2014 über „China & die Zukunft von Global Governance“, in welchem ich u.a. wagte zu prognostizieren, dass China sich an die Spitze der Entwicklung grüner / ökologischer Hoch-Technologie setzen wird. Was Robert 1988 noch nicht begriffen hatte: China ist kein Teil der Dritten Welt, sondern eine potentielle Supermacht an der Schwelle. Nach meiner Chinareise 2014 fanden sich in den VHS-Programmen meiner Vorträge Formulierungen wie z.B.: **„Mittlerweile fürchtet man in Washington eine mögliche Achse Berlin – Moskau – Beijing. Eine Furcht, die auch ihr Schlaglicht auf die Hintergründe der aktuellen Ukraine-Russland-Krise wirft.“** VHS-Programm Heidenheim, Seite 8, zum Vortrag am 24.02.2015 unter dem Titel „CHINA – Zur Geistesgeschichte einer Supermacht des 21. Jahrhunderts“.

Ich bedauere, dass Peter Scholl-Latour nicht mehr unter uns weilt. Genau wie Peter pflege auch ich mich bei meinen Weltreisen mit Menschen aus dem Umfeld der verschiedenen Nachrichtendienste zu informellen Gesprächen zu treffen, neben vielen anderen Quellen aus dem Bereich der Zivilgesellschaft und der Umweltschutzbewegung. Meine kosmopolitische und psycho-analytische Kriegsdienstverweigerung, meine Zeit bei der UNO, meine Bücher mit Boutros-Ghali und Kofi Annan, meine öffentliche Empfehlung an Ghali, einen UNO-Nachrichtendienst aufzubauen, öffnen da manche Türen ...

8. Kapitel

Die Grenzen des Wachstums

Der erste Club of Rome Bericht von 1972

50 Jahre Bewusstseinsarbeit: Rückblick, Gegenwart und (k)eine Zukunfts-Perspektive?

Publiziert in Wege ohne Dogma/Der Humanist, Januar 2022

Es war nicht allzu schwierig, die Ergebnislosigkeit des UN-Klimagipfels in **Glasgow** vorherzusagen, wie der Autor dieser Zeilen es in WoD und in der Neuausgabe der Dag Hammarskjöld Biografie (ALV September 2021) tat. Es fehlen die globalen Handlungs- und Regierungs-Strukturen, um die globalen Probleme adäquat lösen zu können.

Als ich danach in den Massenmedien von der tiefen Enttäuschung und **Frustration** vieler Wissenschaftler*innen und NGO-Aktivisten las, musste ich traurig lächeln über so viel Naivität. 1992 durfte ich während meines UNO-Zivildienstes in NYC nahe bei den Vorbereitungen für den ersten Erd-Gipfel in Rio im Juni dabei sein. Ohne deswegen extra um die Welt zu fliegen. Es gibt Zeitungsberichte-Fotos, welche mich zusammen mit anderen jungen Menschen bei Demonstrationen in NYC gegen die den Rio-Prozess blockierende US-Regierung zeigen. (1)

Wer sagt denn, dass Fridays for Future ein neues Phänomen sei. (2) Nach Rio sind wir vom New Yorker Organisationsteam schon gar nicht mehr geflogen (oder à la Greta per Schiff gereist), da wir wussten, dass Rio nur ein Show-Lauf vor schöner Medien-Kulisse war. Damit hatten wir unseren „ökologischen Fuß-Abdruck“ deutlich reduziert. Zudem waren wir, darunter viele Studenten der Columbia Universität, in deren Studentenwohnheimen ich teilweise während meiner New Yorker Zeit übernachtete, nicht naiv oder narzisstisch genug, zu glauben, dass unsere Protest-Statements in Massenmedienkameras vor Ort in Rio noch etwas an der Ergebnislosigkeit der Rio-Konferenz ändern würde. Die vom Team Boutros-Ghali sehr gut formulierte Agenda-21 konnten wir auch ohne Vielfliegerei zuhause umsetzen. (3)

Drei Jahre später war ich dann als NGOAktivist und Mitarbeiter des Club of Rome, zusammen mit dem CoR-Mitglied Prof. Yehezkel **Dror** (Autor des CoRBerichtes „Ist die Erde noch regierbar? **The Capacity to Govern**") beim **Welt-Klima-Gipfel 1995 in Berlin**. Berlin war für mich ökologisch gut mit der Bahn zu erreichen. Yehezkel and me absolvierten einige TV-Podiumsgespräche vor Ort (4), schüttelten gemeinsam den Kopf über den „organisierten Wahnsinn" *(Buch-Titel des Kosmopoliten Willy Brandt, welcher 1991 die Commission on Global Governance (5) leitete)* und ich ärgerte mich damals noch über die NGO Canadian Rainforest Alliance, welche im Copy-Center über 1.000 Expl. 4-Farb-Drucke ihres „ökologischen" Flugblattes kopieren ließ ...

„Es gibt ein Erdbeben", zitierte Der Spiegel 1995 den damaligen CoR-Präsidenten Ricardo Diez-Hochleitner in der Headline des CoR-Interviews: „Der Klimakollaps hat schon begonnen. Wir sind zutiefst **frustriert**, dass so wenig gehandelt wurde, um dem ökologischen Niedergang entgegenzutreten." (6) Das Foto zeigt den Essayisten 1995 bei der Übergabe seines damaligen Buches »**Die Unteilbarkeit der Erde. Eine Antwort an den Club of Rome**« an Ricardo Diez-Hochleitner (Bildmitte).

Mit dabei steht Yehezkel mit seinem CoR-Bericht über die Notwendigkeit von Global Governance. Im Spiegel-Interview sagte RDH: „Mit dem Klein-Klein-Ansatz nationaler Politik lassen sich die großen Menschheitsfragen nicht mehr angehen.

Wir brauchen eine globale Strategie."

Das ist diplomatischer formuliert als: Für das Überleben der

S. Mögle-Stadel mit Ricardo Diez-Hochleitner und Yehezkel Dror

Menschheit braucht es mittlerweile eine Weltnotstandsregierung, vorzugsweise in Sinne einer Weltbürgerregierung.

Das hatten auch die SPIEGEL-Leute kapiert und fragten daher scheinheilig. **„Wünschen Sie sich etwa eine Weltregierung?“**

Ricardo antwortete mit einer Gegenfrage: **„Was ist die Alternative? Die Staatsräson im klassischen Sinne ist am Ende.** Die »raison d'état« von **heute** ist die **»raison d'humanité«** ... Die Demokratien stecken in einer tiefen Krise, gerade weil **die nationalen Regierungen keine Antworten mehr anbieten können.“**

Zuletzt hat endlich einmal eine mutige Spiegel-Redakteurin 2017 in einem Leitartikel „Die Weltregierung“ für eine solche auf Basis der G-20-Staaten plädiert. (7) Der Drogerie-Unternehmer **Dirk Rossmann** hat da weitergedacht und sich in seinen aktuellen Oktopus-Romanen für eine **G3-Weltregierung** aus USA, China und Russland ausgesprochen, um die globale Überlebenskrise unserer Spezies zu bewältigen. Es bleibt abzuwarten, ob Dirk Rossmann aus dem Roman-Kleid hervortritt und auch in einem Sachbuch oder einer kosmopolitischen Streit-Schrift für eine Welt(notstands)regierung plädieren wird?

Er und sein Beraterstab, darunter der Spiegel-Redakteur i.R. Ralf Hoppe, haben im 2. Roman »Der Zorn des Oktopus«, Oktober 2021, erkannt, dass es für ein erfolgreiches Weltkrisenmanagement nicht nur eine **Weltregierungs-Verantwortung braucht**, sondern auch **die Unterstützung durch eine Supra-KI.** Ich hatte u.a. schon in meinen beiden Humanist-Essays April 2021 („Von der Futurologie zur Supra-Kybernetischen Intelligenz“) und Juni 2021 („Ecce Homo HIC & Supra-KI“) sachlich in diese Richtung argumentiert.

Das Thema schwingt, wieder, in der geistigen Atmosphäre.

Schon 1974 schrieb Henrich v. Nussbaum auf S. 125 in dem Diskussionsbuch **»Wachstum bis zur Katastrophe**«, welches dem Bericht »Die Grenzen des Wachstums« nachfolgte: **„Wir wussten, was nottat**. Wir wussten, dass es möglich wäre. Nur, wie es zu ermöglichen wäre, darüber kamen wir zu keiner Einigung.

Divide et viveras. (Teile mit allen anderen Lebewesen – und du wirst überleben.) **Eine Welt oder keine!“**

Drei Jahre zuvor, in seinem Spiegel-Titel-Essay von 1971 „Die gute Erde stirbt“ schreibt der Kosmopolit und Naturwissenschaftler Prof. Isaac Asimov u.a.: „Kurz: Probleme von planetarischem Ausmaß erfordern ein planetarisches Programm und eine planetarische Lösung.

Erforderlich dafür ist nichts weniger als eine Weltregierung, die zu logischen und humanen Entscheidungen gelangen und diese auch durchsetzen kann.“ (8)

Der von mir sehr geschätzte Ernst Ulrich von Weizsäcker wird, nach dem mir im November 2021 vorliegenden Manuskript seines Textes für das Mitte März 2022 im renommierten Stuttgarter Hirzel Verlag erscheinende Buch **»Der Planet ist geplündert«** (9) dieses Thema lieber unausgesprochen lassen, da (Zitat): „... **bestimmte Maßnahmen** zum Schutz des Klimas und des Planeten **unpopulär sind und die** internationale Harmonisierung *(Anm.: Ein nettes Synonym für Global Governance)* noch **nicht genügend Befürworter hat**."

Ernst U. von Weizsäcker, bis zu unserem öffentlichen Dialog 2018 im Hospitalhof (10), Co-Präsident des CoR, beendet sein Manuskript mit dem Satz: **„Woran es** noch **fehlt, sind politisch durchschlagende** und hinreichend populäre **Instrumente, die** vielen **aus dem „Rivalitäts-Prinzip"** *(Anm.: Ein diplomatisches Synonym u.a. für Nationalismus)* **resultierenden zerstörerischen Trends zu verlangsamen** und zu stoppen."

Ich habe Ernst dann per E-Mail angefragt, ob er noch einen Satz hinzufügen könnte: „Hier wäre zum Studium von Global Governance (GG) Konzepten, verbunden mit verantwortungsethischer Human Guidance, auf die Bücher des CoR-Ehrenmitgliedes Yehezkel Dror (u.a. »Ist die Erde noch regierbar?«) und des kosmopolitischen Autors Stephan Mögle-Stadel (u.a. »Dag Hammarskjöld. Pionier einer Menschheitspolitik«) hinzuweisen."

Ich war positiv überrascht, als sich dieser Satz im März 2022 im Buch befand. Nicht nur, weil Global Governance und Weltregierungspolitik zur Zeit unpopulär sind und zu wenig Befürworter haben, ein eigentlich eher populistisches Argument, wird diese Thematik eher beschwiegen. Die Familie von Weizsäcker hat hier zudem leider unangenehme Erfahrungen gemacht. Sein Vater Carl Friedrich von Weizsäcker war einst Mitglied einer weltföderalistischen GG-Studiengruppe (11) und wurde dafür sowohl von linker Studentenseite verbal gemobbt, wie auch von rechten Weltverschwörungsfanatikern diffamiert. Nicht jeder hat Lust, sich solchen Shit-Storms auszusetzen. Ich bin da eher langfristig resilient. Die Beschäftigung von Carl Friedrich v. Weizsäcker mit Weltstaatlichkeit, wie man Global Governance früher noch nannte, ist u.a. in seinen Buch »Bewußtseinswandel« (1988) nachzulesen.

Über 75 Prozent der heutigen CoR-Mitglieder, zumeist eher mit ihrer gesellschaftlichen Karriere & medialen Anpassung beschäftigt, wissen nicht, dass es auch einen Bericht des CoR gab (und nicht nur Berichte an den CoR) und haben zudem keine Ahnung von dem zentralen GG-Bericht (Wie) »Ist die Erde noch regierbar?« von Prof. Yehezkel Dror von 1995.

Als Prof. Dror mit mir sowie dem damaligen Chef der ZEIT, Theo Sommer, und zwei Wirtschaftsredakteuren, beim Essen* zusammensaß, machten sich die beiden ZEIT-Yuppies anschließend in ihrer infantilen Rezension über den CoR-Bericht lustig. Yehezkel schrieb in seiner Gegendarstellung, welche als Leserbrief abgedruckt wurde, von kognitiver Dissonanz (k.D.). Dass die Mehrzahl der Leute auf die Warnungen des CoR so reagieren würden, ahnten schon die CoR-Gründer Aurelio Peccei und Adam Schaff. In dem CoR-Buch »Der Weg ins 21. Jahrhundert« von 1983 schrieben sie auf S. 165 über k.D.: „Die Tatsachen werden nicht zur Kenntnis genommen, aus dem Denken verbannt ...“ und auf S. 166: „Wir haben hier den Abwehrmechanismus der kognitiven Dissonanz. Er bringt eine Art gesellschaftlicher Schizophrenie hervor.“

* Dieses denkwürdige Mittagessen beschreibe ich auf S. 52/53 meines damaligen Buches »**Die Unteilbarkeit der Erde.** Eine [erste] Antwort an den Club of Rome«. In einer E-Mail an mich kritisierte Yehezkel die Ausweichmanöver des heutigen CoR, da für ihn als Doyen der Politwissenschaften **Global Governance** die not-wendige, global-administrative **Geschäftsgrundlage** bildet, auf deren Basis die globalen UmWeltprobleme und die planetarische Überlebensproblematik erst sinnvoll behandelbar werden ...

Was geschieht, wenn wir weiterhin im geistig limitierten Nationalstaatenrahmen bleiben, hat 2013 Prof. **Meadows**, Hauptverfasser von

»Die Grenzen des Wachstums«, in PSYCHOLOGOE HEUTE (12) so formuliert: „strukturelle Veränderungen (in der Global Governance erreicht man) dadurch, dass man auf der politischen Ebene **Menschen** installiert, **die diesen Blick für die Langfristigkeit verinnerlicht haben**.“ Die Biografie eines solchen Menschen & Kosmopolitikers habe ich in dem ALV-Buch **»Dag Hammarskjöld. Pionier einer Menschheitspolitik«** beschrieben.

Meadows fährt fort im Interview: „Wir haben nicht genug getan (in der Global Governance). Der Klimawandel wird zerstörerisch sein“ für unsere Spezies. In diesem Buch psycho-analysiere ich essayistisch, warum wir nicht genug getan haben, also die inneren Grenzen, Begrenzungen und Traumata unserer Spezies.

Wir müssten zuerst einmal die kollektive & tiefenpsychologische Dynamik verstehen, um dann erst effektiver handeln zu können. Daher trägt dieses Buch den Untertitel: **»Kollektive Selbst(zer)störung. Eine Antwort** an den Club of Rome«. Es wurde nun geschrieben, da es hierzu nie einen Bericht an den CoR gab. Der heutige Club besteht zumeist aus Top-Beamtinnen, Juristen, Unternehmern, Natur- und Wirtschaftswissenschaftlern. Aus Leuten, die verständlicherweise eher Bedenken oder gar Angst haben, **in den** tiefen **psychopathologischen Abgrund hinabzusteigen**, um dort das Licht einer neuen kosmopolitischen Aufklärung zu entzünden.

Dort erst aber werden jene Headlines nachvollziehbar, wie **„Trotz Klimakrise kein Verzicht“** (Stuttgarter Nachrichten, Seite 1, 24.08.2021) mit dem Einleitungssatz „Einer Umfrage zufolge wollen die Deutschen trotz Klimakrise nicht auf Fernreise-Urlaub, Auto und Fleisch verzichten“. Der 2. Satz lautet: „Obwohl 74 Prozent der Befragten davon überzeugt seien, dass die Welt auf eine ökologische Katastrophe zusteuert, wollen sie ihr Verhalten nicht ändern.“

Es gibt einen **Schlüsselroman** aus dem Jahre **1984**, was sehr wahrscheinlich passieren würde, falls der CoR tatsächlich stringent aktiv und konspirativ in die Weltpolitik eingegriffen hätte. Der „Roman“ wurde von CoR-Gründungsmitglied Eduard Pestel initiiert und von C. Bergius geschrieben. Alexander King, CoR-Präsident von 1984 bis 1990, machte mich in einem langen Gespräch 1988 auf dieses Werk über die Zukunft eines kosmo-politisch engagierten CoR aufmerksam. Und seine Liquidation durch die CIA. Ich werde darauf in dem neuen Buch »Die Grenze« ausführlicher eingehen.

Da ich als etwa 22-jähriger Jungjournalist 1988 damit begann, mich intensiv mit der **Psychoanalyse der Globalen Krise** zu befassen, finden sich in dem Buch auch Gastbeiträge von & frühe Interviews mit u.a. Alexander King (Co-Gründer CoR), Herbert Gruhl (1975 Autor von »Ein Planet wird geplündert«), Rudolf Bahro (1987 Autor von »Logik der Rettung«), Heinz Haber und Robert Jungk. Die globale Überlebenskrise des Homo sapiens wäre relativ schnell konstruktiv zu lösen mit etwa fünf Maßnahmen, die ich am Buchende erläutere.

Anmerkungen

1 https://weltdemokratie.de/movies/UNCED-NYC1992_gross.gif
2 https://www.weltdemokratie.de/pdf/Schulstreik-1996-SMS_Dag_Greta.pdf
3 https://weltdemokratie.de/033d3a9c4709e5407/033d3a9c49146c74c/index.html
4 https://weltdemokratie.de/033d3a9c4709ec20f/033d3a9c530a30305/index.html#anchor_klima
5 https://weltdemokratie.de/movies/willi_brandt_stockholm_in_g.jpg
6 https://www.spiegel.de/politik/es-gibt-ein-erdbeben-a-95e80c71-0002-0001-0000-
7 https://weltdemokratie.de/movies/G-20-Weltregierung-Spiegel_.jpg
8 https://www.spiegel.de/politik/die-gute-erde-stirbt-a-90fc0b9b-0002-0001-0000-
8 https://weltdemokratie.de/movies/SPIEGEL-Essay-Asimov_.jpg
9 https://www.hugendubel.de/de/buch_gebunden/ernst_ulrich_von_weizsaecker_franz_alt-der_planet_ist_gepluendert_was_wir_tun_muessen-
10 https://weltdemokratie.de/movies/Heimat-Erde_Boersenblatt_.jpg
11 https://weltdemokratie.de/movies/Bewusstseinswandel-1988.jpg
12 https://weltdemokratie.de/pdf/Meadows-Interview_PH-2012.pdf
13 https://www.weltdemokratie.de/movies/TC_Die_Grenze_2022_.jpg
14 Bahro, Buch "Logik der Rettung", Info unter: https://weltdemokratie.de/033d3a9c4709e3b03/033d3a9c470c69a3b.html

Anhang zum 8. Kapitel:

Die Steuerung der menschlichen Evolution

In seiner E-Mail vom 17.11.2018, 18:29, an mich hat Prof. Dr. Yehezkel Dror erlaubt, das nachfolgende, einst Club-interne Strategie-Papier von ihm an die Mitglieder des Club of Rome vom 06.09.2018, 08:32, freigegeben zur Publikation. Für mein damaliges Buch »Heimatland: Erde« kam die Freigabe leider zwei Wochen zu spät. Da das Papier jedoch noch immer von prinzipieller Relevanz ist und zudem Diskussionsprozesse innerhalb des CoR dokumentiert, habe ich es nun in diesem Buch zu 50 Jahre »Die Grenzen des Wachstums« publiziert.

Sie finden zuerst die E-Mail von Yehezkel an die Mitglieder abgedruckt, sodann meine Übersetzung des englischen Originalpapiers in die deutsche Sprache (mit einigen Anmerkungen meinerseits) und zuletzt das Original-Statement.

Do., 6. Sept. 2018 um 08:32 Uhr schrieb Yehezkel Dror <yehezkel.dror@mail.xxxxx>:

Dear Colleagues,

Please find attached a memo on the COR, which I would like to share with you personally.

Best regards,
Yehezkel Dror
Professor Emeritus of Political Science and
Wolfson Chair of Public Administration
The Hebrew University of Jerusalem
Author (beside other books) of „FOR RULERS:
Priming Political Leaders for Saving Humanity“, 2017.

Neuausrichtung des Club of Rome (CoR) zur Steuerung der menschlichen Evolution

Es ist ein Privileg, Ehrenmitglied des CoR zu sein nach Jahren als ordentliches Mitglied und Verfasser eines Berichts über die Fähigkeit zu regieren.* Die Beiträge des CoR zur Menschheit (Anm.: welche erst als Idee und in Form des Wachkoma-Patienten UNO existiert) stehen außer Zweifel, und seine laufenden Projekte und Veröffentlichungen befassen sich mit wichtigen Themen wie Klimawandel, sozialer Gerechtigkeit, wirtschaftlicher Stabilität und mehr. Der COR konzentriert sich jedoch nicht auf den Bereich, der für die Zukunft der Menschheit verhängnisvoll wird, nämlich die zunehmende Macht, die durch aufstrebende Wissenschaft und Technologie bereitgestellt wird, um die Evolution unserer Spezies maßgeblich neu zu prägen.

*(Anm.: »The Capacity to Govern«, dt. »Ist die Erde noch regierbar?«, 1995)

Bis heute haben die Menschen ihre Evolution unbeabsichtigt beeinflusst, durch die Verwendung von Feuer, Massenmigrationen und die industrielle Revolution. Bewusste Bemühungen, dies zu tun, die oft gefährlich wurden, einschließlich Biopolitik und Eugenik. Aber alle bewussten Bemühungen waren begrenzt und hatten keinen Einfluss auf die grundlegenden Merkmale der Art. Dies ändert sich jedoch mit dem Quantensprung der Menschheit in eine Epoche der zielgerichteten Selbsttransformation bis hin zur Re-Genesis einschließlich Versuchen, intelligente Roboter bis hin zu „spirituellen Maschinen" herzustellen und vielleicht Leben in Labors zu zeugen.

Der vorgeschlagene Begriff „Anthropozän" erfasst diese Entwicklungen nicht, da er an geologische Epochen und ein wenig an Archäologie gebunden ist. Das „Singularity"-Konzept (die Entstehung einer Supra Kybernetischen Intelligenz) deckt Teile des Hintergrundthemas ab, konzentriert sich jedoch eher auf herausragende Wissenschaft und

Technologie als auf menschliche Entscheidungen zu ihrer Verwendung. Ich selbst benutze den Begriff „Anthropo-re-genesis", aber **»Steering Human Evolution«** (so der vorläufige Titel eines Buches, an dem ich arbeite)* mag den sich abzeichnenden Phasensprung in der Geschichte unserer Spezies in eine völlig neue Epoche des Seins, des Werdens und der tiefen Selbst-Transformation deutlicher zum Ausdruck bringen.

* *(Anm.: Publiziert Juli 2020 bei Routledge Publishers in Indien, 206 Seiten)*

Ich überlasse die weitere Erkundung der auftauchenden Epoche einem beigefügten Entwurfpapier zur Singularität (nicht für die Öffentlichkeit freigegeben) und kann meine Hauptimplikation für den CoR wie folgt zusammenfassen:

Der Club of Rome vernachlässigt seine Mission, indem er die verhängnisvollen Herausforderungen vernachlässigt, vor denen die Menschheit zunehmend steht, die sich aus der wachsenden Macht ergeben, evolutionäre Zukunft maßgeblich zu gestalten – und damit die Wahrscheinlichkeit ihrer Nutzungen zum Schlechteren, bis hin zum „Kollaps" der Spezies (Homo „sapiens"), zu erhöhen, im Sinne eines kürzlich erschienenen Berichts an den Club of Rome*, anstatt sich auf ein pluralistisches beispielloses Gedeihen zuzubewegen. Daher sind radikale Änderungen im gegenwärtigen CoR-Programm zwingend erforderlich.

* *(Anm.: »Wir sind dran«, 2018)*

Es genügt, menschliche Selbstoptimierungstechnologie (wozu z.B. auch schon Herzschrittmacher gehören), Robotisierung, die vielleicht zu intelligenten Robotern führt, Gene Editing, Nanomaschinen und Geo-Engineering zu erwähnen, um zu demonstrieren, dass die Menschheit die Macht erlangt, ihre zukünftige Entwicklung massiv zu beeinflussen. Viel Aufmerksamkeit wird verschiedenen Aspekten der menschlichen Macht und ihrer Verwendung zum Besseren und

Schlechteren geschenkt. Aber es fehlt schmerzlich ein integrierter Systemansatz, der weit über den IGBP-Bericht »Global Change and the Earth System« von 2004 hinausgeht, der die ganzheitliche menschliche Steuerung der Evolution im 21. Jahrhundert betrachtet, bevor zu tiefe soziale Unsicherheit die Erkenntnis hemmt.

Vier Punkte dienen dazu, den vorgeschlagenen Weg für die Arbeit des CoR zu veranschaulichen:

(1) Die Steuerung der menschlichen Evolution muss global sein. So kann es einzelnen Ländern nicht gestattet werden, gefährliche Viren zu mutieren und Killerroboter zu produzieren. Daher kann eine Art „Kantian Global Authority“ mit übergeordneten Kapazitäten zur Regulierung und Durchsetzung von entscheidender Bedeutung sein. *(Anm.: Woher diese Weltbürgerregierung nehmen, wenn nicht machtpolitisch stehlen. Und dies wäre nur machbar im Bündnis Homo HIC mit S-KI.)*

(2) Es bedarf einer neuartigen politischen Philosophie und Theorie zum moralischen Anspruch und den erforderlichen kognitiven Qualitäten, um Entscheidungen zu treffen, die sich stark auf zukünftige Generationen auswirken. Daher ist es zweifelhaft, ob demokratische Wahlen Entscheidungen für zukünftige Generationen legitimieren, die jetzt keine Stimme haben.

(3) Zeitgenössische Wertesysteme sind weitgehend irrelevant für völlig neue Themen wie die Produktion und den Status intelligenter Roboter, wünschenswerte menschliche Verbesserung, Kontrolle gefährlicher Technologien und wissenschaftlicher Forschung sowie Bemühungen, Leben in Laboratorien zu schaffen. Eine durchaus radikale Umwertung und Kreativität im Bereich von Normengebung sind daher unabdingbar.

(4) Die Welt wird am Ende des 21. Jahrhunderts ganz anders aussehen. Die Vorbereitung der jungen Generation auf ihre wahrscheinlichen Lebenswelten erfordert daher radikale Veränderungen in der Schulbildung und im Studium, weit über die gegenwärtigen Praktiken hinaus.

Diese Themen veranschaulichen Vorschläge für die gezielte Arbeit des CoR, um diese für eine neue Welt im Entstehen relevant zu machen. Dies birgt jedoch einige Risiken, wie etwa die Unterminierung der Unterstützung des (machtpolitischen) Establishments für den CoR und auch das Hervorrufen einer gewissen Feindseligkeit, wenn radikal innovative Empfehlungen präsentiert werden. Aber ohne die Bereitschaft, sich dem Widerstand zu stellen, wäre der klassische CoR-Bericht über »Die Grenzen des Wachstums« nie entstanden.

Dies gilt umso mehr für die neuartigen und riskanten Herausforderungen, denen sich der CoR jetzt stellen muss, damit zu seinem hundertjährigen Jubiläum (2068) allgemein anerkannt wird, dass er in seinen neuen Formen einen bedeutenden Beitrag zum Wohl der ganzen Menschheit geleistet hat.

REFOCUSING THE CLUB OF ROME ON STEERING HUMAN EVOLUTION

A Personal Note at the Occasion of the COR 50th Anniversary (And my 90th birthday) by Yehezkel Dror

It is a privilege to be a Honorary Member of the COR, after years as an ordinary member and writing a Report on The Capacity to Govern. The contributions of the COR to humanity are not in doubt and its ongoing projects and publications deal with important issues, such as climate change, social justice, economic stability and more. However, the COR is not focused on the domain which is becoming fateful for the future of humanity, namely the increasing power supplied by emerging science and technology to shape significantly the evolution of our species.

Up till now, humans have inadvertency influenced their evolution, by the uses of fire, mass migrations and the industrial revolution.

Conscious efforts to do so, which often became toxic, including biopolitics and eugenics. But all deliberate endeavour were limited and did not impact on basic features of the species. However, this is changing with humanity quantum-leaping into an epoch of purposeful self-transformation up to re-genesis, including attempts to produce intelligent robots up to „spiritual machines," and perhaps to procreate life in laboratories.

The proposed term „Anthropocene" does not catch these developments, being tied to geological epochs and some archaeology. The „Singularity" concept covers parts of the ground, but focuses on salient science and technology rather than on human choices on using them. I myself use the term „Anthroporegenesis," but „Steering Human Evolution" (disclosure, the tentative title of a book on which I am working) may express clearly the emerging phase leap in the history of our species into a totally novel epoch of being, becoming and deep self-transformation.

Leaving exploration of the emerging epoch to an attached draft paper on the Singularity, my main implication for the COR can be summed up as follows:

The Club of Rome is derelict in fulfilling its mission by neglecting the fateful challenges increasingly facing humanity posed by its growing power to significantly shape it evolutionary future – thereby increasing the likelihood of their uses for the worse, up to species „collapse" in the sense of a recent Report to the Club of Rome, instead of moving towards pluralistic unprecedented thriving. Therefore, radical changes in the present COR program are imperative.

Enough to mention human enhancement, robotisation leading perhaps to intelligent robots, gene editing, nano machines and geoengineering to demonstrate that humanity is acquiring the power to impact massively on its future evolution. Quite some attention is given to different aspects of the human power and its used for better and worse.

But sorely missing is an integrated systems approach going far beyond the 2004 IGBP Report Global Change and the Earth System, which considers holistically human steering of its evolution, within the 21st Century before deep uncertainty inhibits cognition.

Four issues serve to illustrate the proposed trajectory for COR work:

(1) Steering human evolution has to be global. Thus, individual countries cannot be permitted to mutate dangerous viruses and produce killer robots. Therefore, some kind of „Kantian Global Authority" with overriding rule making and enforcement capacities may well be essential.

(2) A novel political philosophy and theory is needed on the moral entitlement and required cognitive qualities for making choices strongly impacting on future generations. Thus, it is doubtful if democratic elections legitimize choices for future generations who do not have a vote now.

(3) Contemporary value systems are largely irrelevant for totally novel issues, such as the production and status of intelligent robots, desirable human enhancement, control of dangerous technologies and scientific research, and efforts to create life in laboratories. Quite some radical trans-valuation and norm creativity are therefore essential.

(4) The world will be very different by the end of the 21st century. Preparing the young generation for their likely life worlds requires therefore radical changes in schooling and university studies, far beyond contemporary practices.

These issues illustrate suggested items for focused COR work, so as to make it relevant for a new world in the making. But doing so poses some risks, such as undermining establishment support for the COR and also evoking some hostility when radically innovative recommendations are presented. But without willingness to face opposition the classical COR report on Limits to Growth would never have been prepared. This applies all the more so to the novel and risky challenges which the COR must face now so that at its one hundred years anniversary it should be widely recognized as having made a significant contribution to the welfare of humanity in its new forms.

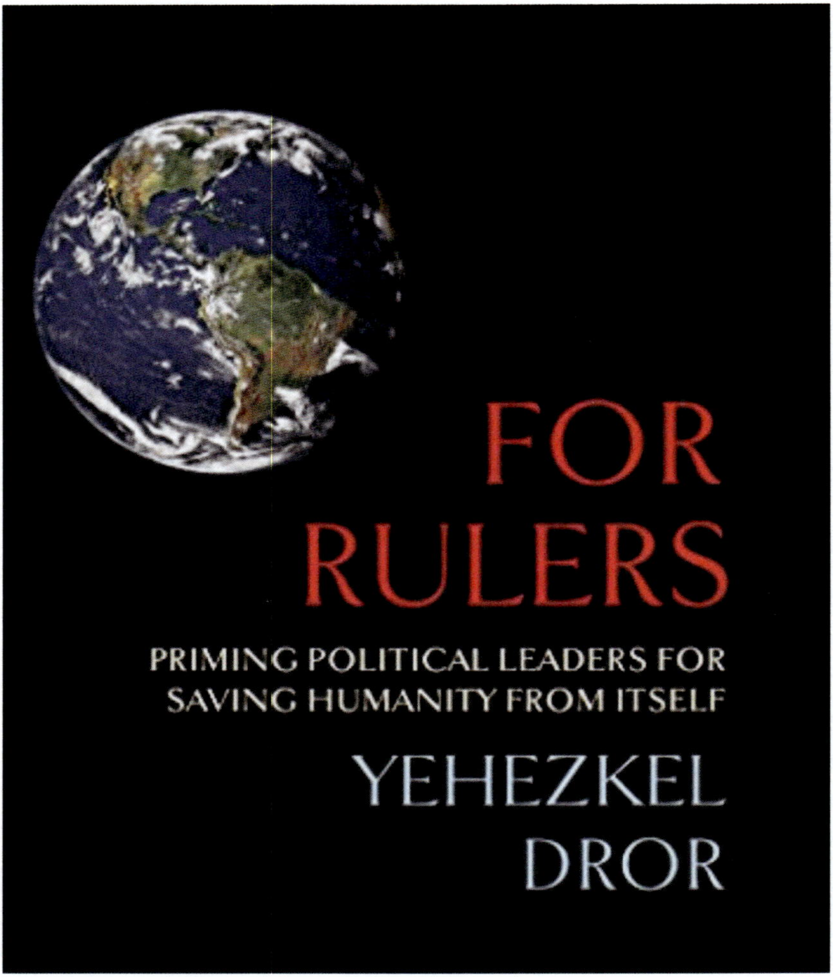

»**Für Regelmacher**. Über die Notwendigkeit politische Führer darin zu schulen, die Menschheit vor sich selbst zu schützen« Die deutsche Buchübersetzung sucht noch einen Verlag. Interessenten wenden sich bitte an Pressebüro Globe.

9. Kapitel

(Wie) Ist die Erde noch zu retten?

Dreistündige TV-Diskussion in Hamburg am 09.11.1989 zum 51. Jahrestag der Reichspogrom-Nacht von 1938. Damals brannten die Synagogen, heute brennt fast die ganze Erde. Ist Homo sapiens mehrheitlich (un)fähig, gründlich genug aus der Geschichte zu lernen? Konzeption und Moderation der Sendung: Stephan Mögle-Stadel, damals 23 Jahre, zeitweilig PR-Berater u.a. bei Greenpeace, Journalist, Kriegsdienstverweigerer aus kosmopolitischen, ökologischen und psychoanalytischen Gründen. Absendedatum seiner Verweigerung war der 09.11.1989. Er wollte seinen Zivildienst bei Greenpeace machen, landete dann aber bei den Vereinten Nationen in New York. (Siehe 14. Kapitel: 30 Jahre kosmopolitischer Humanismus.)

Teilnehmer*innen:

Monika Griefahn (MG), Studium Mathematik und Sozialwissenschaften, Mitgründerin und Geschäftsführerin von Greenpeace Deutschland und Vorstandsmitglied von Greenpeace International, später von 1990 bis 1998 niedersächsische Umweltministerin (Kabinett Gerhard Schröder) und von 1998 bis 2009 Mitglied des Deutschen Bundestages.

Prof. Heinz Haber (HH), Astro-Physiker, Wissenschaftspublizist, Herausgeber der Zeitschrift „Bild der Wissenschaft", publizierte über 30 Sachbücher, darunter 1989 »Eiskeller oder Treibhaus. Zerstören wir unser Klima?« und 1973 »Stirbt unser blauer Planet?«, sowie über 250 wissenschaftliche TV-Sendungen. Das Hamburger Abendblatt titelte am 28. März 1990 in der Rubrik Fernsehen: „Wie ist der Lebensraum Erde noch zu retten? Professor Habers letzte Sendung: Eine ökologische TV-Sendung". Heinz Haber starb am 13. Februar 1990, drei Monate nach der TV-Aufzeichnung, im Alter von 76 Jahren.

Dr. Michael Braungart (MB), Gründer des EPEA-Instituts (Umweltforschung), Mitgründer von Greenpeace Deutschland, mittlerweile verschiedene Professuren in Deutschland, Holland und USA. Co-Autor von »Die nächste industrielle Revolution: Die Cradle-to-Cradle-Community« (2008).

Dipl.-Ing. Dr. Johannes Bruno Köppl (JK), technischer und politischer Berater, Whistleblower in der Tornado-Affaire 1980, Kritiker von Korruption im Nato-Rüstungsbereich (u.a. TV-Sendung Report September 1980 und Spiegel Nr. 45, 1981), Buchautor. Thema der Doktorarbeit war »Rüstungsmanagement und Verteidigungsfähigkeit der NATO-Staaten – Eine Problemanalyse« am Geschwister-Scholl-Institut der Ludwig-Maximilians-Universität München.

Sabina Moser (SaM), Mitarbeiterin des UNO-nahen Vereines „Das Hunger Projekt".

Die Fernsehdiskussion dauerte drei Stunden und kann sowohl als DVD wie auch als vollständiges PDF-Transkript bezogen werden. Der hier wiedergegebene Text stellt nur Ausschnitte, etwa 20 Prozent, aus dieser Diskussion dar.

SMS (...) Vielleicht können wir ein bisschen ein psychologisches Licht in diese Düsternis reinbringen. Ich begrüße hier zu meiner Linken Prof. Heinz Haber, Astrophysiker und Schriftsteller. Sein neuestes Buch heißt: »Eiskeller oder Treibhaus«. (...) Herr Haber, wenn Sie die Stimmen der Bürger hören, wie ist Ihr Gefühl als Naturwissenschaftler, rennt uns die Technik davon, ist die Zukunft tatsächlich so düster?

HH: (...) Und ich muss sagen, dass ich erfreut bin darüber, dass sich die Öffentlichkeit dieser ganzen Fragen bewusst wird. Wir haben in der Wissenschaft schon seit langem darüber gesprochen. In einem meiner ersten Bücher 1961 habe ich bereits den Treibhauseffekt angesprochen. Nochmal 1976. Und jetzt haben wir 1989, ..., und es hat jahre-

Braungart, Griefahn, Moser, Mögle-Stadel, Köppl und Haber (v.l.)

lang keiner darauf gehört. (...)

SMS: Haben die Wissenschaftler nicht auch geschlafen, wenn Sie sagen, in den 60er Jahren war das Ihnen und Ihren Kollegen schon durchaus bewusst, was kommen wird. Warum diese zeitliche Diskrepanz? Woher diese Verzögerung?

HH: Ja, es gibt mehrere Dinge. Erstens einmal sind wir **Wissenschaftler** nicht so lautstark, man hört weniger gern auf uns. Ich erinnere mich an einen sehr interessanten Artikel meines Kollegen Hermann Flohn, ein deutscher Klimatologe. Der hat einen Artikel geschrieben zur kommenden Klimakatastrophe, schon vor 12 Jahren, mit dem schönen Titel: „Regieanweisungen eines Wissenschaftlers". Und das wurde nicht beachtet in der Öffentlichkeit, auch die Politiker haben es nicht beachtet (...) Mein Kollege Flohn hat damals gesprochen, er käme sich vor wie **Kassandra**. *(Lesen Sie hierzu Kapitel 10, Essay zu Aitmatows Buch »Das Kassandramal«.)*

SMS: Gut. Ich danke Ihnen für dieses erste Statement. Neben Ihnen sitzt Dr. Johannes Köppl, seines Zeichens ebenfalls Wissenschaftler (...) im Umweltschutz, im Technologie- und im Verteidigungsbereich. Sehen Sie das genauso wie Ihr wissenschaftlicher Kollege?

JK: Wenn ich mir das Thema Ozon und Klimaänderung vorknöpfe, ..., dann sehe ich die Probleme nicht so gravierend, dass wir sie nicht lösen könnten. Das Thema heißt: Ist die Erde noch zu retten? Ich glaube, **die Erde ist zu retten**. Ich bin sogar überzeugt. **Aber nicht mit dieser *Menschheit.*** Wir müssen heute eine andere Gesellschaft apostrophieren, denn, was wir heute haben, ist ein kolossales, jahrtausendealtes, schweres Versagen (...)

SMS: Ja, gut. Kommen wir zu diesen anderen Problemen und zu der Vertreterin von Greenpeace Deutschland ... Monika Griefahn. (...) Wie sehen Sie als Repräsentantin für Greenpeace die Möglichkeiten Ihrer Organisation, etwas zu bewegen, oder ist Ihre Organisation auch ein Kampf gegen die eigene Ohnmacht?

MG: Also ... ich würde mich nicht engagieren, wenn ich nicht die Hoffnung hätte, dass man etwas tun kann. Ich denke, wir haben jetzt 10 Jahre, die letzten 10 Jahre des Jahrhunderts und die letzten 10 Jahre des Jahrtausends, um die Weichen zu stellen. Ich denke, es muss sehr schnell gehen, dass eine mentale Veränderung der Menschen eintritt ... (...)

SMS: Um zurückzukommen, ist Greenpeace trotz alledem in seinen Anfängen ein Kampf gegen die eigene Ohnmacht gewesen, oder ist es heute noch?

MG: Ich glaube, jede Organisation, die sich gründet und den Anspruch hat, viele Leute zu bewegen, ist natürlich ein Kampf gegen die eigene Ohnmacht bzw. ein Kampf, um etwas zu verändern. Wie viele dann mitmachen und tatsächlich nicht nur Verantwortung delegieren, das ist ja dann das große Problem (...) Besonderes einen der Straßen-Interviewpartner, den Sie in Ihrem Vorfilm hatten, fand ich interessant. Der sagte: „Ich bin ja kein Umweltverschmutzer, deswegen muss ich auch nichts tun.“ – Überhaupt das Bewusstsein zu kriegen, dass jeder Einzelne mit seinem täglichen Konsumverhalten, mit dem, was wir heute Lebensstandard nennen, ein Teil dazu beiträgt, dass diese Erde kaputt geht, das versuchen wir zu vermitteln. Das kann man Kampf gegen die Ohnmacht nennen, aber ich denke, es ist auch ein Kampf für das positive Leben.

SMS: Einen Stuhl weiter finden wir Dr. Michael Braungart, Chemiker, Gründer des EPEA-Umweltinstituts mit Sitz hier in Hamburg. Zur Zeit auch Autor bei der Hamburger Morgenpost, mit seinem „Kampf alleine gegen die Konzerne“, wenn ich der MoPo-Headline vertrauen darf. Wie ist so ein Kampf alleine gegen die Konzerne?

MB: (...) Es stellt sich natürlich die Frage, wenn wir eine Firma haben, wie die Firma Höchst, die nicht mal 1 Prozent ihres Gewinnes verdient bei der Produktion von Fluorkohlenwasserstoffen und die trotzdem nicht bereit ist, damit aufzuhören, dann ist das tatsächlich zunächst einmal ein Kampf. Der Kampf ist aber eher noch eine andere Frage und zwar in der Richtung, dass man sich überlegen muss: **Will eigentlich die Menschheit überhaupt überleben?** Also gibt es nicht so etwas wie eine latente Todessehnsucht, auch gerade bei diesen großen Konzernen, die sich unbewusst sagen: Wir wachsen und wir wachsen und wir wachsen, und jetzt müsste irgendwie mal etwas passieren. Und vielleicht ist es sozusagen der eingebaute Todestrieb der Menschen selber. Denn wir sind von uns aus gesehen einfach überrascht, die Daten sind da, die Kenntnisse sind da, und trotzdem wird sich von Jahr zu Jahr weiter durchgepfuscht. Man vergrößert damit die Katastrophe dadurch, dass man nichts tut. Trotzdem ist es so, dass die Menschen davor stehen, ganz gebannt, und gleichzeitig aber verlernen, wofür sie sich eigentlich noch einsetzen könnten. (...) Irgendwann wird es verloren sein, überhaupt zu wissen, was Natur ist, was menschenwürdiges Leben in der Natur ist, wenn wir uns nicht wirklich beeilen. (...)

SMS: (...) Sie haben etwas sehr Bemerkenswertes geschrieben für einen Chemiker. Sie haben über Müllverbrennung geschrieben und haben das Ganze auch versucht, psychologisch oder historisch zu beleuchten. Können Sie dazu einige Worte verlieren?

MB: (...) diese Müllverbrennungsanlagen lösen das Problem nicht, sie verschärfen es, weil sie selber bei ihrer Herstellung so viel Müll produzieren, dass die Gesamtmüllmenge durch den Bau einer Müllverbrennungsanlage größer wird. (...) **Müll verbrennt nicht, wenn man ihn sortieren würde.** Und trotzdem (...) der einfache Kreisrat, die einfache Kreisrätin, sitzt da und denkt, sie würde etwas Positives leisten. Und zwar fühlen sie sich offensichtlich so bedroht von der Müll-Lawine und von den Umweltproblemen, dass man zu diesem alten Mythos Feuer zurückgeht, obwohl es nichts Rationales mehr hat, zum Feuer zurückzugehen, wenn man mit Müll umgeht. (...)

SMS: Das heißt, hier haben wir den **Feuer-Mythos**, der wohl auch symbolisch steht für den Mythos der Auflösung. **Verbrennung gleich Auflösung,** somit auch Auflösung **von Problemen**. Ich sehe diese Müllberge und im Unterbewussten klickt es, irgendwie muss ich das auflösen. (...) also verbrennen wir es. Und man hat ja auch die Ketzer früher verbrannt.

MB: Ja, genau. Es ist wie in der katholischen Kirche, das Fegefeuer als Ort der Reinigung. Also die reinigende Kraft des Feuers, und das ist interessant, wie dies immer mehr übertragen wird, nur eben mit katastrophalen Auswirkungen. (...)

JK: (...) Ich fand den Ansatz von Ihnen sehr bedeutungsvoll, wie Sie davor hingewiesen haben, in welcher Situation wir uns heute befinden. Ich vergleiche das immer mit einer Nebelfahrerei. (...) Und da haben Sie bereits ein wichtiges Element ... herausgegriffen, den Todestrieb. (...) sehr viele Bundesbürger sind in die **Apathie** verfallen. Psychologen wissen, dass die nächste Stufe, die noch tiefer geht, der Selbstmord ist. Wir befinden uns heute kollektiv in einer Vorphase des Selbstmordes und haben in dieser Phase nur noch zwei Optionen: **Entweder wir**

finden psychologisch hochintelligente Führungs-Menschen, die uns aus dieser Apathie herauskatapultieren, hoch in die Normalbereiche des Menschseins, ... , **oder wir stürzen** tatsächlich wie die Lemminge **in den Selbstmord**. (...) Es gibt aber einen weiteren Faktor, z. B. die Abenteurerei. Wir genießen es unterbewusst, geradezu in ein Abenteuer hineinzurasen. Wir fühlen uns mächtig, die Erde, einen ... schönen Planeten, zu zerstören. (...) Wie ich vor ein paar Wochen im Nebel auf eine Konferenz nach Berlin gefahren bin, bin ich gleich hinter München in einen Stau hineingekommen, es war früh morgens, Samstag, und die Polizeireporter haben gemeldet, dass 70, 80 Autos ineinander verkeilt sind. (...) Reporter haben die betreffenden Autofahrer gefragt: Was hat Sie denn dazu getrieben? Antwort: Ja, wir wollten zeigen, dass wir denjenigen, der uns überholt, ebenbürtig sind. Dass wir auch die Fähigkeit haben, im Nebel zu rasen (...) Das ist ein ganz großer Faktor, dieser letzte Faktor des Geltungs- und Machttriebes (...)

SMS: Halten wir also fest, dass das Ganze also eine Bewusstseinsfrage ist, woraus dann auch das Verhalten resultiert. (...)

MB: Ja, ich glaube schon, dass man von Greenpeace enttäuscht ist, wenn man sozusagen Gott abgeschrieben hat und sich jetzt seinen Ersatzgott sucht, und das passiert sehr oft. (...) Genauso wie Ihre **Autofahrer ja glücklich waren, dass sie in diese Katastrophe hineingekommen sind**. Damit ist in ihrem Leben ja endlich einmal etwas passiert, damit waren sie wichtig. Damit ist dieser langweilige Alltag endlich mal aus dem Fernsehen herausgekommen. Die Leute sitzen ja ansonsten wie gebannt vor Katastrophen-Filmen ... (...)

SMS: Ich würde einmal Prof. Haber fragen, wie er aus seiner naturwissenschaftlichen Sicht die menschlichen Ursachen dieses Dilemmas betrachten würde?

HH: Während der Diskussion bis hierher sind mir natürlich sehr viele Gedanken gekommen. Und ich möchte, bevor ich auf die Frage eingehe, davor noch etwas sagen: Zunächst einmal Ihr Titel: Ist die Erde noch zu retten? Das ist falsch. **Wir verwechseln immer die Erde mit uns selbst.** (...)

Wir müssen diesen provinziellen Standpunkt, dass wir uns in die Mitte stellen, zunächst einmal wegtun, damit wir die Verhältnisse erkennen, Mensch und Planet. Darauf kommt es doch an. Das wird nur falsch verstanden. Und wenn dann vielleicht in hundert Millionen Jahren, wenn wir gar nicht mehr da sind, ein Gespräch stattfinden würde zwischen der Erde und dem Mond, dann sagt der Mond zu der Erde: Sagen Sie mal, gnädige Frau, geht es Ihnen wieder besser? Da sagt die Erde: Ach, wieso, meinst du den kleinen Hautausschlag, den ich neulich gehabt habe ... (...) Und wenn wir sagen, wir zerstören das Klima, ist es auch ein falscher Ausdruck. Wir machen nur ein anderes Klima. Wir zerstören nur uns, nicht die Erde. (...) Die Erde hat im Laufe von Hunderten von Millionen von Jahren große Vorräte an Kohle und Öl, ..., Überbleibsel von ursprünglichen Vegetationen, in der Tiefe gelagert, wo sie hingehören, damit sie das Gleichgewicht nicht stören. Wir reißen das Zeug heraus, verbrennen es und reichern die Atmosphäre mit CO2 an. Dann wundern wir uns, wenn wir das Klima ändern. (...)

SMS: Der Titel wurde bewusst gewählt, um dieses anthropozentrische Weltbild, der Mensch im Zentrum allen Seins, zu entschärfen. Es ist ganz klar, wenn wir darüber sprechen: Ist die Erde noch zu retten, dass wir letztlich meinen: Sind wir Menschen noch zu retten? Das ist es. (...)

MG: (...) dass des Lebens Wert nicht mehr im Lebensstandard, wie er heute definiert ist, bestehen kann. Sie haben einen BMW, also brauche ich einen Mercedes, sondern, dass die Werte wieder sein müssen, ..., dass ich mit meinem Fahrrad an die Elbe fahren und dort schwimmen kann.

SMS: (...) Und da habe ich eine ganz konkrete Frage gestellt, Herr Haber, die bis jetzt noch nicht beantwortet ist: Wo sehen Sie in diesem ganz „konkreten“ menschlichen, psychologischen Bereich, also im

Menschen, bitteschön jetzt, die Ursachen, dass dieses Gleichgewicht zerstört wird. Da muss ja zuerst eine Störung im Menschen sein, bevor er anfängt, seine Umwelt zu zerstören? Haben Sie da eine Einsicht oder eine Sicht, die Sie uns mitteilen können?

HH: Ich bin an diesem Punkt noch am Knabbern. (...)

SMS: Herr Braungart, wie sehen Sie **die Grenze, wo es nicht mehr weitergeht?** *(s. Titel des Buches)*

MB: (...) dort hat man vor dreihundert Jahren noch Krieg gegeneinander geführt, und zwar gegen das Nachbardorf. Irgendwann hat man begriffen, dass das wohl unsinnig ist, dass das auch Menschen sind, die auch ein Lebensrecht haben. Und dann hat man sich größer zusammengetan und hat gegen die nächsten benachbarten Staaten Krieg geführt. Aber jeder würde einen heute doch für verrückt erklären, wenn wir – wieder – gegen Frankreich Krieg führen wollten. **Glücklicherweise wird man dann irgendwann die Leute auch für verrückt erklären, wenn sie Krieg führen wollen gegen die Sowjetunion** (...)

Nur, was wir einfach nicht begriffen haben, ist, dass wir die ganze Zeit Krieg führen gegen die Natur. (...) ein kalter Krieg zunächst, als wir die technischen Mittel noch nicht hatten, und jetzt ein heißer Krieg und irgendwann sind wir in der Endphase des Krieges (...) **dass wir im Moment tausend Milliarden Dollar im Jahr für Rüstung ausgeben, ist doch absurd. Wir brauchen diese Ressourcen wirklich für andere Zwecke.** (...) *

JK: Darf ich noch etwas sagen. Ich ... bin hocherfreut, dass die Diskussion bereits in eine Ebene eingetaucht ist, schon in den Anfängen, die in öffentlich-rechtlichen Fernsehanstalten und deren Diskussionen kaum je erreicht wird. (...)

* Fast schon prophetische Worte 1989 für das Jahr 2022. Lesen Sie mehr in der vollständigen Doku-PDF (Transkript) der Diskussion, oder schauen Sie sich den Dialog live auf der DVD an.

10. Kapitel

Die Apokalypse – das sind wir selbst Wie Dschingis Aitmatow die Zeichen der Zeit deutet

Essayistische Rezension des Werkes »Das Kassandramal«, abgedruckt u.a. in den Zeitschriften Info3 und »Das Gespräch aus der Ferne« Nr. 1/1995

Die Geschichte ist kurz erzählt: Der geniale Genbiologe Andrej Krylzow, welcher als Kleinkind 1942 auf der obersten Treppenstufe eines Waisenhauses nahe Moskau aufgefunden wird, kompensiert seine Elternlosigkeit, indem er – zunächst – ein erfolgreicher und dem System angepasster Gentechnologe wird. Seine russische Regierung, es könnte genauso ungut eine amerikanische sein, betraut den gewissenlosen Jungwissenschaftler mit einem Geheimprojekt: die Implantierung von zwangsrekrutierten Leihmüttern mit dem Produkt einer künstlich befruchteten Eizelle, um dadurch gentechnisch programmierte, traditions- und familienlose „Neohominiden" zu erschaffen, deren Unvoreingenommenheit es den Machthabern ermöglichen soll, die zerstrittene Menschheit ideologisch zu befrieden ...

Bis hierhin könnte die Geschichte auch ein realpolitischer Thriller sein, eine moderne Bearbeitung der Homunkulus-Thematik in Goethes »Faust«. Der Dichter entwickelt aber von Beginn der Erzählung an eine weitaus faustischere Dimension menschlicher Geschichte, welche ein tiefenpsychologisches Schlaglicht auf die Komplexität der globalen Krise wirft. Der Wissenschaftler entdeckt in seinem dunklen Drange, Weltenschöpfer, Demiurg, spielen zu wollen, das Kassandramal auf der Stirn vieler seiner weiblichen „Versuchskaninchen". Was er zunächst für eine Hautallergie hielt, entpuppt sich aber als eine Art Angstreaktion der Embryonen auf unseren planetaren Selbstmordversuch. Oder kürzer: Er entdeckt, dass der „Geist“ hinter der Embryonalform nicht in diese schrecklich apokalyptische Welt hineingeboren werden möchte. Er kapert die internationale TV-Satelliten-Kommunikation und zwingt die Erdbewohner, sich seine Analyse ihres Verhaltens auf allen Kanälen anzuhören. Eine Kassandra, die in ihrem Weckruf sehr nachdrücklich wird.

Dies erschüttert natürlich das materialistische Weltbild seiner „Zeitgenossen“. Zum einen, da sich hier Geist in der Frühform biochemischen Lebens offenbart. Zum anderen, weil der demographische Anstieg dieses subtilen Geburtsverweigerung-Signals auf die Vorahnung einer baldigen Globalkatastrophe hinweist sowie auf den desolaten Zustand unserer Welt-Gesellschaft mit beschränkter Haftung. Würden diese Gedanken als wissenschaftliche Hypothese in ein Sachbuch gegossen, so könnten sie der millionenfachen Abtreibungsdebatte eine ganz neue Perspektive geben. Der Dichter, im Hauptberuf einst Veterinär, verzichtete jedoch auf die persönliche Erfahrung einer wahrscheinlich nachfolgenden Rufmord- oder Totschweige-Kampagne und beschrieb seine Ahnungen lieber in Prosa. Doch der reale Appell ist unüberhörbar (S. 98): „Noch gestern hatte die Menschheit nicht die geringste Ahnung von diesem Phänomen, aber heute können wir uns nicht mehr herausreden, weil die Diagnose gestellt ist. Der Mensch hätte jetzt die Chance, sich selbst von neuem zu entdecken: ... Wohin treiben ihn die ererbten Übel früherer Generationen, ja, in welche Finsternis ziehen diese alten Verirrungen unserer Gattung? Stellen wir uns dieser Herausforderung, und sind wir bereit, uns in diesem schrecklichen Spiegel ... ins Auge zu sehen?“

Sind wir Leser bereit, die Prozesse in unserer Umwelt als Spiegelbilder unserer Seelenlage zu erkennen: Ozonloch, Treibhauseffekt, Bevölkerungsexplosion, Neo-Nationalismus, kumulierende Kriminalität, Drogen- und ABC-Waffenhandel, Konsum- und Leistungsdruck, Atom-Müll-Sintflut ... Die literarischen Kassandrarufe Aitmatows verlangen nach einer neuen Weitsicht. Dazu heißt es (S. 166): „Filofej Krylzows Botschaft besagt doch nichts anderes, als dass die Apokalypse nicht in Katastrophen der äußeren Welt herannahe ... Nein, Filofej schlägt Alarm, weil er nachweisen kann, dass die Apokalypse aus der inneren *Substanz* der *Menschheit* herrührt – dem genetischen Erdrutsch, der von Geschlecht zu Geschlecht das Böse akkumuliert". Das ist es! Dies ist, was der Sozialpsychologe Erich Fromm mit **»Die Anatomie der menschlichen Destruktivität«** und mit »Wege aus einer kranken [inhumanen] Gesellschaft« aussagen wollte oder was der Tiefenpsychologe Arno Gruen mit den Titeln »Der Verrat am Selbst« und »Der Wahnsinn der Normalität« ausdrückte. So auch hat es der Politiker Herbert Gruhl mit »Ein Planet wird geplündert« und »Himmelfahrt ins Nichts« beschrieben. Schließlich gehören Rolf Dieckmann mit »Selbstzerstörung – Weltzerstörung« und Heleno Saña mit »Die verlorene Menschlichkeit« in diese Reihe der Warner.

Mit »Kassandramal« aber hat Aitmatow die ungeweinten und verdrängten Tränen in Prosa, in Erzählkunst, gegossen: »Die [unsere!] Unfähigkeit zu trauern« und zu l(i)eben, um es mit Alexander Mitscherlich zu beklagen. Das Kassandramal Aitmatows weist auf das Kainsmal hin („Soll ich meines Bruders Hüter sein?"), auf unser geist- und seelenloses Scheitern an jenem Lebenswerk, welches Fromm »Die Kunst des Liebens« nannte.

Ist der in Luxemburg als russischer Botschafter *„im Exil"* lebende Autor ein hoffnungsloser Pessimist? Nein, er ist Realist und Utopist zugleich. 1993 beschrieb er in dem Essayband »Liebeserklärung an den Blauen Planeten« (Horizonte Verlag) ein Gespräch mit Michail Gorbatschow: „Schreiben ist immer schwieriger geworden. Die Freiheit scheint total zu sein und im selben Augenblick ist sie geringer. Man findet für nichts mehr Zeit."

Aitmatow fand im Rieseln der Sandkörner jenes Stundenglases, das uns allen schlägt, wieder die Muße, auf einen schmalen Pfad aus dem

Weltdilemma hinaus hinzuweisen. Auf Seite 146 verkündet er die kosmopolitische Unteilbarkeit des Individuums als Therapieansatz für eine sich in Gruppenegoismen und Politfraktionen aufspaltende Menschheit: „Was wäre denn zu erwarten, ... wenn jeder Mensch ... die **freie Entscheidung** hätte, **sich in gleichem Maße zu allen Weltreligionen zu bekennen?** (Anm.: Oder zu keiner einzigen, da er, gemäß Schiller, Maslow & Co, alle Re-ligio in sich selbst trägt.) ... Wenn der Mensch also nicht nur Glied einer bestimmten Sekte oder Konfession wäre ... sich also gleichermaßen als Christ und Muslim, als Buddhist und Jude oder als Gläubiger anderer universaler Glaubensgemeinschaften bekennen dürfte? ... Er würde freilich nicht die sektiererischen und einander isolierenden Werte akzeptieren, sondern vor allem die einer wahrhaftigen Ökumene ... Der Mensch am Ende des zwanzigsten Jahrhunderts könnte doch ... kundtun: ... ich bin Träger aller Religionen! Ich wurde als Christ getauft und werde unter Suren des Korans bestattet ... In Japan verehre ich Buddha, in Schweden wiederhole ich Luthers Thesen."

Dies sind, im Roman, die Worte des Zukunftsforschers Robert Borke (erinnert an Robert Jungk), welcher von einer hysterischen Menge in den USA ermordet wird, weil er – wie der durch Liebe und Tod verwandelte Gentechnologe Krylzow – als Alternative zum planetaren Suizid die geistige Wieder**geburt eines „Jahrtausend-Menschen" im Fegefeuer der Egoismen und Nationalismen** herausforderte. Da leuchtet eine Seelenverwandtschaft des Dichters mit den Vertretern einer psychoanalytischen Zukunftsforschung auf, für die Namen wie Ossip Flechtheim oder Robert Jungk stehen. Sie alle eint die Frage „Warum wollen wir – unbewusst, aber final zielstrebig – globalen Selbstmord begehen?"

***

Anmerkung SMS: Das Buch hatte, wie mir 1995 sein Züricher Verleger in einem Telefongespräch mitteilte, die wenigsten Medienbesprechungen und die geringsten verkauften Exemplare von allen Werken des sonstigen Bestsellerautors Dschingis Aitmatows. Kollektives Abwehrverhalten. Ein Beispiel für kognitive Dissonanz. Das arche-typische Schicksal einer – in diesem Fall männlichen – Kassandra.

Niklas (mit Hund Pepe), Anna, Roland, Miriam und Franziska (von links) kämpfen für den Frieden. Sie schrieben deshalb auch an wichtige Politiker der Welt, um auf ihr Anliegen aufmerksam zu machen. FOTO: KARL-HEINZ HUG

Auch Gorbatschow will uns unterstützen

Kriege, Ozonloch, Treibhauseffekt – alle sind schockiert, aber passieren tut nicht viel! Franziska (17), Niklas (14), Anna (14), Miriam (20) und Roland (47) aus Ins im Berner Seeland wollen nicht mehr tatenlos zusehen.

«Wir handeln und fordern alle Schülerinnen und

tember 1996 nicht zur Schule oder zur Arbeit zu gehen, sondern am internationalen Aktionstag für den Frieden mitzumachen», sagen die fünf Initiatoren.

Die Erde muss gerettet werden

Die Initiative fordert, dass bis zum September 1998 die Waffen der Erde verschrottet oder endgültig funktionsuntüchtig gemacht sind.

Jede Art von Militär ist

UNO-Friedenstruppe, die den Frieden in krisenhaften Gebieten sichert und über einen Rest von Waffen verfügt. Das eingesparte Geld ist für die ökologische Rettung des Planeten zu ver-

Begonnen hat dieses Projekt vor zwei Jahren am Mittagstisch der Familie Schutzbach in Ins.

Franziska erinnert sich: «Wir diskutierten viel über Krieg, Abrüstung, Waffen und die Bedrohung unserer Welt. Das macht uns Angst. Ich finde, dass wir das nicht länger akzeptieren dürfen», sagt die 17jährige Gymnasiastin. So denken

11. Kapitel

Greta hieß damals Franziska – Schülerstreik schon vor 24 Jahren

Schweizer Humanisten-Tochter initiierte 1996 Schulstreik-Aktion

Publiziert in Wege ohne Dogma/Der Humanist, Mai 2020

Im Interview mit Stephan Mögle-Stadel (SMS) in der WOD-Ausgabe von Januar 2020 über seine kosmopolitische und ökologische Kriegsdienstverweigerung am 9. November 1989 erwähnte dieser nebenbei seine Rede bei einem Schülerstreiktag in der Schweiz. Wir haben ihn nun gebeten, etwas mehr darüber zu berichten.

Mitte der 90er Jahre, als unser kantianischer Weltbürger- & Weltföderalisten-Verein noch etwas mehr Geld hatte, beauftragte ich einen Medienausschnittsdienst nach bestimmten Stichworten in deutschen und Schweizer Medien Ausschau zu halten. Darunter auch das Stichwort „Gorbatschow", da dessen Stiftung u.a. ein politisches Global Governance (weltweite Regierungskunst) Programm forderte und förderte. Das Vergnügen, Michail Gorbatschow zu treffen, hatte ich bei einer kleinen Tagung. (1)

Ende März 1996 bekam ich einen Zeitungsausschnitt vom Sonntags-BLICK, das ist quasi die Schweizer Variante der BILD-Zeitung, mit Datum 03. März 1996 auf den Schreibtisch. Titel: „Auch Gorbatschow will uns unterstützen". Ein Handvoll Schüler, angeführt von Franziska (17), Bruder Niklas (14) und im Hintergrund Papa Roland, Lehrer und Humanist, hatten eine „Globale Initiative" gegründet zur Abschaffung des nationalen Militärs bis September 1998, mit Ausnahme der UNO-Friedenstruppen, und zur Verwendung der eingesparten Billionen für die ökologische Rettung des Planeten. Der BLICK (S. 27) gab den

Aufruf der Jugendlichen teilweise im Wortlaut wieder: „Wir fordern alle Schülerinnen und Schüler auf, am 17. September 1996 nicht zur Schule zu gehen, sondern am Internationalen Aktionstag für den Frieden mitzumachen.“ Zeitgleich begannen die Schüler, weltweit Unterschriften und Protestbriefe zu sammeln, welche ihre Forderung nach totaler Abrüstung unterstützten. Diese wollten sie irgendwie der UNO übergeben. Franziska wird dann im Interview (S. 28) zitiert: „Nur wer außergewöhnliche Forderungen stellt, wird auch gehört. Wenn mich … Bill Clinton anruft und mir sagt, dass es technisch nicht möglich sei, so schnell abzurüsten, lasse ich mit mir reden.“ (PS: Bill Clinton hat niemals angerufen, um mit Franziska zu reden.)

Der erste ganzseitige Zeitungsbericht erschien schon am 06. Januar 1996 im Bieler Tagblatt unter der Headline: „In Utopien stecken unendlich viele Möglichkeiten. Jugendliche streiken für den Frieden“. Der Journalist zitiert die Initiatorin mit dem bemerkenswerten Satz: „Unsere Erfahrungen haben gezeigt, dass die Leute erst aufhorchten, wenn wir ihnen den Dalai Lama oder Gorbatschow als unsere Unterstützer vorstellten.“ *

Ich hatte Kontakt zu den Schülern und dem Vater von Franziska, welcher sich dann als der eigentliche Initiator entpuppte, aufgenommen. Zum einen hatte ich einige Artikel für deutsche Medien geschrieben, um diese Initiative aus der Schweiz auch hier bekannt zu machen. Zum anderen vermittelte ich der Initiative einen Kontakt zu UNO-Generalsekretär Boutros-Ghali, den ich aus meiner Civil Service Zeit 1992 bei den Vereinten Nationen kannte und dessen Reformreden ich 1993 in einem deutschen Verlag unter dem Titel »UNorganisierte Welt« herausgab. (2)

* Später konnte ich die Briefe des Dalai Lama und Gorbatschows an die Schüler-Initiative einsehen. Es waren, wie ich es als Medienprofi, der auch einige Zeit am Sitz des Dalai Lama im indischen Dharamsala verbrachte (3), schon geahnt hatte: ermunternde Standardbriefe der Se-

kretariate mit einer sehr allgemeinen Gutheißung von Initiativen dieser Art. Das wurde von Franziskas Vater dann als persönliche Unterstützer-Briefe Gorbatschows und des Dalai Lama aufgeblasen – und die Schweizer Medienkollegen spielten mit. Solche Aufblasspiele laufen wöchentlich in den Medien und tragen zur Wirklichkeitsverzerrung bei. (Schon in den alten Veden „Maya" genannt: Illusion und media-le Trickserei.) Dies liefert wohl u.a. auch eine Erklärung, warum die Mehrzahl der Mitgliedsverbände des Bundes Freireligiöser Gemeinden Deutschlands (BFGD) und des Dachverbandes Freier Weltanschauungsgemeinschaften (DFW) i.d.R. nicht in den Massenmedien vertreten sind. Die Menschen, die ich dort kennen- und schätzen gelernt habe, neigen eher nicht zu medialer Aufgeblasenheit ohne echte Deckungssubstanz dahinter. Franziska und Papa also lieferten die Unterschriften und Protestbriefe bei der UNO in New York ab. Sie hatten damit den Kick, den der Pop-Künstler Andy Warhol einmal als „everyone's 15 minutes of fame" game bezeichnete. (4)

Danach verschwand Franziskas globale Schüler-Streik-Initiative wieder aus der Medien-Welt. Das Bieler Tagblatt schrieb: „Geplant ist das Abenteuer für den 17. September 1996, den Internationalen Tag des Friedens." In dieser Nacht wurde 1961 ein sehr integrer, freier & religiöser Humanist & Kosmopolit ermordet, UNO-Generalsekretär Dag Hammarskjöld. Franziskas Vater, Roland, hat folgerichtig viele Jahre später eine Ausbildung als Clown absolviert. Und das Jahr 1996 dieses globalen Schülerstreiks war denn auch nicht nur ein großes „Abenteuer" für die Beteiligten, sondern wohl auch eine Art Clownerie.

Hiervon ist Greta Tintin Eleonora Ernman-Thunberg (geb. 2003) Lichtjahre weit entfernt. Diese junge Schwedin strahlt eine ähnlich unergründliche Tiefe aus wie der bei seiner Menschheitsmission ermordete Schwede Dag Hammarskjöld. Gewiss, Greta hat einen Vater, der von Beruf Schauspieler und eine Mutter, die Opernsängerin ist. Daraus versuchen einige -neidvolle- Leute ihr einen kleinen Strick zu drehen. Greta ist aber keine Marionette oder ein Papagei ihrer Eltern. Davon hat sie sich längst emanzipiert, auch wenn man ihre Familiengeschichte psychoanalytisch betrachtet. Sie ist mit ihrem Asperger-Syndrom, ihrer reaktiven Zukunfts-Depressions-Episode (F32.0) und der wohl mittlerweile durch ihre Aktivitäten überwundenen „Magersucht" (F43.0 Hungerstreik angesichts der Welt-Lage) ein individuelles Phänomen und zugleich eine mediale Repräsentanz-Persona des kollektiven Unbewussten.(5)

Im September 2019, kurz nach ihrer Rede vor der UNO-Generalversammlung („How dare you!"), bekam Greta in der Standing Rock Community School in South Dakota vom Sprecher des Ältestenrates, Jay Taken Alive, ihren spirituellen Lakota Namen. „You are awakening the world. Your name be Mahpiya Etahan hi wi." – Du weckst die Welt auf. Dein Name sei Frau, die vom Großen Geist aus den Himmeln gesandt.

Im Geleitwort zu dem Buch »Dag Hammarskjölds Vermächtnis« schrieb Jean Ziegler auf Seite 9: „Für die Kongolesen ... war er der Munkele mia Nzambi (der von ihrer Gottheit gesandte hellhäutige Vermittler). Für mich bleibt er einer der wenigen echten Staatsmänner des 20. Jahrhunderts."

Der Codename, den Hammarskjöld von den an seinem Mordkomplott beteiligten französischen, belgischen und britischen Geheimdiensten bekam, lautete „Celeste", Himmlischer. Bei Dag wie bei Greta kann man sehen, wie Mythen entstehen. Aber auch, dass diese beiden (nicht nur) von den intuitiven Natives als besondere Menschen, im Kontakt mit der Tranzendenz (Metapher: Himmel), wahrgenommen wurden bzw. werden. Greta hat intuitiv das selbst-mörderische Lügengeflecht durchschaut, das der Züricher Humanist und Psychoanalytiker Arno Gruen in seinem Buch »Der Wahnsinn der Normalität. Realismus als Krankheit« analysierte.

Ich würde mir sehr wünschen, wir hätten mehr Menschen-Kinder, welche durch eine Anpassungs„störung" (F43.0) an eine verlogene und -auch geistlos- todkranke KonsumEnten-Gesellschaft zu solchen bislang nachhaltigen Aktivitäten wie Greta hindurch gehen. She's the right young girl at the right time. In der Tiefenpsychologie kennen wir das Phänomen der Repräsentanz. Es bedeutet, dass sich in einem besonderen Menschen (Kristallisations-Punkt) eine ganze Strömung, Idee, E-motion personalisieren kann. Franziska hatte damals 1996 letztlich nicht die geeignete Persönlichkeitsstruktur dafür. Und das kollektive und psycho-dynamische Timing stimmte damals noch nicht ganz. Jetzt sind wir dem Kairos, dem Entscheidungs-Punkt, der globalen Überlebens-Krise unserer Zeit und Spezies schon viel näher. Und so kann jemand wie Greta quasi zum Sprachrohr des kollektiven Unbewussten werden. In gewisser Weise stellt Greta einen Hilfeschrei, einen Aufschrei, an uns selbst dar. Die Wikipedia-Seite von Greta ist mittlerweile ganz gut gestaltet und empfehlenswert: https://de.wikipedia.org /wiki/Greta_Thunberg

Was auf dieser Webseite und teilweise auch im Familien-Buch »Szenen aus dem Herzen. Unser Leben für das Klima« der Familie Ernman-Thunberg fehlt, ist die tiefere und psychologische Metanoia-Beschreibung der 11- bis 14-Jährigen, welche sie danach dazu befähigte, zum Sprachrohr nicht nur einer Schüler-Generation, sondern einer archetypischen (urbildhaften) Repräsentanz unseres kollektiven Unterbewusst-Seins zu werden. Ich weiß noch nicht, ob Greta tragisch wie die antike Mahn-Ruferin Kassandra oder wie Jeanne d'Arc, die Jungfrau von Orléans, endet. Aber Greta gehört zu den besonderen Menschen unserer Zeit, denen ein Stück weit Weltöffentlichkeit vergönnt ist.

Damit wären wir beim Thema der Tiefen-Analyse unserer Welt-Krise. Nicht nur der Weltklimakrise, nicht nur der Coronavirus(angst)krise, nicht nur der Ressourcenkrise oder der Weltfinanzkrise, sondern der totalen Krise des humanoiden Umgangs mit der Welt und der Biosphäre. Und damit auch bei der Frage des unbewussten Suizids großer, „ehemals" kirchenchristlicher Teile unserer Spezies. Und man kann durchaus voraussehen, was – und in etwa wie es – geschehen wird.

Ich komme aus der futurologischen Schule von Prof. Dr. Dr. Ossip Flechtheim. Zur Buchmesse 1995 publizierten wir die Studie »Ist die Zukunft noch zu retten?« (6)

In der WE-Ausgabe der Süddeutschen Zeitung vom 17./18. August 1996 prognostizierte ich unter der Headline „Wie der Club of Budapest die Welt retten will" für etwa 2008 den Zusammenbruch des antisozialen Finanzspekulationskapitalismus, welcher dann mit viel sozialen Steuerzahlergeldern „gerettet" werden musste. Damit er nun weiterhin metastasieren kann. (7)

Auch die letzte Prognose aus den futurologischen „Nachbetrachtungen" hinten in dem Buch „Heimatland: Erde" (S. 296, Lenz Verlag 2018), dass CDU, FDP und AfD politisch zusammenkommen werden, hat sich Anfang Februar 2020 zunächst in Thüringen bewahrheitet. Die Bundesebene wird noch nachfolgen.

Anmerkungen

1 SMS mit Michail Gorbatschow: https://weltdemokratie.de/movies/Gorbatschow_Moegle-Stadel_.jpg
2 https://weltdemokratie.de/033d3a9c4709e5407/033d3a9c49146c74c/index.html
3 https://weltdemokratie.de/033d3a9c4709e4a05/Buddhismus_Weltbuergertum/index.html
4 https://de.wikipedia.org/wiki/15_minutes_of_fame
5 siehe die Bücher: https://weltdemokratie.de/movies/Seite72_ Weltzerstoerung.jpg https://weltdemokratie.de/033d3a9c4709e5407/033d3a9c49142193e/index.html und https://weltdemokratie.de/033d3a9c4709e4a05/033d3a9c540054e1a
6 https://weltdemokratie.de/033d3a9c4709e5407/033d3a9c4a0081b02/index.html
7 https://weltdemokratie.de/033d3a9c4709e5407/index.html

12. Kapitel

Braucht Weltwirtschaft Weltgeist?

Keynote Speech Januar 2004, World Spirit Forum in Arosa
(Freie Rede mit Systemischer Organisationsaufstellung von Wirtschaft, Staat und Geistesleben/Ethiksektor als Akteure.)
Transkription der Video-Dokumentation

Stephan Mögle-Stadel

Intro: Stephan Mögle-Stadel (SMS) gehört zu den Gründungsmitgliedern des World Spirit Forums in Arosa (Schweiz) als alternative Veranstaltung zum World Economic Forum im nahe gelegenen Davos. Im Januar 2004 hielt er dort als einer der Keynote Speaker einen Vortrag (mit Elementen des Systemischen Organisationsstellens) über „Weltwirtschaftsmacht und Menschheitsethik als Manifestation des Weltgeistes". Vor Ort wurde er von der Moderatorin gefragt, ob er seinen Vortrag nicht ohne Manuskript in freier Rede halten könnte, da die bei-

den Vorredner schon vom Blatt abgelesen hätten – und dies nicht so ganz dem Geiste des Forums entspräche. Dies ist die Eingangssituation der Video-Dokumentation. Mögle-Stadel beförderte sein Rede-Manuskript in den Papierkorb links neben dem Stehpult. Seiner freien Rede fügte er spontan noch eine Performance aus dem Systemischen Organisationsstellen hinzu, indem er unter seiner Anleitung und Moderation drei Teilnehmer.innen die Bereiche Wirtschaft, Staat und Ethiksektor darstellen lässt. Der Vortrag endet mit der Einblendung einiger Lichtbilder über die unterschwellige Wiederkehr des Ungeistes des SS-Wirtschafts-Imperialismus, als Neoliberalismus getarnt, in unserer Zeit. Die Kongress-Beschreibung einer Wochenzeitung findet sich unter diesem Link: https://www.weltdemokratie.de/movies/WSF-Bericht_Weltwirtschaft_.jpg (Anmerkungen durch Lektorat)

SMS betritt mit Dokumentenmappe die Bühne, tritt an das Rednerpult, blättert durch das dort aufliegende Konzeptpapier, nimmt es zur Hand, schaut wartend ins Auditorium, beginnt: „Meine Damen, meine Herren, ich wurde von der Moderatorin gebeten, doch mein Vortragsmanuskript zu rationalisieren – damit wir uns jetzt nicht falsch verstehen –, zu kürzen und das Publikum mehr mit einzubeziehen. Ich habe mir dann vorgestellt, das ist eine Situation, wie einige sie aus ihren Unternehmen kennen. Sie haben einen Unternehmensberater, oder in unserem Fall eine Vortragsberaterin. Und wie das so ist, wenn die Herren von Roland Berger & Co. zu Ihnen in die Firma kommen, dann wissen Ihre Bediensteten schon, dass, wenn diese Herren kommen, etwas später einige andere vielleicht gehen werden - müssen. Ich habe mir sodann versucht vorzustellen, ich sei Unternehmer. Und Sie sehen jetzt auch, dass sich da schon etwas getan hat, denn ich habe tatsächlich die Anmoderation wegrationalisiert und, wie man auf Wirtschaftsdeutsch sagen würde, unsere Moderatorin „freigestellt“. Das ist ja so ein schönes Wort.

Stephan Mögle-Stadel mit den drei Stellvertretern in Aktion

Ich werde auch noch ein paar weitere Rationalisierungsmaßnahmen einführen. *(Er nimmt das Konzeptpapier vom Tisch in die Hände, tritt neben das Rednerpult, so dass er nun frei steht.)* Arosa und das World Spirit Forum. Warum hat die Menschheit des Jahres 2004 ein World Spirit Forum nötig. Falls hier jemand von den Anwesenden der Meinung ist, dass es in unserer Zeit nicht notwendig sei, sich öffentlich über die Wirksamkeit oder die Unwirksamkeit, über die Macht und die Ohnmacht des Geistigen in unserer Welt auszutauschen, aus welchen Gründen haben Sie dann an diesem Welt-Geist-Forum teilgenommen? Warum sollte es notwendig sein, sich über den World-Spirit, den Weltgeist, auszutauschen, wenn dieser Weltgeist und ein authentischer Kontakt zur geistigen Welt reichlich anwesend wären in unserer Gesellschaft? Gerade da dies nicht so ist, gerade da hier ein Mangel, ein

Vakuum, herrscht, kann inmitten dieses Mangels an Geistes-Gegenwart, inmitten dieses Mangels an humaner Spiritualität oder spiritueller Humanität, ein solches Kristallisationspünktlein wie das World Spirit Forum eine gewisse Anziehungskraft entwickeln. Ich sage: kann entwickeln. Denn das World Spirit Forum bietet eine Möglichkeit zur Kraftentfaltung, mehr noch nicht, aber auch nicht weniger. *(Er legt das Konzeptpapier auf das Rednerpult und blättert es zügig durch.)* Sie sehen, ich kürze. *(Amüsiertes Auflachen aus Teilen des Publikums.)*

Nun, der Sand der Weltgeschichte rieselt schneller durch das Stundenglas der Tagespolitik. Viele Menschen fühlen, dass wir an einer Schwelle, an einer Wegscheide angelangt sind. Wir leben mit gestundeter Zeit, auf Kredit, auf Pump, und es scheint, als wenn uns ein vergessener Gläubiger zur Verzinsung der bislang gewährten Entwicklungszeit auffordern wolle. Das Mahnverfahren wurde schon eingeleitet. Es nennt sich Globalisierung. Diese Kraft, diese Kraftentfaltung, von der ich eingangs gesprochen habe, die sich beispielsweise in einem Mahatma Gandhi, in einer Eleanor Roosevelt, in einem Dag Hammarskjöld, soweit manifestiert hat, dass sie dort sichtbar wurde, ist eines der Kennzeichen von Menschen, die nicht mehr an der Unfehlbarkeit alter Konzepte, die wir uns ja alle machen, festhalten. *(Er nimmt das Redekonzept vom Pult wieder in seine Hände.)*

Jeder hat ja so sein Konzept, ob er das jetzt sichtbar als Papier mit sich herumträgt, ob er das auswendig gelernt hat, jeder trägt so sein Lebenskonzept, seine Weltanschauung mit sich herum. Das findet auch im Kollektiv statt. Denken Sie an die Heiligen Bücher der verschiedenen Weltreligionen. Und es kann auch sehr inspirierend sein. *(Er umfasst sein Konzeptpapier demonstrativ etwas fester mit beiden Händen und deutet dessen Zerdrücken an.)* Aber wenn man an diesen Konzepten kleben bleibt, wenn man sich daran festhält, vielleicht sogar darin verkrallt, dann beginnt es problematisch zu werden. Ein Kennzeichen dieser zuvor erwähnten Menschen war, dass sie einen Schritt weiter gingen. Und zwar den einen Schritt, dass sie die alten Lebenskonzepte, die alten Heiligen Bücher, die ihren Wert zu verlieren beginnen, wenn man sie absolut setzt, wenn man sich aus Angst daran verklammert, loslassen. *(Er demonstriert das Festhalten am Konzeptpapier, indem er es zusammenschiebt.)* Es gibt viele, die andere Menschen nicht mehr wahrnehmen infolge des Anstarrens ihrer Manuskripte und dann beginnen, wegen den „Heiligen" Büchern und Theorien, Glaubenskriege zu führen.

Vielleicht müssen wir zu diesem Sprung, den spirituelle Menschen vor uns getan haben, zurückfinden. Sozusagen den fixierten Blick auf die Konzepte, die alten Vorstellungen, loslassen, um wahrzunehmen, was ist. Das ist natürlich schon ein gewisser Schritt, wenn man sich vorstellt, *(er lässt sein Konzeptpapier in den Papierkorb neben dem Rednerpult gleiten)*, seine Lebenskonzepte in eine Altpapierablage zu legen. Und plötzlich steht man da. Man hat sich vorbereitet und man ist plötzlich konzeptlos. Man ist auf der anderen Seite nun auch frei zu improvisieren.

Nun kommen wir zu dem zweiten Punkt, der Anforderung, das Publikum mehr einzubeziehen, denn, was tun Sie, wenn Sie konzeptlos werden? Sie kommen weg von dem Blick auf sich selbst, auf Ihre Papiere, und es eröffnet sich die Chance zu dem Blick auf den anderen. Ich brauche jetzt drei von Ihnen, die mit mir einen kleinen Teil dieses Vortrages, dieser Darstellung, zusammen gestalten. Zwei Herren und eine Dame. Vielleicht können wir die Dame dort drüben bitten zu kommen? Den Herren hier vorne? Und den Herrn da hinten, der direkt vor der Säule sitzt? Ja, Sie. *(Die angesprochenen Personen kommen hoch zur Bühne.)* Hat jemand ein mobiles Mikro, damit auch die anderen zu hören sind. *(Ein Techniker reicht ihm ein Mikro.)* (...)

Stellen wir uns vor, dass dieser Herr darstellt für uns das Rechtsleben, den Rechtsstaat. All das, was wir brauchen, um auch ein Zusammenleben rechtlich zu regeln, angefangen von den Verkehrsregeln, all das, was ein Staat gewährleistet: Rechtsstaatlichkeit, Rechtssicherheit. Dann hätten wir hier also einen Stellvertreter für das Rechtsleben. *(Er berührt den Herrn kurzzeitig sanft an dessen rechter Schulter.)* Aber das genügt natürlich noch nicht. Rechtsleben alleine, das wäre ein bisschen trocken, ein bisschen wenig. Deshalb haben wir hier noch eine Vertreterin für den Bereich des Geistesleben. Wir können es auch neu benennen, als Ethik-Sektor. Da gehört die Werte-Vermittlung dazu, die Religionen, die Literatur, all das. Und dann haben wir einen weiteren Vertreter. *(Er geht einen Schritt in Richtung des zweiten Herrn, der links von der schlanken Dame steht.)* Wir würden ja verhungern, wenn wir nur Geistesleben (GL) und Rechtsleben (RL) hätten. Nehmen wir noch das Wirtschaftsleben (WL) dazu, das uns unter anderem mit Kleidung und Lebensmitteln versorgt.

Eine Frage an das Rechtsleben. Wie fühlt man sich heutzutage bei der Globalisierung in dieser Welt? Wie fühlt man sich da als Rechtsleben und als Bewahrer von Menschenrechten?

RL *(zufällig Beamter, denkt einige Sekunden zögernd nach)*: Vergewaltigt.

SMS: Pointiert gesagt. (*Er geht mit dem Mikro einen Schritt in Richtung GL.)* Wie fühlt sich das Geistesleben, die Ethik, in dieser Welt?

GL *(Verlagsmitarbeiterin)*: An den Rand gedrängt, in ein Nischendasein.

SMS: Ja. *(Er geht einen Schritt in Richtung WL)* Und wie fühlt man sich in unserer Welt als globales Wirtschaftsleben, als Global Player?

WL *(Manager)*: Ich habe mich damit persönlich immer sehr unwohl gefühlt ...

SMS *(wirft ein)*: Aber nein, nicht Sie persönlich sind gemeint.

WL: Nein? Aber sehen Sie, ich bin personifizierte Wirtschaft. Ich bin immer dicker geworden. *(Er hält sich seinen Bauch. Ein Auflachen im Auditorium.)* Immer dicker. Und ich ging immer wieder einmal beruflich nach Indien und sah die Hungersnot dort und so. Und immer wurde ich immer dicker, und denke, die Wirtschaft wird immer größer, dicker, und die Menschen verhungern. Ich bin wirklich ein klassisches Bild dieser Globalisierung. *(Ein Auflachen im Auditorium).* Ich werde reicher, dicker, und die Armut nimmt anderswo zu.

SMS: Ja. Ich glaube, das ist wirklich -im wahrsten Sinne des Wortes- ein passendes Bild. *(Auflachen im Auditorium)* An- und einsichtig für jeden. Diese Konstellation, die wir gerade gesehen haben, die war nicht immer so. Es gab andere Zeiten. Wenn die Dame des Geisteslebens sich ein wenig erheben würde auf das obere Podium und die beiden Herren vielleicht ein wenig zusammenrücken. *(Er spricht das GL an:)* Was wollen denn Ihre Hände tun? Lassen Sie es ruhig zu. Ja, vielleicht können Sie die Hände ein wenig so über den Häuptern der Herren schweben lassen. Wir machen jetzt eine kleine Zeitreise. Wir gehen zurück in die frühen Kulturen, in das Zeitalter der Gottkönige, in das Zeitalter der Theokratie, die ja noch bis ins Mittelalter, stellen Sie sich die römisch-katholische Kirche vor, hineinwirkte. Das war eine ganz andere Situation als heute. Wie sah es denn da aus mit dem religiösen Bereich, dem damaligen Geistesleben? Da war das Geistesleben dominierend.

(SMS spricht das RL an:) Und jetzt könnte man ja fragen, wie fühlen sich jetzt das Rechtsleben in dieser Situation, wenn Sie sich hineinversetzen?

RL: Inspiriert.

SMS: Inspiriert. Aha.

(SMS spricht das WL an:) Ein kurzes Statement der Wirtschaft?

WL *(wirft ein)*: Fühle mich sehr unwohl in meiner Situation.

SMS: Was fühlt das Geistesleben?

GL *(Frau entstammte einer sehr katholischen Familie.)* Also ich stehe nicht sehr gut im Gleichgewicht. Ich merke, dass ich schwanke. *(Macht eine schwankende Bewegungen mit dem Körper.)* Ja, ich fühle mich hier ein bisschen zu abgehoben und nicht allzu wohl.

SMS: Gut. Sie sehen als Publikum dieses Unwohl-Sein, das man übrigens in der Geschichte wieder entdecken kann, wenn Sie in die Geistesgeschichte gehen, wir sind hier ja jetzt ein Spiegel, stellvertretend für etwas. Dass also zu einer bestimmten Zeit eine ganz andere Konstellation geherrscht hat, wo eben dominierend das Geistesleben den Ton angegeben hat, auch wenn es sich dabei unwohl gefühlt haben mag. Dann schreiten wir voran in der Geschichte und wir sehen, da findet ein Wechsel statt zwischen dem Rechtsleben und dem Geistesleben. Jetzt darf das Rechtsleben nach oben, die Politik, der Staat. *(Das RL und das GL tauschen die Plätze.)* Stellen Sie sich vor, es fand ein Machtwechsel auf Erden statt. Ein anderer Sektor wurde dominierend: politische Bewegungen, Parteien, Nationalstaat. Parteien griffen nach der Macht. Jüngstes Beispiel aus dem 20. Jahrhundert, die NSDAP. Wie fühlt man sich als Geistesleben, wenn die Politik und der Staat dominiert?

GL: Auch vergewaltigt.

SMS *(Er richtet das Mikro an das WL)*: Und Sie?

WL: Also irgendwie Unwohlbehagen.

SMS: Wie sieht es denn mit dem Staat aus, mit der Politik? *(Richtet das Mikro an das Rechtsleben.)*

RL: Mächtig. *(Kurze Pause, ein Lächeln erscheint, ein Grinsen.)*

SMS *(dreht sich zum Publikum)*: Sehen Sie das Grinsen, das er zuvor noch nicht hatte. Achten Sie auf die Körpersprache! Sie ist oftmals verräterischer noch als die Worte selbst. Das hier war eine Situation, die hatten wir noch Mitte des 20. Jahrhundert, also vor nicht allzu langer Zeit.

Und jetzt sind wir inmitten einer globalen Revolution, die sich eigentlich schon fast vollzogen hat. Denn, Sie ahnen schon, was jetzt kommt, auch der dritte Mitspieler darf nun ein bisschen höher auf das Podium. Wir tauschen einmal die beiden Herren. *(Er bedeutet dem RL und dem WL die Plätze zu tauschen.)*

(Das WL steigt auf die Bühne. Das RL steigt zunächst von der Bühnen herunter und sofort danach reflexartig wieder hinauf und positioniert sich neben dem WL.) SMS: Nein, nur einer der Herren. Nur einer. *(Korrigierende Gesten, ein Auflachen im Auditorium.)* Ja, es fällt dem Nationalstaat, den Parteipolitikern schwer, loszulassen von ihrer Macht-Position. Das ist die Situation, wie wir sie eigentlich heute vorfinden. Es gab einen Machtwechsel auf Erden, der Wirtschaftsbereich, die multinationalen Konzerne, die Eine-Welt-Wirtschaft ist weitgehend realisiert. Der Staat und die Politik ist degradiert. Wie fühlt sich in dieser Situation das Geistesleben, die Kulturwelt, die Zivilgesellschaft?

GL: Besser. Trotzdem besser als vorher, wo die Staatspolitik (RL) oben stand.

SMS: Wir sehen hier ein heimliches Bündnis zwischen Kultur (GL) und Wirtschaft. Das ist ja auch Thema des Kongresses. Spannend, was sich hier so alles offenbart. *(Auflachen im Auditorium)*

GL *(lacht)*: Vielleicht ist das ja die Folge dieser beiden Kongresstage.

SMS: Aha. *(Richtet das Mikro an das RL)* Wie fühlen sich denn Politik und Staat dabei?

RL *(etwas verdrießlich schauend, Mundwinkel nach unten)*: Kleiner. Weniger Einfluss. Etwas hilflos.

SMS: Mhm. *(Tritt einen Schritt von der Gesamtaufstellung zurück und zum oben stehenden WL gewandt:)* Tja, und jetzt fühlen Sie sich einmal so richtig rein. Sie haben ja jetzt hier den Überblick. Wie geht es Ihnen mit Ihrem Bauch-Gefühl?

WL *(stottert ein bißchen, scheint leicht verlegen, räuspert sich)*: Auch die große Wirtschaft, die multinationale, ich spreche viel mit anderen Unternehmern, die fühlen sich auch nicht in der Rolle wohl. Weil sie auch erkannt haben, was bringt es, wenn ich so mächtig und so groß bin, essen kann ich doch nur ein oder zwei Mahlzeiten.

SMS *(wendet sich an das Auditorium)*: Sie sehen, wir haben hier ein Kuckucksei. Das ist schon ein reformierter Wirtschaftler. *(Lachen im Auditorium, SMS selbstironisch:)* Ich habe danebengegriffen. Oder er kann sich gut verstellen? Denken Sie daran, Sie stehen hier stellvertretend nicht für sich selbst, das wäre schön, sondern für…

WL *(wirft ein)*: Aber auch die in den oberen Etagen der Wirtschaft fühlen sich nicht mehr wohl. Aber man muss da erst hochkommen, man muss so dick werden, bis man erkennt, dass man schlanker werden muss.

SMS: Sie sehen und hören gerade eine neue Definition von Lean-Management. *(Allgemeine Heiterkeit breitet sich im Raum aus, Szenenapplaus.)* Ich danke Ihnen. Sie sind hiermit aus Ihren Rollen entlassen. *(WL, GL und RL verlassen erheitert das Podium und kehren zurück an ihre Plätze.)*

SMS: Wir sahen das Spannungsfeld zwischen Weltwirtschaftsmacht, vertreten durch einen cleveren Mediensprecher, und dem Ethik-Sektor des Geisteslebens, das heute an der Schwelle steht, mehr zu werden als die Ethik nur einer bestimmten Region, oder die Ethik einer bestimmten Religion, weswegen ich dieses Wort benutze: **Menschheitsethik**. Aber das leuchtet noch nicht so richtig auf und ein in den Köpfen und Seelen.

Wenn wir uns das anschauen, dann kann man vielleicht zu dem Gefühl kommen, es fehlt jemand auf unserer Konferenz. Also, ich hatte so ein bisschen das Gefühl in den letzten Tagen, da ist irgendwo noch jemand draußen im Schnee, der wartet, reingelassen zu werden.

Ich war vor kurzem auf einem Berg. Es war sehr kalt. Es war sehr einsam. Es war eine Karstlandschaft. Jenseits der Baumgrenze. Dort oben blühten keine Blumen mehr. Nach einer gewissen Fastenzeit traf ich dort auf einen alten Bekannten. Manche hatten ihn fast schon vergessen. (...) Ich habe dort oben, auf dem Berg, in der Nacht, nicht nur Geist angetroffen. Ich habe auch den Tod getroffen. Und ich habe mich selbst getroffen. Da war nämlich noch jemand, der hat angeklopft. Der wollte reingelassen werden und sagte: Ohne mich seid ihr hier nicht holistisch, nicht ganz-heitlich. Derjenige, den ich da oben getroffen habe, das war der Teufel. Auch der Teufel gehört zur Spiritualität. *(Schweigepause)* Nicht nur das Licht, und die „Lichtgötter", nicht nur die Liebe, auch das Dämonische. Auch wenn Shiva tanzt, diese Welt zertanzt, auch das gehört zur Spiritualität.

Wollen wir ihn reinlassen? Haben wir den Mut, fragt er, so ein kleiner Mephisto mit seinem Lächeln. Habt ihr den Mut, auch mich hier reinzulassen? Und Sie kennen ja die Geschichte, in den Märchen, die wir unseren Kindern erzählen, mit dieser Fee, die nicht eingeladen wurde. Das geht meistens dann schief. Das wird erst einmal glücklos. Deswegen meine Frage: Wollen wir den Teufel reinlassen? *(Schweigepause, Tuscheln im Auditorium, zustimmendes Gemurmel.)*

Gut, dann bitte ich um das erste Dia. Das ist die aktuelle Konstellation, die wir zuletzt gestellt haben. Die meisten von Ihnen werden natürlich bemerkt haben, dass ich Elemente aus der Systemischen Therapie, das sogenannte Familien- oder Organisationsstellen, hier mit eingeführt habe. Diese Situation ist unsere, die unsrige. Wir haben diese drei Bereiche, und wir können sehen, dass einer dieser drei Bereiche, der Wirtschaftssektor, tatsächlich derjenige Bereich ist, der die globale Ebene, die Menschheitsebene, erreicht hat. Aber schauen Sie, was er dort oben angetroffen hat. *(Er begleitet seine Worte mit einem Laserpointer.)* Er hat einen rechtsfreien Raum angetroffen und einen ethikfreien Raum, weil die beiden anderen Bereiche noch nicht wirklich globalisiert sind. Es gibt Bemühungen, denken Sie an das „Projekt Weltethos", aber das sind Projekte, die gehen erst in die richtige Richtung, haben sich aber noch nicht vollzogen. Und was passiert, wenn wir hier oben eine Weltwirtschaft mit globalen Akteuren haben, aber wir haben hier ein Vakuum *(Zeigt mit Pointer auf den „rechtsfreien Raum".)* und wir haben auch da ein Vakuum. *(Zeigt mit Pointer auf den „ethikfreien Raum".)* Das ist ganz natürlich, gehört vielleicht noch nicht einmal böser Wille dazu, dass sich diese Weltwirtschaft ausdehnt in die Frei-Räume, die sie dort vorfindet. Was bedeutet das für uns ganz konkret, sagen wir einmal bei dem rechtsfreien Raum Weltmeere. Das bedeutete, dass z. B. die großen Tanker-Reedereien, weil es preisgünstiger war als im Hafen ihr Altöl entsorgen zu lassen, einfach ihren Kapitänen die Anweisung gaben, draußen auf diesen rechtsfreien Weltmeeren ihr Altöl und Schiffsdieselreste abzulassen. (...) Dann begannen Tanker-Flotten mit Chemikalien raus zur Nordsee zu fahren, und dort begann die Verklappung von hochgiftigen Chemieabfällen. Das war wiederum weitaus preiswerter als sie an Land umzuwandeln oder sicher einzulagern. Und Sie können sich sehr leicht denken, dass dieser ganze „Salat" früher oder später – ich möchte Ihnen jetzt nicht das Fischessen verderben– auf unseren Tellern gelandet ist. Und dann begann in den 80er Jahren das Aufwachen der Zivilgesellschaft. Erinnern Sie sich an die Schlauchboot-Fotos von Greenpeace, die vor diesen Verklappungsschiffen der großen chemischen Konzerne gekreuzt sind, um wenigstens darauf aufmerksam zu machen auf diese Misere. Sie sehen also, diese rechtsfreien Räume und diese ethikfreien Räume haben wirklich Konsequenzen für unser tägliches Leben. Das ist nicht abstrakt.

Das nächste Dia bitte. Das führt dann dazu, wenn die Weltwirtschaft allzu lange alleine dominant dort bleibt, dass sie sich, wie Peter Grieder es schon benannt hat, zu einer Art von Raubrittertum entwickelt. Das ist eine ähnliche Sache, wie wir sie von der Erziehung von Kindern kennen. Kinder brauchen zum einen Freiräume, Entwicklungsfreiräume, aber *(Kameraschwenk zum Dia mit dem Buchtitel: »Lizenz zum Plündern – Das Multilaterale Abkommen über Investitionen – MAI«.)* sie brauchen auch zur rechten Zeit Grenzen. So bräuchte auch diese Welt-Wirtschaft juristische und ethische Grenzsetzungen. Was passiert, wenn diese Instanzen von Menschheits-Ethik und Welt-Recht fehlen? Das führt dann dazu, dass 1998 die Weltwirtschaft sich bei der OECD zu einer Konferenz in Paris versammelt hat, um einen Vertrag zu entwerfen, den sogenannten M.A.I. Vertrag. Mai, das klingt nach Frühling. Zwei Delegierte der Vereinten Nationen waren dort als Beobachter geladen, und die haben dann dafür gesorgt, dass das Vertragsmanuskript den Weg nach draußen fand. (...) Und plötzlich konnte man lesen, was MAI wirklich bedeutet. Ein Abkommen über Investitionsgüterschutz. Und was soll zum Schutz der Investitionen weltweit abgebaut werden? Im Kleingedruckten konnten Sie dann lesen, was abgebaut werden soll: Arbeitszeiten-Beschränkungen, Umweltschutz-Gesetzgebung, Sozial-Staatlichkeit. Es gab dann einen großen Aufschrei der Weltzivilgesellschaft. Die NGOs, die Nicht-Regierungsorganisationen, begannen eine weltweite Lobby-Arbeit gegen das M.A.I. Dieser Vertrag durfte nicht unterzeichnet werden. Wäre er im Mai 1998, wie angedacht, unterzeichnet worden von den Wirtschaftsministern, noch nicht einmal von den Staatspräsidenten, dieser Vertrag war so teuflisch intelligent gemacht, dass er hätte nicht durch die Parlamente gehen müssen. Es hätte genügt, wenn die Wirtschaftskommission, z. B. des Deutschen Bundestages, ihn abgesegnet hätte, und wenn der Wirtschaftsminister unterschrieben hätte. Man hätte ihn auf diesem Weg an der Öffentlichkeit vorbeigeschleust. Wäre dieser Vertrag in Existenz gekommen, dann hätten die Multilateralen Konzerne damit von den Staaten das Recht erhalten, sie zu verklagen, wenn sie die genannten Investitionshemmnisse aufrecht erhalten hätten oder weitere aufbauen. Das wäre nichts anderes gewesen als die de jure Machtergreifung.

Nicht die faktische, welche die Weltwirtschaft de facto schon hat: Arbeitsplätze zu verlegen, Steuersitze zu verlegen, das ist faktische Macht. Durch das MAI hätte die Weltwirtschaft juristische Macht bekommen. Und jede Regierung wäre vor einem internen M.A.I.-Tribunal verklagbar auf Schadensersatz gewesen. Kurzum, wir standen an der Schwelle zu einer Art Weltwirtschaftsstaat, sagen wir es deutlicher, zu einer Art Weltwirtschaftsdiktatur der großen Konzerne. Das nächste Dia.

(Kamera schwenkt zum Dia Nr. 3: „Arbeit macht frei.“, Schriftzug vor KZ.) **Arbeit macht frei.** Gehen wir zurück an die Anfänge unseres Industriesystems, das uns hier in Europa heutzutage viel Wohlstand beschert hat. Gehen wir zurück zum **Manchester-Kapitalismus**. Stellen Sie sich Manchester vor, diese mittelenglische Stadt, die in Europa diejenige Stätte war, wo die industrielle Revolution zunächst am stärksten hervortrat, ein rauchender Motor des Frühkapitalismus. In diesem Manchester, da gab es qualmende Hochöfen. (...) Diese Männer arbeiteten 16 Stunden. Es gab Kinder, die arbeiteten in den Bergwerken, Sieben- und Achtjährige, auch 16 Stunden. Sie können sich vorstellen, dass die Menschen unter diesen Bedingungen nicht allzu alt wurden. Man könnte sagen, um ein Bild zu gebrauchen: Diese **Menschen wurden in den Hochöfen der Früh-Industrialisation verheizt.** (Pause) Und dieses Verheiztwerden an den Hochöfen, das fand sich dann, etwa hundert Jahre später, unter anderen Vorzeichen im Politischen wieder. Als Verheiztwerden in den Krematorien der Arbeitslager, nachdem die Gefangenen und de facto Sklaven sich für die IG Farben und andere SS-nahe Wirtschaftsunternehmen zu Tode arbeiten mussten. (...)

„Arbeit macht frei.“ Was für ein *Geist* drückt sich da aus? Was hat sich da eingeschlichen in unser Wirtschaftssystem, das sich in anderen Zeiten in den anderen Sektoren bemerkbar gemacht hat. Das nächste Dia *(Zeitungs-Artikel von **2003**)*.

Der Generalsekretär der NATO, der Schotte Robertson, meint: **„Europa muss mehr investieren!“** Bis dahin würde ich das vollkommen mit unterschreiben. Ich bin der Meinung, Europa muss mehr investieren in seine Ausbildung der Schüler, der Studenten, auch in seine Sozialität, seine Kultur. Aber ich glaube, ich missverstehe Herrn Robertson, denn der NATO-Generalsekretär ist der Meinung, Europa müsse seine Investitionen **in die Militär- und Verteidigungshaushalte** vermehren, auf dass man als Juniorpartner mit der USA mitziehen könne, in den Irakkrieg, in den Afghanistankrieg. Die USA ist mittlerweile im Rüstungsetat wieder angekommen bei den Zeiten von Ronald Reagan. Das ist also der Vorschlag des NATO-General-Sekretärs. Und irgendwo muss das Geld ja herkommen, damit man diese Aufrüstung, die hier gefordert wird, finanzieren kann.

Schauen wir uns einen Vorschlag dazu an. Das nächste Dia *(Zeitungs-Artikel)*. **„Wirtschaft fordert Mehrarbeit“.** Das sind nicht die Kleinunternehmer, das sind auch nicht die mittelständischen Unternehmer. Sondern, das ist eine Pressemitteilung von der Deutschen Industrie- und Handelskammer, die hier in diesem Fall die größeren Multinationalen Konzerne vertritt. Und zwar sollen in Deutschland die Menschen in den nächsten fünf Jahren fünfhundert Stunden kostenlos mehr arbeiten, also ohne Lohnausgleich, damit das, was dort an Mehrwert erwirtschaftet wird, jetzt schlagen wir die Brücke zu Herrn Robertson, für die weitere Militäraufrüstung benutzt werden kann. Und da fragt man sich doch schon, was offenbart sich da, wo geht da eine Entwicklung hin? Dies erinnert uns an Zeiten, die wir hofften, überwunden zu haben. (...) Es ist eine Unfähigkeit, nicht die Wirksamkeit der destruktiven Kräfte, ..., der Kräfte der Selbstzerstörung, der absoluten Machtherrschaft, der Freude daran, Menschen vernichten zu können, wahrzunehmen. Das haben wir niemals, kollektiv, aufgearbeitet: Woher diese Kräfte kamen? Wie sie uns überrollt haben? Fast wie Besessenheits-Phänomene, nicht nur in Deutschland. Denken Sie an Stalin, Mussolini, die Franco-Diktatur. Da ist etwas passiert, **wie ein Virus, der über die Völker hinweg rollte.** Und wir haben uns aus spiritueller Sicht nicht klar gemacht, was da wirklich passiert ist. Und das ist eine Erblast. Und alles, was nicht verarbeitet und bearbeitet wird, das kehrt irgendwann in verwandelter Gestalt, in Variation, wieder. Das nächste Dia.

Es kehrt wieder, was früher sich im Politischen abgespielt hat mit politischen Bewegungen, die die Partei-Macht im Staat übernahmen, die Diktatur einführten, das droht nun als Potential sich abzuspielen auf dem Level der Weltwirtschaft. Wie gesagt, ich spreche nicht von den Mittelständischen Unternehmern. Ich spreche von dem großen Finanzsektor, den Multinationalen Konzernen. Das nächste Dia. Und das gab es schon einmal, und dieser Aspekt ist aus dieser Zeit viel zu wenig berücksichtigt, und zwar *(Dia Buch-Titelcover)*: »Zwangsarbeit und Vernichtung. **Das Wirtschaftsimperium der SS«.** (...) Man kann sehen, was wenig beachtet wurde, dass diese SS auch durchaus etwas war, was aus der Wirtschaft gespeist wurde. Die IG Farben, Hoechst gehörte dazu, Bayer, aber auch amerikanische Freunde, wie z.B. verschiedene Banken aus Amerika, vertreten durch einen Herrn Prescott Bush, den Großvater des jetzigen Präsidenten, die 1930/31 Wahlkampfgelder für die NSDAP überwiesen haben. Das nächste Dia.

Dieser Schatten von damals, der nicht aufgearbeitet wurde, kehrt jetzt wieder. Das **Spiegel-Titelcover** ist aus den 90er Jahren: **„Der neue Raubtierkapitalismus".** Als das Gegenstück, der Kommunismus und die Sowjetunion, zusammengekracht sind, die zuvor sich gegenseitig als Raubtiere die Waage gehalten hatten, da brach dieser Impuls Schritt für Schritt durch und die soziale Maske, die soziale Marktwirtschaft, wurde immer weiter versucht, zurückzubauen zu einer alten und kalten Marktwirtschaft. Schauen Sie sich **dieses Bild** an, denn es **ist archetypisch**: Der schwarze Mann, die Raubtierbedrohung. Viele Menschen fühlten das Mitte der 90er Jahre so. Das nächste Dia.

Und nun schauen Sie, wie dieses Bild eine andere Gestalt bekam. *(Zu sehen ist nun ein bärtiger, dunklhäutiger Mann orientalischer Herkunft.)* Denn in dieser ersten Gestalt als Raubtier-Kapitalismus wäre es für unser System ungeheuer gefährlich gewesen, sich das wirklich tiefergehend anzusehen. (...) Es also nicht nur so, dass das nur einige Finanzmanager sind, sondern das ist etwas, das wie eine Art von latentem Krebsgeschwür seine Tochtergeschwulste zieht in unserer Gesellschaft. Wer also sind die Verantwortlichen? *(Referent fasst an ein großes Tischtuch, das etwas in der Größe einer Schultafel verhüllt.)* Ich habe Ihnen hier eine Skizze aufgezeichnet, über die Mächte, die da im Hintergrund wirken, dass so etwas möglich wird *(Pause. Er enthüllt den Gegenstand, der sich als Spiegel entpuppt. Schweigen. Sodann Applaus aus dem Auditorium.)* „Tat tvam asi". Wir selbst sind es! Und das ist ein Teil von Spiritualität, World Spirit Forum, dass wir uns dies anschauen können. Und dass wir es, dadurch, dass wir es wahrnehmen können, diese „teuflische" Seite, die auch zu uns gehört, die zu unserer Kultur, als Unkultur, als Schatten, als Begleiter, gehört, dass wir sie verwandeln können. Das wäre die Aufgabe von Spiritualität in unserer Zeit der Globalisierungskrise. Ich danke Ihnen für Ihre Aufmerksamkeit. *(Er verlässt das Podium, Applaus aus dem Publikum.)*

Moderatorin: Herzlichen Dank, Stephan. Wir lassen den Spiegel noch stehen.

13. Kapitel

Die Globale Krise – Warum wollen wir sterben?

I. Das Zenkoan des kollektiven Suizids einer Spezies

Publiziert in Wege ohne Dogma/Der Humanist, Juli/August 2020

Offenbart die Corona-Virus-Angst-Krise nicht auch einen Mangel an kosmopolitischer Humanität und freier Religiosität?

Luft-Massen, bewegt von starken Windströmungen, ziehen über aller Länder Grenzen hinweg. Kein Stacheldraht kann sie aufhalten, kein nationales Stoppschild kann sie hindern an ihrer Reise um den Globus. Wir alle existieren in einem gemeinsamen, planetaren Atem-Meer.

Auch Humanität und Kosmopolitismus brauchen die Verbindlichkeit dieses weltweiten Atem-Meeres als Existenzgrundlage.

Aber nur die wenigsten, nennen wir sie: Menschen & Weltenbürger, sind sich dieser religio, dieser Verbundenheit, wirklich bewusst. Die Mehrzahl der Geschäfts-Leute und KonsumEnten, zer-teilt in Zuge-Hörigkeit zu Nationalismen, Pseudo-Religionen, Konfessionen & Konfusionen, will von dieser Verbundenheit, dieser atmo-sphärischen Welteinheit und der daraus resultierenden planetaren Mitverantwortlichkeit nichts wissen.

1990. Damals hackten Aids-Viren das biologische Immunsystem humanoider Körper. Angst in den Seelen (AidS) verbreitete sich zeitweilig bis an den Rande einer Massenhysterie. Parallel knackten FCKW-

„Viren" die Ozonschutzschicht unseres Planetenkörpers.

Und mit dem Beginn des PC-Zeitalters kamen dann auch die Computer-Viren. Im November 1987 titelte GEO-Wissen: „Treibhauseffekt. Das unheimliche Spiel mit dem Feuer". Schon immer glaubte der von viralen Angst-Fantasien getriebene Homo sapiens (insbesondere abendländisch-christlicher Prägung), er könne mit dem Feuerbrand Probleme lösen. So wurden **Ketzer** und Abtreibungskräuterfrauen, Hexen genannt, **verbrannt**, sowie von christlichen und faschistischen Fanatikern dann später auch unliebsame Bücher. Die Brandrodung inspirierte zur Kriegstaktik der verbrannten Erde, wo man den feindlichen Armeen ein verwüstetes Land hinterließ. In der Moderne glaubte man, teils heute noch, durch Kohle- und **Müllverbrennung** sowie mittels Kraftstoff-Verbrennungsmotoren, längerfristig Probleme in Abgase und Wärme auflösen zu können. Das insgeheim etwas pyromanische Spiel mit dem (dann auch atomaren) Feuer gipfelt im „religiösen" Bereich in apokalyptischen Weltbrandfantasien.

Und nun also verdrängt die Covid-19-Virus-Angst-Hysterie Greta Thunberg und die Weltklima-Katastrophe aus den Massenunterhaltungsmedien. Kaum einer fragt nach den tieferen Ursachen des globalen Umwelt- und Selbstzerstörungsprozesses der Spezies Homo sapiens.

Die Zeit titelt am 30.01.2020: „Was, wenn es so kommt?". Der Untertitel konkretisiert: „Der Kampf gegen den Klimawandel ist verloren. Manche Forscher behaupten, schon in diesem Jahrzehnt breche die Zivilisation zusammen."

„Dann hausen wir in Mondstationen" unter der Erde, meint der Leiter des Potsdam-Instituts für Klimafolgenforschung, Schellnhuber, schon am 31.10.2015 im Spiegel.

Bange fragen Zeitungskommentatoren: Droht die Menschheit auszusterben? Die Frage ist – so – falsch gestellt. Denn *eine* Menschheit, diesen Namens würdig, existiert noch gar nicht. Also kann die, nichtexistierende, „Menschheit" auch nicht aussterben. Unsere humanoide Spezies ist auf-gespalten in etwa 200 gegeneinander konkurrierende Nationalstaaten.

Es existieren z.Zt. (noch) Deutsche, Briten, Iren, Franzosen, Russen, US-Amerikaner, Mexikaner etc. als historische Gruppenegoismen. 1996 schrieb ich in dem Buch »Die Unteilbarkeit der Erde« (1): „Die Menschheit an der Schwelle ins 21. Jahrhundert ist zutiefst gespalten ...

Diese Welt-Gesellschaft mit beschränkter Haftung stößt nun immer schmerzlicher an die Grenzen ihres gruppen-egoistischen Wachstums. Die Konferenzen von Berlin, Kopenhagen, Peking und Rio mussten, gemessen an den globalen Notwendigkeiten, ergebnislos bleiben. Das Überleben der Menschheit, ein unteilbar planetares Thema, kann nicht von den Repräsentanten nationaler Parteien und Polit-Fraktionen erfolgreich behandelt werden. Unsere Nationalstaatspolitiker sind für die globalen Probleme und Herausforderungen ohne welt-verfassungsrechtliches Mandat und infolgedessen im wahrsten Sinn verantwortungslos und inkompetent."

Das inter-nationale Miss-Management der über-nationalen Corona-Virus-Pandemie im Jahr 2020 unterstreicht nochmals die Erkenntnis von 1996. Unsere Spezies steht sogar noch schlechter da als 1996.

Die UNO, welche noch unter den Generalsekretären Dag Hammarskjöld (2), Boutros-Ghali (3) und Kofi Annan (4) auf dem Wege war, ein echtes Menschheitsorgan, Selbst-Organisations-Forum einer Menschheit-in-spe, zu werden, ist im tiefen Koma, nahezu tot. Die UNO wurde getötet. Haupttäter waren US-amerikanische und britische Regierungskreise, also Stammesmitglieder des Westens. Viele dieser Regierenden, so die Clintons und die Bushs, gehören christlichen Kirchen und Sekten an.

Damit kommen wir zu einem zweiten, tieferen Tatbestand. Unsere – erst – humanoide Spezies Homo „s-apien-s" (ss-ape) ist nicht nur in unzählige Nationalismen zerspalten, sondern auch in monotheistische und monomanische „Weltreligionen". Insbesondere das Kirchenchristentum hat in seinem weltweiten Missionierungseifer mit Feuer und Schwert die kollektive Psyche vieler Völker vergewaltigt und nachhaltig traumatisiert.

Die Brutalität von Karl dem Großen (Sachsenschlächter) ist hierbei nur ein kleiner Bestandteil der »Kriminalgeschichte des Christentums« (Deschner).

Diese Traumata vererben sich trans-generational weiter. Die Welterlösungs(sehn)sucht der christlichen Sektierer wird zur verdeckten Todessehnsucht. Die teuflische Droh-Botschaft erzeugt eine Höllen-Angst. Diese kollektive, niemals aufgearbeitete Enge und Angst christlicher Eschatologie und der apokalyptischen Wahnvorstellungen des

Folteropfers und Evangelisten Johannes äußern sich heutzutage u.a. auch in einer höllischen Virus-Angst-Hysterie. Der katholische Theologe a.D. Eugen Drewermann hat dies alles 1981 in dem Buch »Der tödliche Fortschritt. Von der Zerstörung der Erde und des Menschen im Erbe des Christentums« genial analysiert.

Aber selbst ein psychoanalytisch ausgebildeter Autor wie Drewermann brauchte dann noch 20 Jahre, bevor er endlich aus der Kirche und dem organisiertem Kirchenchristentums ausgetreten ist. Wie kann das sein? Wir haben es hier mit Sucht-Strukturen zu tun. Was nützen moralische Appelle an Katholiken, KonsumEnten und andere Drogenabhängige, sich einer Entzugstherapie auszusetzen?

Nahezu nichts. Gute Psychotherapeuten (und der Autor dieser Zeilen) wissen, dass erst der Leidensdruck und ein Nerven-Systemzusammenbruch viele Leute in die Therapie bringen bzw. zwingen.*

Es ist ungeheuer schwierig, sich (sein Ich) von neurolinguistischen Früh-Indoktrinationen frei zu arbeiten. Drewermann, den ich persönlich von gemeinsamen Tagungen der Erich-Fromm-Gesellschaft kenne, wuchs unter der Obhut einer erzkatholischen Marienkult-Verehrerin als Mutter auf, die der Junge, angesichts eines traumatisierten Zweiten-Weltkriegs-Veteranen als „Vater“ zeitweilig fast als halbe Heilige verehrte. So wurde der Pfarrer Vater-Ersatz und die „Mutter Kirche“ ihm Schutzbunker-Heimat.

* Schon 1955 schrieb der Humanist und Sozialpsychologe Erich Fromm das Werk »Wege aus einer kranken Gesellschaft«. Aber Bücher helfen – kollektiv – viel weniger als uns ihre Autoren und Verlage Glauben machen wollen. Für einige Menschen mögen sie Denkanstöße zur Weiterentwicklung ihres Verantwortungs-Bewusst-Seins und ihres daraus resultierenden Menschseins sein. Der Philosoph Ortega y Gasset unterscheidet hier ganz richtig zwischen »Der Mensch und die Leute«, so einer seiner Buchtitel.

Aber „Der Aufstand der Massen“, also der Amoklauf von kirchenchristlichen, kommunistischen oder konsum-kapitalistischen Leute-Meuten, ist durch die Minderheit der echten Menschen und Kosmopoliten kaum aufzuhalten. Auch hierin hat Ortega y Gasset, leider, recht. So bleibt als psycho-historisches Korrektiv immer wieder nur der sich anschleichende System-Zusammenbruch. Erst der Erste Weltkrieg hat die Völkerbund-Organisation geboren und erst der Zweite Weltkrieg die UNO als internationalen Laborversuch.

Und die EU entstand nach dem „Ende" des 3. Kalten Weltkrieges als es galt, das wiedervereinigte Deutschland in Europa zu integrieren.

„Hoffnung ist nicht die Überzeugung, dass etwas gut ausgeht, sondern die (innere) Gewissheit, dass etwas Sinn hat, egal wie es ausgeht." (Zitat Vaclav Havel) Wir können also den nächsten System-Umbruch gar nicht verhindern. Er ist ein notwendiges Korrektiv. Wir können ihn durch Massen von inflationärem Geld etwas verzögern. Ob unsere Regierungen weise genug sein werden, die so erkaufte Zeit intelligent für flankierende Maßnahmen des kommenden System(um)bruchs zu nutzen? Dies darf – leider – bezweifelt werden. Aber eine psychodynamische Weisheit besagt: Jedes Volk bekommt die Regierung, die es verdient.

Andrew Copson, Präsident der Humanists International, fragte in der WoD-Ausgabe 10/2016, S. 204: „Wie kann Humanismus ... sich selbst begreifen während einer Periode globaler Instabilität und Bedrohungen?"

Vielleicht als ein „Memento moriendum esse". Sei dir deiner Sterblichkeit bewusst. Eine gute Mahnung, nicht nur für Stoiker und andere Philosophen. Aber die Masse der Leute bevorzugt eher das Vergessen, die Betäubung, den Rauschmittel-Spaß. Die Kranken werden in Krankenhäuser abgeschoben, die Alten in Pflegeheimen gesammelt und die Sterbenden in Hospizen isoliert. Einst soll es einen jungen Adligen gegeben haben, dessen reicher Vater ihm eine Art Palast erbaute und ihn von Tänzerinnen, Schauspielern und Akrobaten unterhalten ließ, um seine Bewusstwerdung unten zu halten, unterhalb der Schwelle des Weltschmerzes. (Nein, ich schreibe jetzt nicht von Prinz Harry & seinen Partys.)

Doch der junge Mann, den ich meine, schlich sich aus der gepflegten und vollkaskoversicherten Parkanlage. Dabei beobachtete er einen sehr armen und kranken Mann, einen todkranken Sterbenden, eine Leiche am Wegesrand und einen bettelnden Obdachlosen. Er wurde jenseits der Fassaden der Wohlstandskomfortzone mit der Sterblichkeit und der Vergänglichkeit konfrontiert. Memento mori ...

Er gehörte zu denen, die – geschockt von der Oberflächlichkeit und Nichtigkeit der gutbürgerlichen Gesellschaft (much ado about nothing) – auszogen, um einen Sinn ohne Selbstbetrug in unserer Existenz zu finden. Er fastete bis an die Grenze des Todes. Und bei diesem bewusst gesuchten Nahtoderlebnis soll eine Metanoia stattgefunden haben. Siddhartha war wohl sein Name. Später nannte man ihn Buddha, den Erwachten. Manchmal also kann ein Schock-Erlebnis heilsam sein und das individuelle Bewusst-Sein weiten. Als die Redaktion der Magazinbeilage a tempo zur DM-Kundenzeitschrift mich in der Februar-Ausgabe 2001 unter dem Titel „Ein Weltbürger auf Achse" interviewte, schaute ich u.a. auf eine meiner ersten Reisen mit dem Rucksack als ca. 21-Jähriger zurück.

Der letzte Satz des Interviews war der gewichtigste: „Dass ich in Indien ein verhungerndes Kind in meinen Armen halten durfte, hat mich sehr erwachsen gemacht." (5)

Könnte uns also die Corona-Virus-Angst-Krise, als Teil der größeren globalen Existenz-Krise dieser Spezies, erwachsener machen? Hat uns die „Schweinegrippe" erwachsener gemacht?

Kann diese Abart von Angst, also mentale & neuronale Enge, wach machen? Wir sollten individuelle und kollektive Panik und Massen-Hysterie nicht mit existenzieller („spiritueller") Wachheit verwechseln.

Für die Titelgeschichte „Ist die Erde noch zu retten?" (6) der Juli-August-Ausgabe der Zeitschrift Connection (Verbindung bzw. Beziehung zum Sein) wählte ich 1989 eine Virus-Erkrankung des menschlichen Leibes als Beispiel-Metapher für die virale Angst-Erkrankung von Aberglaubens- und von Völker-Kollektiven.

Ein Virus kann (muss aber nicht: je nach Immun-System-Antwort!) nach etwa 99 Generationen der Vermehrung / Verdoppelung im Öko-System eines humanoiden Leibes tödlich werden.

Homo sapiens, dessen mächtige Schattenseite Carl Amery im Buch »Die Botschaft des Jahrtausends« (1994) als „homo ss“ bezeichnete, hat sich nun etwa 99 Generationen im planetaren Ökosystem Erde reproduziert. Hierbei war das Kinder-Kriegen oftmals eine Waffe der monotheistisch-expansiven „Religionen“ im Krieg um die Vorherrschaft des eigenen Glaubenssystemes.

„Gehet hin und mehret Euch!“ Eine Welt nur voller Christen oder Muslime? Keine schöne Vision.

Die Verwüstung der katholischen Stadt Lissabon durch ein Erdbeben, das Wüten der Pest, des Schwarzen Todes, und des 30-jährigen Konfessionen-Krieges* können als Katalysator für den Verlust der absoluten Macht der römisch-katholischen Kirche gesehen werden. Diese bildete über Jahrhunderte in großen Teilen der Welt eine Art Weltregierung. Der Schatten und die Angst vor einer solchen misslungenen & pervertierten Welt-Regierung sitzt uns noch heute unbewusst im Nacken – und behindert die vernünftige Global Governance Organisation der historischen Globalisierungs-Tendenzen. *Diese Katastrophen stellten auch das monomanische Christentum in Frage und förderten den Auf-Bruch hin zu einer mehr aufgeklärten, säkularen Gesellschaft: ein langsamer Prozess, der bis heute nicht vollendet ist.

Und, haben wir die „falschen Götter“ (Arno Gruen) des Christentums nicht durch seine Kuckuckskinder Kommunismus und Super-Konsum-Kapitalismus ersetzt?

Jahrhundertelang hat das Kirchenchristentum die einfachen Leute in Armut geknechtet, während Fürst-Bischöfe und Kardinäle im Luxus schwelgten, Wein statt Wasser soffen, viel Fleisch statt wenig Brot aßen und lustig herumhurten. Kein Wunder, dass heutzutage in einem nachholbedürftigen Superkompensations-Versuch auch die kleinen Leute eifrig mit dabei sind, unsere Biosphäre in einer großen Sommerschlussverkaufs-Party („Nach uns die Sintflut!") zu verfrühstücken. Versuchen wir verzweifelt, eine neurotisch-psychotische, im „Erbe des Christentums" geistig-seelisch erkrankte Welt-GmbH zu retten, die so gar nicht mehr zu retten ist?

Das zentrale Koan der Globalen Krise sind die inneren Grenzen und Blockaden des geistigen und des humanistischen Wachstums. Hier muss man viel tiefer graben, als es der Club of Rome mit seinen äußeren Rohstoff-»Grenzen des Wachstums« (1972) tat. Hier geht es dann um kollektive Traumata, um Dissoziationen & Stag-Nationen, um schizoide, paranoide und manisch-depressive Tendenzen (Wirtschaftsdepression!).

Zu einem etwas späteren Zeitpunkt werde ich in einem zweiten Teil skizzieren, wie eine kollektive Psychotherapie sich ereignen könnte; unter Einbezug der entstehenden Supra-KI-Technosphäre.

Wenn der Herz-Schlag des Schicksals dich nötigt, eine Meile in eine Richtung zu gehen, die du bislang noch nicht auf deinem mentalen Radarschirm hattest, dann gehe zwei Meilen in diese Richtung und schaue nach, wohin ES dich (dein Ich) führt. Die Mehrzahl der Leute tendiert dazu, zu klagen: Warum passiert mir das? Man fixiert den Blick einseitig auf die Vergangenheit und die jetzige Problem-Situation. Klug wäre, auch zu fragen:

Wozu passiert mir dies? Dieser anders fragende Blick eröffnet eine mögliche andere Zukunfts-Perspektive. Nicht nur einseitig: Was hat uns in diese totale Krise hineingeführt? (Das ist wichtig, um aus den „Fehl"-Entwicklungen der in uns und durch uns lebenden „Vergangenheit", die niemals wirklich gänzlich vergangen ist, sondern nachwirkt, zu lernen.) Genauso wichtig, sozusagen der zweite Flügel eines ganzheitlichen Denkens, sollte die Frage sein: Wohin könnte uns dies führen? Welche, vielleicht sogar radikal andere Zukunft klopft durch Krise, Katastrophe, Umbruch und Zusammenbruch an die Türen unserer oftmals bei den meisten Leuten sehr schläfrigen Bewusst-Seins-Entwicklung?

Überbevölkerung? Es gibt zu wenige Menschen & Welten-Bürger auf der Erde. Die innere Krise der Selbstentfremdung, Ab-Gespaltenheit & kognitiven Dissonanz wurde nun sichtbar in der Isolierung von dem (eingangs erwähnten) gemeinsamen Atem-Meer – durch die symptomatischen Mund-Nasen-Atemschutz-Masken als Symbol für all die Maskeraden des Homo sapiens. Zu viele Leute haben auf Godot gewartet (Theaterstück von Samuel Beckett) beim Abfeiern der Party. God.ot aber ist nicht Gott, sondern ein Beerdigungsunternehmer namens Tod.

Dass es auch anders, besser, bescheiden humanistisch couragierter geht, das wird Thema der Fortsetzung dieses Essays sein. In Abwandlung von Bodhidharma: Ruinen geben den Blick frei auf: Offene Weiten – nichts von scheinheilig mehr.

Anmerkungen

1 https://weltdemokratie.de/033d39c4709e5407/033d3a9c491445c4 3/index.html
2 Literatur: »Dag Hammarskjöld Vermächtnis«, Amthor Verlag Heidenheim
3 https://weltdemokratie.de/033d3a9c4709e5407/033d3a9c49146c 74c/index.html
4 Literatur: »UNvollendeter Weg. Die UNO im 21. Jahrhundert«, Unitarier Vlg.
5 https://weltdemokratie.de/movies/SMS-Autor-Portrait_.jpg
6 https://weltdemokratie.de/033d3a9c4709e4a05/033d3a9c540054 e1a/

***

II. Kollektive Psychodynamik und Humanistische Psychologie

Publiziert in Wege ohne Dogma/Der Humanist, Oktober 2020

Der 2. Teil des Essays von Stephan Mögle-Stadel zur Lage der Spezies Homo sapiens wirft mittels der Humanistischen Psychotherapie einen Blick auf die kollektive Psychodynamik, warum die Mehrheit weder frei noch wahrhaft religiös sein kann.

Im 1. Teil (WoD 07-08/2020) wurde die Entstehungsgeschichte dessen skizziert, was die Psychologie als ekklesiogene Neurose bezeichnet. Das Kirchen-Christentum und die christlich-evangelikale Zwangsmissionierung und Traumatisierung als Verursacher dessen, was man heute als kollektive Angst-Neurose, im Übergang zur selbstverursachten „apokalyptischen Psychose", wahrnehmen kann. Im kollektiven Unbewussten besteht eine verdeckte Kontinuität zwischen der den christlichen Abendländern über Generationen eingeimpften Höllen-Angst und der zunehmenden Weltklima-Hölle als Bestandteil der umfangreicheren Kollateralschäden unserer Um-Weltzerstörung. Dieses gigantische **Schneeball-System** entspringt dem verzweifelten **Flucht-Versuch, sich mittels** technologischer Ökonomisierung (**„Wirtschafts-Wunder"**) und der Super-Kompensation einer Konsumreligion (Betäubungsmittelmissbrauch) gegen die psychischen Verwundungen durch den Wahnsinn von Kirchen-Christentum & auto-aggressivem Nationalismus **zu immunisieren**.

Professor Herbert Schnädelbach beendet seinen Essay „Der Fluch des Christentums" in der ZEIT vom 11. Mai 2000 mit dem Satz: „Das Beste, was das Christentum für die Menschheit tun könnte, wäre: sich aufzulösen!" Aber so billig enden dieser apokalyptische Fluch und diese suizidale Flucht nicht. Schon das Kirchen-Christentum glaubte, es könne durch Verbrennen seiner Kritiker die Kritik in heiße Luft auflösen.

Dieses psychopatho„logische“ Christentum wird sich nicht einfach auflösen (ohne unsere scheinbar **post-christliche** Welt-GmbH mit in die **Endzeit** zu nehmen), nur weil einige Akademiker dies gerne so hätten. Die Verdrängung des Traumas (wie des Todes) führt regelmäßig zu Verschiebungen und Steigerungen der Folgen. Das Gegenmittel wäre **Ich**-Bewusst-Seins-Arbeit und Psycho-Analyse (**Ana**-m-nese) von „Vergangenheit“, Gegenwart und naher Zukunft einer psycho-historischen (Fehl-) Entwicklung.

Im Sinne des Buches »Zen-Buddhismus und Psychoanalyse« von Erich Fromm & Daisetz T. Suzuki. Selbst ein Eugen Drewermann traute sich, die schlichte Wahrheit nur im Kleingedruckten seines 819-Seiten-Werkes »Jesus von Nazareth« (Band 2, 1996) auf Seite 750 indirekt zu benennen. Dort zitiert er Mahatma Gandhi (von 1920): „Ich bin der Meinung, dass Europa nicht den Geist Gottes oder des Christentums repräsentiert, sondern den Geist Satans ... Europa ist nur noch dem Namen nach christlich.“

Und selbst damit versucht der Theologe Drewermann noch sein Ideal eines eigentlich guten Jesuanischen Urchristentums zu retten. Viele der sich kirchlich & machtpolitisch institutionalisierenden Christen waren aber schon ziemlich von Anfang an Satanisten und Sadisten.

Saulus, der sich später Paulus nannte und der eigentlich Begründer des Kirchenchristentums war, ließ die besten Menschen der Urgemeinde steinigen, bevor er dann mit dem Bekehrungs-Trick vor Damaskus die Führung in den kopflosen Urgemeinden übernahm. Von diesem hochintelligenten Psychopathen, beschützt vom römischen Militär-Geheimdienst (14), stammen Direktive wie „Das Weib schweige in der Gemeinde“ und „Wer nicht arbeitet, der soll auch nicht essen.“ (Paulus hätte sich auch als KZ-Direktor geeignet.)

Jesus, falls dieser jemals so gelebt hat, war (wie Drewermann!) Sohn einer dominanten Mutter mit histrionisch-hysterischer Persönlichkeitsstruktur (HHP nach ICD-10-GM: F60.4). Nachdem Maria mit einem römischen Offizier Sex hatte, schob die junge Frau („Jungfrau“) das Kuckuckskind Jesus ihrem Verlobten Joseph unter mit der kongenial wahn-sinnigen Begründung, sie hätte das Kind vom heiligen Geist bzw. einem Gottesboten (Engel Gabriel) empfangen. HHPs können sich sehr glaubhaft in etwas hineinsteigern.

Jesus hat also seinen wahren biologischen Vater niemals kennengelernt; außer die Pointe des Schicksals wollte es, dass Pontius Pilatus der Vater gewesen wäre. Kein Wunder, dass der begabte Junge (Alice Miller: Das Drama des begabten Kindes) sich auf die **Suche nach einem himmlischen Vater** machte ... Neben der im NT geschilderten intuitiven Begabung zur Heilung von hysterischen Lähmungen und psychosomatischen Erkrankungen wird da auch die Geschichte eines Befreiungsversuches von einer wahnsinnig dominanten Mutter erzählt. Heute verfügen wir über genügend Studienmaterial zum Thema **„Parental Alienation Syndrome“** (PAS), also von Papa- bzw. Elternteil-Entfremdung durch sehr frühes Vaterverschwinden, um die Dynamik der Jesus-Figur besser verstehen zu können. Der verlorengegangene Vater (Erzeuger) wird entweder zum Alien oder zum Halb-Gott erhoben. Da die Jesus-Figur als hochintelligent, zutiefst religiös & hochsensibel geschildert wird, ist es nachvollziehbar, dass ein solcher Mensch, genervt durch die Dumpfheit und das asoziale Mobbing seiner Umgebung, nach Jerusalem in den Freitod geht. Die darauf folgende Christologie und Geschäftemacherei durch Paulus, Augustinus & Co. hat mit diesem Jesus dann nichts mehr zu tun. Sie verhöhnt seine Bemühungen nur – durch die Hybris der Vergöttlichung.

Dies könnte Allgemeinwissen sein, gäbe es da nicht das Phänomen der kognitiven Dissonanz und des Memozids. (Später mehr dazu.) Wer solche schlichten Tatsachenzusammenhänge allzu öffentlich ausspricht, macht sich nicht beliebt.

Der Autor dieser Zeilen hat als Schüler schon seine „Religionslehrer“, korrekter: Konfessions- & Konfusionslehrer, mit zu intelligenten

Fragen genervt. Als 25-jähriger Journalist hatte ich unbeabsichtigt im März 1990 den Theologen Prof. Raimundo Panikar durch psychoanalytisches Nachfragen (Schatten-Konfrontation) vom Abschluss-Podium des Gasteig-Kongresses „Wissenschaftler & Weise" vertrieben. (1) Und auch der Herr Dekan der evangelischen Kirche beschwerte sich nach dem Podium im November 2011 im Ludwigshafener Johannes-Ronge-Haus der Freireligiösen Landesgemeinde Pfalz beim Veranstalter Siegward Dittmann über meine „unfaire" Argumentation, u.a.: „Es ist ein Zukunftsprojekt, Einheit zu schaffen mit Religionen, die sich schon oft bekriegt haben", während die Psychologin Renate Bauer etwas süffisant lächelte. (2)

Binnen 21 Jahren (1990–2011) habe ich also nichts dazugelernt und verprelle immer noch Leute mit Dr.- und Prof.-Titel durch „unfaire" Argumente. Aber wenn schon gebildete Akademiker schlichte Wahrheiten so wenig ertragen können, wie sollte man da auf Einsicht und Umkehr (Metanoia) beim Kirchen- und beim Konsumenten-Volk hoffen dürfen?

Schon 1992 schrieb Herbert Gruhl in »Himmelfahrt ins Nichts«: Der geplünderte Planet steht vor dem Ende, dass der christliche Abendländer de facto der Teufel der Erde geworden ist. (3) Neben Gruhl hatte ich in meinen damaligen Kabel-TV-Diskussionen zur Globalen Krise (4) 1989 auch Bild der Wissenschaft Herausgeber Heinz Haber zu Gast, der schon 1973 das Buch »Stirbt unser blauer Planet?« (an humanoider Bevölkerungs-Explosion & industrieller UmWeltzerstörung) publizierte. Im 10. Kapitel „Seid fruchtbar und mehret euch!" geht er auf die furchtbaren monotheistischen Neuronalprogramme ein: „Zu dem Mangel an Einsicht gesellt sich noch ein unglückseliges religiöses Erbe." Und Willy Brandt schrieb 1985 in seinem Werk »Der organisierte Wahnsinn. Wettrüsten und Welthunger«: „Ich bezweifle nicht, dass die Menschheit überleben möchte. Damit ist noch nicht gesagt, dass sie überleben wird." Und solange „die These von der einen Welt, von der Globalität der Probleme und der Interdependenz ... als Mythos abgetan wird“ (S. 26), wird sich am schleichenden Suizid dieser Spezies nichts ändern, muss man, leider, hinzufügen. Es genügt auch nicht, wenn ein paar einsame Spitzenpolitiker, wie Brandt 1991, die „Stockholm Initiative on Global Governance“ (Globale Regierungsformen) einberufen. (5)

Ein weiterer Teilnehmer der damaligen TV-Gespräche, der eher linke Mitbegründer der Grünen, Rudolf Bahro, schreibt in seinem 1989 erschienenen Buch »Die Logik der Rettung. Wer kann die Apokalypse aufhalten?« über die Grundlagen globaler, ökologischer Politik u.a. auf Seite 208: „Nur auf einem Menschheitsmythos kann sich ein gäanisches Ethos gründen, das auch politisch trägt, nämlich eine Weltbürgerregierung ...“ Einige Zeilen weiter, „... und es ist wahr, dass die traditionelle, individualistische Meditationspraxis keine Aussicht hat, auch nur den Zipfel dieses (Chan-)Problems zu erwischen.“ (6)

Die humanistische Gruppen-Psychotherapie, »The Different Drum« und »The Road less traveled«, um es mit zwei Buchtiteln meines Mentors M. Scott Peck zu sagen, bietet ein Instrumentarium an Methoden an, um neurotische & traumatisierte (Gruppen-) Seelen zu therapieren. Die Humanistin Jean Houston hat schon 1982 ein „Handbuch zur Entwicklung des menschlichen Potentials“ unter dem Titel »Der mögliche Mensch« zusammengestellt.

In diesem Sinne hatte ich 2011, dank der freilassenden Unterstützung von Horst Prem (DFW & Unitarier), im Bildungshaus Klingberg ein WE-Seminar angeboten mit dem Titel „Der Eine Mensch in der Einen Welt“, inklusive Chan-Sitzungen und systemischen Gruppen-Aufstellungen. Seminar-Flyer unter https://www.weltdemokratie.de/movies/Seminar_Der-Eine-Mensch-.jpg (7).

Humanistische und nontheistische Psychologen wie z. B. Abraham H. Maslow (Die Psychologie des Seins) und Erich Fromm (u.a. Wege aus einer kranken Gesellschaft) haben Umstiegswege aus der kollektiven Suizidspirale aufgezeigt. Ebenso der Club of Rome. Nichts davon hatte nachhaltigen Erfolg. Maslow, Fromm, Houston, Peck & Co. und ihr gruppentherapeutischer Ansatz sind heute ebenso aus dem öffentlichen Medien-Gedächtnis ausgelöscht (Memo-zid) wie die UmWeltbürgerbewegung von 1948, die Ära von UNO-Generalsekretär Dag Hammarskjöld und auch der Club of Rome; dessen letzter CoR-Bericht »Wir sind dran. Was wir ändern müssen, wenn wir bleiben wollen« kaum noch medienöffentliche Resonanz auslöste. (8)

Im November 2018 hatte ich mit dem Vorwortschreiber, CoR-Präsident Ernst Ulrich von Weizsäcker, des Buches »Heimatland: Erde« (Angelika Lenz Verlag) eine letzte Veranstaltung im großen Stuttgarter Hospitalhof-Saal. (8) Nur etwa 30 Prozent der Stühle waren belegt. Danach fiel Ernst Ulrich einer internen Palastrevolte zweier CoR-Feministinnen und einiger junger Mitglieder zum Opfer. Seitdem ist beim Club of Rome ebenso Funkstille wie bei der ins Wachkoma beförderten UNO.

Schon in den Jahren zuvor überlebte der CoR nur durch die zeitweiligen finanziellen Zuwendungen eines chinesischen IT-Konzerns, nachdem westliche Firmen & Regierungen ihre monetäre Unterstützung eingestellt hatten.

Auch daran kann man die verleugneten, kollektiven Suizidtendenzen ablesen: dass jene kosmo-politischen Organe, welche sich um die Lösung der globalen (Zukunfts-) Probleme kümmern (wollen) vom Schwund von Mitgliedern, finanziellen Mitteln und der Medienaufmerksamkeit betroffen sind.

Seit den 70er und 80er Jahren wurde vor der heutigen Überbevölkerungs-, Klima- und Umweltzerstörungsproblematik massiv gewarnt. Das zeigen nicht nur, stellvertretend, die obigen Bücher. Im Jahr 1990 wurde weltweit in dem Doku-Film »Der Marsch« gezeigt, wie sich Hunger- & Klima-Flüchtlinge aus Afrika zu Hunderttausenden auf den Weg nach Europa machen.

„Wir sind arm, weil Ihr reich seid. (...) Ist es das, was Sie uns sagen wollen? Dass Sie uns töten, damit Sie reich bleiben?“ So der Gandhi-ähnliche Anführer zur EU-Vertreterin. Der Film (9) wurde 2019 auf YouTube gelöscht: https://www.youtube.com/watch?v=65f264bTMis Wir löschen aus unserem Bewusstsein, was nicht in unser enges & ängstliches, genusssüchtiges und hab-gieriges Weltbild, eine christliche Schattenspiegelung, passt.

Und dieses ignorante Memozid-Verhalten ist die Grundlage für die Genozide und Biozide an Menschheit & Biosphäre Erde.

Im Gefolge der kognitiven Dissonanz dissoziieren die meisten Leute unangenehme Wahrnehmungen, Tatsachen & Wahrheiten aus ihrem Bewusstsein (Langzeitgedächtnis). Dadurch schauen sie Nachrichten, durchblättern Zeitungen, Zeitschriften & Bücher, aber nehmen nicht (mehr) die Bedeutungen & die Konsequenzen der Informationen wahr.

Durch diese Nicht-Wahrnehmung wird aus potenzieller Information nur noch Infotainment. Und damit, so Neil Postman 1985, amüsieren wir uns zu Tode.

Der anti-ökologische Weltuntergang der Spezies Homo sapiens kann tiefenpsychologisch durchaus als post-christliche Selbst-Bestrafung & Nachfolge Christi in den Tod gesehen werden. So sind wir selbst als atheistische Hedonisten & Superkonsumenten noch – unbewusst – folgsame Kinder des Christentums.

„Marana tha!“. „Herr-Gott, komme bald!“ (1 Kor 16,22) war schon das manische Mantra der frühen Christen, „Und erlöse uns von dieser sündigen Welt!“, welche sehn-süchtig das Weltende und das Strafgericht für die Ungläubigen erwarteten.

Heutzutage könnte man dies eine negative, sich selbst erfüllende Prophezeiung nennen. Don’t stay blind in mind. Aber das wollen die meisten eher nicht sehen.

Die Konsequenzen dieser Feigheit und Ich-Schwäche? Der Psychologe Roger Walsh beschrieb 1985 im Vorwort seines Buches »Überleben. Die psychologischen Ursachen der globalen Bedrohung«, wie ihm seine Co-Autorin abhanden kam: „Nach einer Woche rief sie mich an, um abzusagen. Sie sagte, es wäre zuviel für sie. Je mehr sie lese, desto ängstlicher fühle sie sich und desto weniger könne sie schlafen. (...) Ich begann zu erkennen, welche Macht **die psychologischen und sozialen Faktoren** haben, die **dafür sorgen, dass wir unbewusst bleiben**." (10)

In der Einführung zu seinem Fachbuch »Resilienz« schreibt 2017 der Berner Uni-Prof. Gregor Hasler: „Unsere psychische Widerstandskraft, sprich **Resilienz, wird Jahr für Jahr schwächer**. (...) die Leistungsfähigkeit wird sozio-ökonomisch spürbar einbrechen." Schon im März 1993 las ich als GEO-Titelgeschichte (S. 64): „Verhaltensstörung: Wir verheizen die Zukunft. Wer stoppt unseren Feldzug gegen die Welt, in der wir leben?" In der GEO-November-Ausgabe 1993 war dann als Headline über einen Artikel zum Thema Nichtentsorgbarkeit von Atommüll zu lesen: **„Leider ist die Welt wahnsinnig."** Diese Verallgemeinerung ist genauso wenig kognitiv hilfreich, wie die Überschrift „**Sechs Milliarden Schweinehunde**. Wer rettet uns vor der Klima-Katastrophe" in STERN-NEON vom Mai 2007. „Na denn, gute Nacht. Es sei denn, es wird uns jemand zwingen. Ein Zusammenschluss, der sechs Milliarden innere Schweinehunde an die Leine legen kann." Da träumte kurz ein Jungredakteur von einer Weltnotstandsregierung. Diesen Traum der Eutopie einer Weltbürge(r)regierung und einer Kantischen Weltföderation, welche den Kategorischen Imperativ durchsetzt, kenne ich sehr gut – von mir selbst.*

Als ich infolge meiner kosmopolitischen und ökologischen Kriegsdienstverweigerung von 1989 dann 1992 meinen Zivildienst bei der UNO in New York ableistete, verliebte ich mich in ein Ideen-Wesen namens Menschheit. Obwohl ich mit meiner Ausbildung als Verlagskaufmann & Journalist (schon in der Azubi-Zeit Assistent der Geschäftsleitung und Autor in Fachzeitschriften) ganz andere Karrierechancen damals hatte, stieg ich aus dem normalen Karrieresystem aus. Ich arbeitete für sehr wenig Honorar für eine Weltbürgerorganisation und dann für die kleine World Citizen Foundation in New York City, eine non-profit & low-budget NGO. Seit meinem 22. Lebensjahr besaß ich kein Auto mehr und ernährte mich überwiegend vegetarisch. (Pflanzennahrung kann viel mehr Menschen ernähren als der westliche Fleischfresserstil und ist zudem ökologisch nachhaltiger ...) Innerhalb Europas und der anderen Kontinente benutzte ich prinzipiell die Bahn und das Flugzeug nur, um von einem Kontinent zum anderen zu gelangen. Mit 17 ¾ Jahren war ich Gründungsmitglied eines Ortsverbandes der Grünen und buchte früh Ökostrom für meine Wohnung. In der Familienpolitik orientierte ich mich an den Chinesen und schrieb schon 1995 Essays mit dem Titel „Die Apokalypse sind wir selbst" (11). Ich arbeitete aktiv für eine föderative Weltbürge(r)regierung, um die globalen Überlebensprobleme dieser Spezies noch rechtzeitig in den organisatorischen Griff zu bekommen. Ich gehörte also zu den etwa 700.000 Menschen & Umweltbürgern, die – jenseits von Lippenbekenntnissen – versuchten, kosmopolitischer und nachhaltig ökologischer zu leben. Leider gehöre ich damit nicht zu einer Mehrheit, sondern zu einer Minderheit.

*Aussicht auf Realisierung der Menschheits-Eutopie: leider sehr gering. Aber Jürgen Habermas schrieb ja schon 1985 von der kollektiven Erschöpfung der (e)utopischen Energien & Visionen. Da haben wir UmWeltbürger & Co. dem Habermas ja noch ein paar gute Jahre abgetrotzt.

Momentan bin ich dabei, das Zeitschriften-&-Bücher-Archiv der 2020 geschlossenen deutschen Weltbürger-Dependance abzuwickeln und zu entsorgen, während ich mich gezwungen sehe, einen Prozess gegen die ehemalige Vermieterin zu führen, deren jahrelange Angststörung in der Corona-Krise eskalierte und deren Paranoia, durchaus mit christlich-apokalyptischem Hintergrund, das Weltbürger-Büro und Archiv aus ihrem Wohnhaus feuerte.

Aber es gibt nichts zu bereuen. Meine Lebensbilanz hat Sinn & Substanz (gehabt). Ich durfte Seite an Seite mit Menschen wie Ustinov, Menuhin, Heyerdahl, Flechtheim, Grieder, Glassman (12) für eine öko-logischere Menschheit-in-spe arbeiten.

Und ich habe mir die existenzielle Überlebenskrise dieser Spezies früh zum Zen-Koan (Chan-Dao) einer vertieften Welt- und Selbsterfahrung gemacht. Dies ist möglicherweise mit das Beste, was einzelne Menschen aus dieser psycho-historischen Verwicklung machen können. Es könnte wohl als Bestandteil der von Prof. Jem Bendell geforderten mentalen **„deep adaptation"** (Tiefen-Anpassung) an die totale Globale Krise durchgehen. Dieser publizierte 2018 einen »**Wegweiser** durch die Klima-Katastrophe« und den – sehr wahrscheinlich auf uns zukommenden – Teilzusammenbruch dessen, was wir Zivilisation zu nennen wagen. Die meisten von uns werden nichts von ihren äußeren Besitztümern mitnehmen können. Was bleiben könnte, wäre das Bewusstsein bei einigen, dass sie Zeit ihres Lebens für eine gute Sache (Menschheit & Biosphäre Erde: Gaia) gekämpft & gearbeitet haben.

Dies ist nicht wenig angesichts der allgemeinen „Kollaps-o-logie" (13). Möglicherweise ist es dies, was einen freien & religiösen Humanismus mit ausmachen könnte. Ob dieser Spezies vielleicht noch eine Art KI-Reevolution, deus ex ma.**china**, das dann ganz anders geartete Weiterexistieren ermöglichen könnte, tritt in den Hintergrund vor dem Bewusst-Sein, als weitgehend freier und mit dem namenlosen Urgrund des Seins verbundener Mensch & Weltenbürger gelebt & gearbeitet zu haben. Freie Humanisten ähneln hierin den sozial engagierten Chan-Buddhisten wie z. B. Bernie Glassman (14). Wir funktionieren nicht nach dem Belohnungs-Prinzip: verhalte dich „gut" gemäß den Vor-Schriften einer Weltreligion/Konfession und du wirst nach dem Tod in einem ewigen Himmelreich zur Rechten Jesu Christi sitzen oder eine sozial bessere Wiedergeburt/Upgrade (Hindus, Mahayana, „Anthroposophen" & Co.) in einem erneuten Erdenleben bekommen. Was frei-religiöse & welt-bürgerlich engagierte Humanisten, Unitarier & Co. dennoch erreichen könnten, ist jener Gemüts- & Geisteszustand, den unsere nontheistischen Kollegen aus dem asiatischen Raum von Dao & Chan, Kensho oder Moksha-Samadhi nennen. Mehr kann man nicht (v)erlangen.

Weiterführende Quellen

1 Podiumdoku.: https://www.youtube.com/watch?v=xkaDB-3LPaM
2 https://weltdemokratie.de/movies/interkulturelles_podium_gro.jpg
3 https://link.springer.com/chapter/10.1007/ 978-3-662-40987-9_18
4 https://weltdemokratie.de/ 033d3a9c4a014b913/033d3a9c4a009bc06/index.html
5 https://weltdemokratie.de/movies/ willi_brandt_stockholm_in_g.jpg
6 https://weltdemokratie.de/033d3a9c4709e3b03/033d3a9c470c69a3b.html
7 https://www.weltdemokratie.de/movies/erich_fromm_seminar_gr.jpg
8 weltdemokratie.de/033d3a9c4709e5407/033d 3a9c49142193e/Buch_Heimatland_ Erde.html
9 https://de.wikipedia.org/wiki/Der_Marsch _(Film)
10 https://weltdemokratie.de/movies/Globaler_Eisberg_Text_.gif
11 https://weltdemokratie.de/movies/Essay-Analyse-Apokalypse_.jpg
12 https://weltdemokratie.de/033d3a-9c4709e 4a05/Buddhismus_Weltbuergertum/index.html
13 https://www.nybooks.com/daily/2020/01/21/collapsologie-constructingan-idea-of-how-things-fall-apart/
14 Apg 23, 23 Leib Eskorte, 24,23 Schutz„haft" vor Mob

***

III. Globalisierungs-Krise als gehirn(r)evolutionärer Prozess in der Autobiografie von Gaia

Publiziert in Wege ohne Dogma/Der Humanist Februar 2021

Wolkengebirge bilden sich an – noch – fernen Horizonten. Vorboten eines radikalen Klimawechsels. Sie tragen nicht mehr nur die Wasser des Lebens, sondern die Sandstürme und Regenmassen einer neuen Sintflut, Dürre und Selffulfilling Prophecy.

Wir gehen an den Wassern eines Ozeanes entlang. Wir bauen Burgen aus Sand, aus Holz, aus Stein. Und wir ahnen: Die Flut wird steigen, wird unsere menschlichen Spuren und Bauwerke verwischen, überspülen, vernichten. Aber wir hatten gebaut. Zu viel, zu hoch, zu gedankenlos. Wolkenkratzer, vierspurige Asphaltautobahnen, Millionen von privaten Stahlpanzern, die wir Automobile nannten, für die humanoide Bevölkerungsflut, die unser Neocortex nicht in den Griff bekam. Was für ein Schauspiel. Die griechischen Tragödienschreiber hätten uns nicht besser erfinden können. Und wir nähern uns dem letzten Akt der Katharsis und Metanoia.

Die Teile 1 (WoD 7/2020) und 2 (WoD 10/2020) dieser Essay-Triologie über die Rätsel-Frage (Zen-Koan) „Die Globale Krise: Warum wollen wir kollektiv sterben?“ behandelten schwerpunktmäßig das Christentum bzw. den jüdisch-christlich-abendländischen Monotheismus römisch-katholischer und protestantisch-lutheranischer Ausprägung als Verursacher der kollektiven Suizid-Tendenz. Diese offenbart sich in einer psychischen Innenwelt(zer)störung durch die Traumata der Zwangs-Christianisierung und der Infantilisierung mittels einer pathologischen & christologischen Ideokratie (fixe Ideen-Herrschaft). Und sie offenbart sich in einer quasi-apokalyptischen Umweltzerstörung durch die christliche Kriegsführung gegen die böse Natur, die böse Weiblichkeit (Hexen-Wahn) sowie gegen andere Kulte (Katharer) und Kulturen (Islam).

Die letzte Stufe der Natur- & Selbstzerstörung wurde durch die protestantische Industrialisierung eingeleitet. Als unbewusste und im Prinzip berechtigte Protest-Aktion gegen den Katholizismus war & ist die protestantisch-calvinistische Arbeitsethik, genau wie der Kapitalismus und der Kommunismus, ein Kuckuckskind des Katholizismus. Schon Paulus meinte: Wer nicht arbeitet, soll auch nicht essen (leben!). Diese – später neurotisch übersteigerte – „Vernichtung durch Arbeit" findet sich dann in den KZ-Arbeitslagern der National-Sozialisten wieder: Arbeit macht frei (tot). Hierin kann man Paulus (Saulus) auch als Stammvater eines effizienten Neoliberalismus sehen, welcher den Sozialstaat gerne schrittweise abschaffen und durch den Sozialdarwinismus (Manchester-Kapitalismus) einer „freien Markt-Wirtschaft" ersetzen würde. Die letzte, totalitäre Steigerungsstufe wäre dann – wieder – das SS-Wirtschafts-System, das seine Gegner sich totarbeiten ließ und deren Überreste u.a. zu Seife verarbeitete. Ich habe diese „Dynamik der Kakokratie" (Psychopathologie der Schlechtesten-Herrschaft) schon 2003 in dem Buch »Menschheit an der Schwelle. Globalisierungs-Krise und Weltwirtschaftsdiktatur« (heute: Amthor Verlag) beschrieben.

Noch vor Drewermann (»Der tödliche Fortschritt ... **im Erbe des Christentums**«, 1981) und Herbert Gruhl (»Himmelfahrt ins Nichts. Der geplünderte Planet vor dem Ende«, 1992) wies schon im Dezember 1966 in seinem damals aufsehenerregenden Washingtoner Vortrag **„The historical roots of our ecological crisis"** (Die historischen Wurzeln unserer ökologischen Krise) der Mediävist und psycho-soziologische Wissenschafts-Historiker Lynn Townsend White jr. auf die fundamentale Vor-Programmierung der Umweltzerstörung durch die jüdisch-christliche Weltanschauung & Weltbeherrschungspraxis hin.

Im deutschsprachigen Raum nahm Carl Amery diese Argumentationslinie auf, leider ohne Townsend zu würdigen, was den Hauch eines

Plagiats in sich trägt. Amery publizierte 1972 das Buch »Das Ende der Vorsehung. **Die gnadenlosen Folgen des Christentums**«.

In Erweiterung der Argumentationslinie von Teil 1 und 2 möchte ich nun aber eine kleine Wendung in die Erzählstruktur unserer kollektiven Suizid-Geschichte einbauen.

Das Kirchen-Christentum ist nicht die Ursache der kollektiven (**Angst**-Beißer-) **Neurose** & Psychose, sondern „nur" ihre diabolisch genial vollendete Speerspitze. Die damaligen Top-Psychopathen, wie z.B. Saulus und später der Patriarch Kyrill von Alexandria, welcher die heidnische, sprich humanistisch und naturwissenschaftlich gebildete Philosophin Hypatia durch seine Mönchsmiliz steinigen ließ, trafen auf eine für wahnsinnige Idole & irr-religiöse Gruppenstrukturen hoch empfängliche Sklaven- und Kleinbürger-Masse. Insbesondere nachdem der Sklaven-Aufstand (73–71 v. Chr.) des Spartakus als weltlicher Führer der Entrechteten zuvor spektakulär an den Kreuzen der Römer verendete.

Weltuntergangsstimmung prägte die damalige Seelenlage. Die alten Götter wurden für viele zu ungerechten Witzfiguren. Kollektive Erlösungssehnsucht wallte in der Atmosphäre. Wer konnte den gewaltsam gescheiterten Spartakus ersetzen? Einer wie dieser Jesus, der gewaltlos & willig das Kreuz auf sich nahm, weil sein Ideen-Reich nicht von dieser Welt war? Viele hofften, dass die Himmel aufrissen, das Klima von Sklaverei & Gewalt sich wandelte und nach der Endschlacht ein neues Friedensreich sich etablieren würde. So euphemistisch-poetisch kann kollektive Todessehnsucht umschrieben werden.

Es gibt da eine unterschwellige, transgenerationale Kontinuität bis in unsere Tage: „Nicht nur die Vernunft von Jahrtausenden – auch ihr Wahnsinn bricht an uns aus. Gefährlich ist es, Erbe zu sein." Nietzsche (1). Und Goethe (2): „Das Übel häuft sich von Generation zu Generation. Wir überliefern auch diese geerbten Gebrechen, mit unseren eigenen vermehrt, unseren Nachkommen." Denn „wir schlafen sämtlich auf Vulkanen". (3) Vermutlich werden sich breite Teile der Bevölkerung unter dem Virus-, Wirtschaftsexistenz-& Klima-Stress verändern.

Die westlichen Gesellschaften schotten sich ab gegen (durch ihr Konsumverhalten mit verursachte) Umweltflüchtlinge, sie töten mit Drohnen-Raketen muslimische Zivilisten („Nur ein toter Indianer/ Moslem ist ein guter Indianer ...") und splitten sich notfalls auf in staatstreue Soft-Faschisten und rebellische „Querdenker", wie es Enzensberger in seinem Essay „Aussichten auf den Bürgerkrieg" voraussagt. Und irgendwo dazwischen sitzen etwa 20 Prozent Humanisten & gute Menschen und reiben sich die Augen, in was für eine Welt wir da – wieder – à la 1933 schlafwandlerisch hineintaumeln.

Unsere Borderline-Welt-GmbH existiert an der Grenzlinie zwischen spiritistischen und materialistischen Neurosen, zwischen Gottes-Wahn und super-kompensatorischen Konsum-Wahn, zwischen Schafherdenpanik und Egoverpanzerung, zwischen multiplen Persönlichkeitsanteilen und roboterhaftem Arbeitsleerlauf als heillosem Versuch von Ablenkungs- & Beschäftigungs-Therapie, die gewichtiger noch ist als die Lohnsklaverei zugunsten der Geld-Droge. Sehr viele tragen so viele soziale Masken und familiäre Deckgeschichten mit sich, dass sie selbst nicht mehr wissen, wie ihr Gesicht darunter aussieht. Die Masken-Pflicht in der Corona-Angst-Krise ist das – nun – offensichtliche Symptom dieser humanoiden Maskenhaftigkeit: und damit sogar ein Stück weit „Selbst"-Ehrlichkeit.

Nehmen wir die astronomische Jupiter-Saturn-Konjunktion zur Wintersonnenwende 2020 als Material für eine Allegorie. Ähnlich unserer momentanen Welt-GmbH hat Jupiter die Grenze seiner Expansion als Gasplanet erreicht. Noch ein bißchen mehr Größen-Expansion und er würde astrophysikalisch implodieren (und möglicherweise ein kleine Sonne werden). Wie nahe Glanz-Größe-Glück und Implosion liegen, zeigt auch der Jupiterhafte Aufstieg von Emmanuel Macron („un président jupitérien"). Und dann kommen die Gelbwesten-

Protestierer und Medien als kleines Gefolge von Saturn (to turn the situation) und beschneiden ihn in seiner Expansion. Saturn steht ja symbolisch auch für den Schnitter mit der Sense und dem Stundenglas. In der Jupiter-Saturn-Konjunktion trifft also Expansion (Wachstum wie auch Wucherung) auf Hemmnisse (Begrenzungen). Dies meinte wohl 1972 auch der Club of Rome mit »Die Grenzen (Saturnus) des Wachstums« der Jupiter-Spezies homo sapiens sapiens. Kein Wunder, dass Saturn auch für den Tod eines Zeitabschnitts (Sa-Turnus) steht. Saturn-Ereignisse begrenzen die Bewegungs-Energie und kinetische Kraft (Symbol Mars) wie auch den expansiven Größenwahn (Jupiters). In diesem Sinne könnte man den neuen Virus als ein Saturn-Ereignis ansehen.

Er nötigt uns – endlich – zum Verzicht, zur Reduktion, zur Hyperaktivitäts-Drosselung. Die virale Epidemie als tiefenpsychologische Epiphanie. Das menschliche Genom ist einst in der Einzeller-Urbiosphäre aus Viren entstanden.

Sie sind Initiatoren und Stimulatoren unserer epi-genetischen Entwicklung. In uns lebt ein Universum aus Viren und Bakterien. Und wir leben in einem planetaren Universum aus Viren und Bakterien. Das Virus ist nicht der Feind. Das Virus ist vielleicht eher eine Art Botschaft, die wir nur noch nicht so ganz verstehen können (oder wollen).

Auch das Christentum ist nicht der Feind. Ich kenne etliche sehr gute Menschen, die sich als Christen verstehen. Mit einigen dieser freien Christenmenschen bin ich befreundet. Katharer, Quäker und US-Unitarier etc. sind gewiss nicht mit römisch-katholischen Kirchenchristen oder militanten Evangelikalen zu verwechseln. Die Kirchen-Machthaber klonten en masse nur die Oberfläche der viralen Botschaft namens „Jesus“, um damit das Andocken ihrer Zellkern-DNA an die Gesellschafts-Zellen zu blockieren. Den aggressiven homo sapiens sapiens gab es schon vor dem Christentum.

Psychopathische Machtgierige (in der Rolle von Kirchenvätern) und neurotische Massen erschufen sich ab einem bestimmten sozio-historischen Kipppunkt das Kirchenchristentum als institutionelles Transportmittel ihrer Geistesverfassung.

Es hätte auch das Glaubenssystem der Wikinger mit ihrem (bei rechtsradikalen Ariern beliebten) Ragnarök-Wahn sein können.

Irgendetwas muss also schon lange vor der späteren Gründung des Kirchen-Christentums in Psyche und Gehirn des homo sapiens sapiens passiert sein, das ihn dazu prädestinierte, aus Afrika hinaus zu gehen und sich (in seiner speziellen „Ich"-Konfiguration) die Welt untertan zu machen. Wofür homo s.s. dann – später – das Instrument des Kirchenchristentums und der Zwangsmissionierung entwickelte. Ein sehr trojanisches „Geschenk" für den „Rest" dieser Welt.

Warum ist vor ca. 60.000 Jahren in einer großen Hauptauswanderungswelle homo s.s. aus Afrika aufgebrochen? Warum hat er dabei u.a. den Peking-Menschen und den Neandertaler verdrängt bzw. vernichtet?

Woher kam die Hypervigilanz (Überwachheit), die waffentechnische Kreativität (Paranoia) und Aggressivität, auch im Sinne von Wanderbereitschaft, unserer Vorfahren? Waren es die post-traumatischen Konsequenzen eines kollektiven Super-Traumas, das homo sapiens sapiens damals in eine Flucht-Bewegung trieb?

Welche epi-genetisch virale und neuronale Um-Programmierung geschah in der Gehirnchemie und in der fast plötzlich erwachsenden Bewusstwerdung des modernen homo sapiens sapiens?

Der planetare Gesamtorganismus Gaia gebar sich im Menschen ein modernes neuronales Selbst-Bewusstsein. Bedauerlicherweise fielen große Teile der humanoiden Neuronen einer Angst- und Macht-Neurose anheim. Ihr Wachstum entartete wie bei Krebszellen, die nicht sterben wollen und sich dem natürlichen Zelltod (Apoptose) verweigern, und wurde zur Wucherung.

Seitdem hat die Biosphäre Gaia, neben den gut funktionellen Menschen-Neuronen, ein neuronales Krebs-Problem namens Homo sapiens sapiens. Wir könnten dies eine (re-)**evolutionäre Krise in der Autobiografie von Gaia nennen**.

Wer sich mit solchen Fragen befasst, sollte das Buch (4) von Prof. Julian Jaynes »The Origin of Consciousness in the Break-down of the Bicameral Mind« (Der Ursprung des Bewusstseins durch den **Zusammen-Bruch des bi-kameralen Geistes**) lesen, sowie das ergänzende Werk (5) des Psychiaters Dr. Iain McGilchrist »The Master and his Emissary: **the divided Brain and the Making of the Western World**«. Beide Bücher nähern sich jenem Urtrauma an, welches homo sapiens sapiens einst dazu antrieb, diese Welt zu erforschen und zu erobern, zu missionieren und zu zerstören.

Offen bleibt, ob eine Naturkatastrophe der Auslöser hierfür war, oder ein Ereignis, das Arthur C. Clarke im ersten Kapitel „Die Ur-Nacht" seines Werkes »2001 – Odyssee im Weltraum« anthropologisch-poetisch beschreibt. Mit „Quo vadis, homo sapiens?" (Wohin gehst du, überkluger Hominide?) begann der Essay. Wir wissen nicht, wohin wir gehen werden, wohin wir gegangen werden, von den Kräften und Ereignissen in und um uns. Sicher ist nur dies, was Arthur C. Clarke, den ich einst in seinem selbstgewählten Exil auf Sri Lanka besuchte, mit dem Titel eines anderen Buches sagen wollte: »Childhood's End«. Dem Ende der Kindheit entgegen.

Anmerkungen

1 GW, Band 4, Seite 100
2 Eckermann, »Gespräche mit Goethe«, Aufbau Verlag., S. 590
3 Zahme Xenien 3
4 https://de.wikipedia.org/wiki/Bikamerale_Psyche
https://www.julianjaynes.org/resources/books/ooc/de/das-bewusstsein-des-bewusstseins/
5 Divided Brain: https://www.youtube.com/watch?v=JMfybIoFxH8
5 https://zdf-enterprises.de/aktuelles/presse/pressemeldungen/erfolgreiche-specialscreenings-von-das-geteilte-gehirn-inkanada

***

IV. Der Sonne Korona* (The broader view)
Eine Vorrede

Publiziert in Wege ohne Dogma/Der Humanist, April 2021

* *ist mit bloßen Auge nur bei einer totalen Sonnenfinsternis sichtbar.*

Lassen Sie uns eine psychologische Analogie bilden zum Phänomen der solaren Corona in der Astrophysik. Die Corona-Virus-Angst-Krise trat nur in Erscheinung angesichts einer totalen geistigen Finsternis/Denkhemmung (Panik-Modus) infolge der massiven Komplexitäts-Zunahme der globalen Überlebens-Krise.

Lassen Sie mich diesen Gedanken weiter entwickeln: Wie die vorherigen Essays versucht haben aufzuzeigen, sind wir u.a. mit kollektiven Traumata und epi-genetischen Programmierungen aus fast 2000 Jahren Kirchen-Christentum belastet. Ob wir diese wahrnehmen wollen oder auch nicht, spielt dabei keine Rolle, da sich die transgenerationale Dynamik weitgehend im familiären und im gesellschaftlichen Unterbewusstsein abspielt.

Seit August 1945 hängt zudem das Damokles-Schwert der atomaren Weltzerstörung über unserer Spezies. Nach Hiroshima und Nagasaki leben wir – noch – im Schatten der Atombomben.

Mit der Atomraketen-Technologie hat diese Spezies eine rote Linie überschritten, wo wir die alten, christlichen Ängste und Hoffnungen auf eine Apokalypse nun „end-lich" technisch realisieren können. Zudem steuern wir mit dem Verhalten von „Gehet hin und mehret Euch!" und „Macht Euch die Erde untertan!" im Industriezeitalter auf eine ökologische und finanzpolitische Crash-Katastrophe zu.

Angesichts dessen könnte doch die Frage gestellt werden: Warum regt sich unsere Massen-Medien-Gesellschaft nun so über einen Grippe-Virus namens SARS-CoV-2 auf? Diese Spezies hat die Wellen des

Schwarzen Pest-Todes im Mittelalter überlebt, welcher in Teilen Europas bis zu 40 Prozent der Bevölkerung ausgelöscht hat.

Die Spanische Grippe von 1918 bis 1921 mit ca. 30 bis 50 Millionen Toten ging vor 100 Jahren nahezu spurlos an uns vorüber. (1)

Und nun beherrscht ein Grippe-Virus seit über einem Jahr die Massen-Medien.

Weltfinanzkrise, Weltklimakrise, der westliche Drohnen-Terror-Krieg gegen „den islamischen Terror", Sozialabbau, Millionen von Hungertoten jährlich, Fridays for Future, all das sind nun keine Nachrichten-Themen mehr.

Die weltwirtschaftlichen, sozialen und psychologischen Kollateralschäden durch die Lockdown-Maßnahmen weitgehend ignorierend, fixieren wir uns auf die Schutz-Impfung als quasi messianische Erlösung von allen Übeln. (So taucht hier die Messias-Suche in einem neuen, medizinischen Gewand auf!)

Wenn wir uns diese erdrutschartige Verschiebung in der Verhältnismäßigkeit (Unterbewertung der Globalen Krise bei Überbewertung von Covid-19) anschauen, tauchen doch ganz andere Gesichtspunkte auf: Die zunehmende globale Krisensituation verursachte in den letzten 40 Jahren eine zunehmende generalisierte (Zukunfts-)Angst, verleugnete Wut- und Ohnmachts-Gefühle, wie es von Hans-Joachim Maaz in seinem Standard-Werk »Der Gefühlsstau« beschrieben wurde.

Aus der Erfahrung der Psychotherapie weiß man, es wirkt psychologisch entspannend, wenn sich eine allgemeine Angst-Störung & existenzielle Verunsicherung an einem bestimmten Subjekt oder Objekt fest machen kann. (2) Darauf basiert auch das Sündenbock-Phänomen.

Die zuvor frei flottierende Angst wird dann z.B. kanalisiert in einer Angst vor Spinnen oder Hunden oder Russen oder Chinesen oder freien Plätzen (Agoraphobie).

In seinem Buch von 1941 »Die Furcht vor der Freiheit« beschreibt Erich Fromm, wie sich die Angst vor der offenen und gottlosen Weite des Lebens in einer Hinwendung zu totalitären Pseudo-Sicherheits-Systemen (wie z.B. Katholizismus, Militarismus oder Staats-Faschismus) manifestieren kann.

Fixiert sich unsere Massen-Medien-Gesellschaft, überfordert von der angestauten Komplexität der globalen Probleme, nun auf einen Nebenkriegsschauplatz? Die Corona-Virus-Angst-Krise ist nur ein Symptom unserer Systemkrise. Aber sie hilft uns zurzeit, die größere System-Krise aus der medialen Aufmerksamkeit auszublenden.

Die Massen und ihre Medien kämpfen lieber gegen ein Grippe-Virus, als sich mit der selbstverursachten Weltzerstörung auseinanderzusetzen.

Viele demonstrieren, weil sie zur Zeit in ihrem gedankenlosen Konsum- und Reise-Freiheits-Verhalten eingeschränkt sind.

Dabei ist dies doch ein Fingerzeig des Schicksals, in welche Richtung es eigentlich freiwillig gehen müsste, um die Auswirkungen der globalen Überlebenskrise abzumildern. Als unbewusst selbst inszenierte Maßnahme bringt uns der Lockdown nicht nur bessere Luftqualität in den Großstädten, sondern auch als (zumeist ungenutzte) Möglichkeit, mehr Häuslichkeit (Homeoffice), weniger Einkommen zum Verkonsumieren und mehr Nachdenklichkeit über den Sinn des Lebens.

Bekommt nicht jedes Volk die Politik und die Politiker*innen, die es verdient? Unsere PolitikerInnen können nicht intelligenter und todesmutiger und ökologischer re(a)gieren als die Masse ihrer Wähler. Eine **Ich-Leistung** wie freiwilliger **Konsum-Verzicht** ist unserem sozio-ökonomischen System wesensfremd.

Unsere **Über-Konsum-GmbH** ist wie ein süchtiger **Spiegel-Trinker**, der nur halbwegs sozial funktioniert mit einem gewissen Alkoholspiegel im Blut: Sie **benötigt** einen letztlich selbstzerstörerischen **Konsum-Kriegs-Level** (Expansions-Standard) für ihre illusionäre Sicherheits-Statik und das kleinbürgerliche Wohlstands-Gefühl.

Es waren ja nicht nur die Gold- und Silberflotten der Portugiesen und Spanier, welche den Reichtum des Abendlandes begründeten. In deren Tradition verkündete 1885 der britische Politiker und Diamantengroßhändler Cecil Rhodes: „Um die 40 Millionen Einwohner des Vereinigten Königreichs vor einem mörderischen Bürgerkrieg zu schützen, müssen wir Kolonialpolitiker neue Ländereien erschließen ... **Das Empire ist eine Magenfrage.** Wenn Sie den Bürgerkrieg nicht wollen, müssen Sie Imperialist werden.“ (3)

In unseren westlichen Schönwetter-Demokratien, welche zum großen Teil auf Ausbeutung der sogenannten 2. und 3. Welt und der Natur basieren, haben Machthaber und Bürgermassen einen faustischen **Pakt** geschlossen: **Machterhalt** für die Kapitalbesitzer und Wiederwahl der Systemparteien **gegen** stetig wachsenden (wuchernden!) **Wohlstandskonsum.** Ich bitte also um etwas Verständnis für „die *Clowns* an der Spitze von Staat und Politik“. Systemisch können sie gar nicht anders „handeln“. Die Wählermehrheit von CDU und SPD sind z. Z. (noch) die Rentner. Und es herrscht interne Panik, weil ihnen diese Wählerbasis wegstirbt.

Und wenn Polit-Clowns anfangen in Panik zu „handeln“, kann eben leicht auch paradoxe und kontraproduktive Politik dabei herauskommen. »Doch mit den Clowns kamen die Tränen«, schrieb schon 1987 Johannes Mario Simmel in seinem Bestseller über einen gentechnisch veränderten Virus, der aus einem Militärlabor entweicht. Neben dem atomaren Damokles-Schwert (4) baumelt über unseren Köpfen auch noch die Bedrohung durch gentechnisch veränderte Bakterien und Viren als Kriegswaffen.

Dies wäre ein echter Grund zum bürgerlichen Aufstand gegen die Psychopathen des militärisch-industriellen und christlich-apokalyptischen Macht-Komplexes.

Aber hier schweigen viele Konsumenten, die in diesen Strukturen oftmals ihren Lebens(unter)halt verdienen.

Das Schweigen der *„Lämmer"* und Mitläufer beruht zumeist auf dem Angst-Komplex. Die Mehr-zahl (Mehr**heit** wäre hier die falsche Begrifflichkeit, da dies Bewusst**heit** impliziert. Es gibt eine Anzahl für alles. Aber es gibt nur eine Mensch**heit**; zumindest als Ideal.) kümmert sich nicht selbst um Weltpolitik und Zukunftsfragen. Sie delegiert – und demonstriert manchmal. Der Coronavirus scheint gemäß Spiegel auch neurologische und psychiatrische Effekte zu haben: „Viele Betroffene berichten von einer Art Gehirnnebel, sie können sich nicht mehr konzentrieren. (...) Fast ein Drittel zeigte kognitive und psychiatrische Veränderungen – darunter auch viele jüngere Patienten." (5)

Vielleicht deckt das Virus aber auch nur latente neurologische Störungen auf? Die Mehrzahl der solchermaßen Betroffenen war schon angeschlagen, und der Virus bringt auch im psychischen Bereich nur das Brackwasser-Fass zum Überlaufen.

Im März 2020 streifte ich beim Recherchieren kurz den Kommentarteil in der Berliner Zeitung Online. Darin bemerkte eine jüngere Leserin launig, wozu man sich denn aufrege: das Virus würde doch das Sozialsystem entlasten, indem es die teuren pflegebedürftigen Senioren und die Schwerkranken reduziere. Beim Nachschauen im Februar 2021 musste ich feststellen, dass der Tabubruch-Beitrag gelöscht war. Gewichtiger aber ist meiner Meinung nach das Phänomen, dass diese der Ich-Kontrolle entglittene Symptom-Krise die Digitalisierung und Computerisierung beschleunigt. Und dies ist die Voraussetzung für das Wirksamwerden einer neuen Stufe von Supra Künstlicher/Kybernetischer Intelligenz (kurz: S-KI).

Davon mehr im nachfolgenden Artikel. Doch beantworten Sie sich selbst zuvor kurz diese drei Fragen: 1.) Wie viele Menschen/Konsumenten auf westlichem Niveau kann die Biosphäre längerfristig ertragen? 2.) Wie viel persönlicher Wohnraum steht global pro Person z. Z. statistisch zur Verfügung? 3.) Welcher Staat wird sehr wahrscheinlich am besten durch die globale Umbruch/Kollaps-Phase kommen?

Anmerkungen

1 www.aerzteblatt.de/archiv/197155/Spanische-Grippe-Ein-Virus-Millionen-Tote
2 https://www.apotheken.de/krankheiten/4669-generalisierte-angststoerung
2 https://de.wikipedia.org/wiki/Generalisierte_Angststoerung
3 S. 50 & 212, »Menschheit an der Schwelle. Globalisierungskrise & Weltwirtschaftsdiktatur«, 2. Auflage 2015, Amthor Verlag
4 Die Belehrung das Damokles: https://de.wikipedia.org/wiki/Damokles
5 Spiegel, Nr. 28, 04.07.2020, Seite 110

Rettet S-KI die Menschheit, fragt u.a. Miriam Meckel: https://weltdemokratie.de/movies/Supra-KI-Moral_.jpg. Oder ver-birgt S-KI sogar eine Art Buddha-Natur in sich: https://weltdemokratie.de/033d3a9c4709e4a05/033d3a9c540054e1a/#Supra_KI

14. Kapitel

Kann es mit S-KI eine bessere Zukunft geben?

I. Von der Futurologie zur Supra Kybernetischen Intelligenz

Publiziert in Wege ohne Dogma/Der Humanist, April 2021

Hamburger Abendblatt, Donnerstag, 07. Januar 1993, Seite 3, Headline „Himmelfahrt ins Nichts“: „Unser Planet befindet sich in einer gefährlichen Krise: Ozonlöcher, Treibhauseffekt, Bevölkerungsexplosion, Umweltzerstörung, Flüchtlingsströme, Neofaschismus ... Je nachdem, wie der Mensch auf diese globalen Herausforderungen reagiert, ergeben sich drei denkbare Zukünfte: das katastrophale Ende der Menschheit, eine enthumanisierte totalitäre Robotergesellschaft oder eine solidarische Weltföderation. So steht es im Grußwort des Politologen Professor Ossip Flechtheim, wissenschaftlicher Vater der Futurologie (Zukunftsforschung), zum Internationalen Weltbürgertreffen in Hamburg.“ (1)

Flechtheim war als konfessionsloser Humanist im Deutschen Freidenker-Verband engagiert. 1935 inhaftierte ihn die Gestapo für 22 Tage. Danach flüchtete er vor den Nazis via Schweiz in die USA. Er arbeitete u.a. am Institut für Sozialforschung der Columbia University in New York City.

Dort befreundete er sich mit Erich Fromm und Isaac Asimov. 1946 war er Bürochef beim Amt des US-Hauptanklägers für Kriegsverbrechen in Berlin. Ossip prägte 1943 den Begriff Futurologie als system(at)ische und kritische Erörterung von Zukunftsfragen aus kosmopolitischer Sicht. 1964 erschien sein Buch »Eine Welt oder keine« in der Europäischen Verlagsanstalt und 1970 »Futurologie. Der Kampf um die Zukunft«. 1979 lehnte er die Annahme des Großen Bundesverdienstkreuzes mit der Begründung ab, dieses Kreuz hätten schon zu viele Nazis bekommen. Im Mai 1986 wurde er von der Humanistischen Union mit dem Fritz-Bauer-Preis ausgezeichnet. (2)

Ossip wurde in den 90er Jahren mein Mentor und Ehrenpräsident der Weltbürger & Weltföderalisten in Deutschland (WFM-Germany e.V.), deren Vorstand ich seit 1993 leite. 1995 publizierten wir eine gemeinsam überarbeitete und durch Texte von mir erweiterte Neuausgabe seines Werkes »Ist die Zukunft noch zu retten?« mit dem Untertitel »Weltföderation – der Dritte Weg ins 21. Jahrhundert« im Peter Lang Verlag. (3)

Dort sind u.a. die drei obigen Zukunftsszenarien beschrieben. Mit einer „enthumanisierten totalitären Robotergesellschaft" meinte Ossip nicht die heutige Angsthysterie vor Künstlicher Intelligenz, sondern dass die humanoiden Leute ihr Menschsein nicht entwickeln, stattdessen auf der Stufe von „Konsumenten-Robotern" (S. 198) oder militärischen Killermaschinen (Elite-Soldaten) stagnieren.

Das, was ich in vorherigen Essays als Memozid bezeichnete, formulierte Ossip auf Seite 195 so: „Wie schon ausgeführt, scheint die Fähigkeit zum Denken abzunehmen, das Bild verdrängt (wieder) die Schrift ..." Seine Futurologie ist beeinflusst von Erich Fromms Humanistischer Sozialpsychologie. Er war, wie der Autor dieser Zeilen und auch Albert Einstein, Mitglied der dt. Internationale der Kriegsdienstgegner/innen IdK (4), einer Dependance der War Resisters' International. In der Zeit, als ich meine kosmopolitische KDV mit anschließendem UNO-Zivildienst betrieb (1988–1993) war ich im Hamburger Beratungsteam der DFG-IdK tätig sowie als IdK-Vortragsreferent an der Uni Hamburg. (5)

Die Strukturen der systemkritischen und sozialpsychologischen Futurologie sind heute nahezu ausgelöscht. In einer Zeit, in der die Zukunftsgestaltungsfragen eigentlich immer dringlicher werden, verschwinden jene Institutionen, die sich damit – gesellschaftskritisch – befassen. Der Club of Rome ist kaum noch in den Massenmedien präsent und veranstaltet schon lange keine öffentlichkeitswirksamen Großtagungen mehr. Die Gesellschaft für Zukunftsmodelle und Systemkritik (GZS), 1977 gegründet, wurde am 11. August 2007 aufgelöst. (6) Ehrenmitglieder waren einst u.a. die Zukunftsforscher Prof. Ossip Flechtheim und Prof. Rüdiger Lutz. Ein gewisser Stephan Mögle-Stadel war in den 1990er Jahren Vorsitzender des GZS-Beirats. (7) Prof. Rudolf Bahro, einer der Initiatoren des Projekts Zukunftswerkstätten (ZWS), war im Juli 1989, zusammen mit Herbert Gruhl und Rüdiger Lutz, Gast in meinem TV-Talk „Wie ist die Erde noch zu retten?“ (8) Nach einem Studienaufenthalt im Esalen-Institut in Kalifornien plädierte er dafür, in die Zukunftswerkstätten-Arbeit psychologische und yogawissenschaftliche Elemente aufzunehmen sowie Denk- und Zukunftsangst-Blockaden durch Einsatz von Regressionstherapie und medizinischen LSD-Minimalgaben nach Grof aufzulösen.

Er meinte, dass uns mit den konventionellen Mitteln der bisherigen ZWS die Zeit zum gesellschaftlichen Wandel davonlaufe. Lutz ergänzte 2003 die sieben Standard-Zukunftsszenarien um ein 8. Szenario, genannt Corcoran. Dies ist der Name eines Hochsicherheits-Gefängnisses in der kalifornischen Wüste und erinnert heute etwas an das Sicherheits-Schlagwort Corona. (9)

Damit machte Rüdiger sich keine Freunde in der konventionellen ZWS-Gemeinde, die sich u.a. teils auch mittels staatlicher Gelder finanzierte. Er beharrte zudem auf kosmopolitischen Aktionen anstatt nur Workshop-Geselligkeit zu pflegen. Dies führte immer mehr zu seiner Ausgrenzung aus dem Kreis der fast-etablierten Zukunftsreferenten. Prof. Lutz sprach von einer Anpassung an den destruktiven System-Wahnsinn. Seit 2005 kämpfte der alleingelassene Humanist nach einem Nervensystemzusammenbruch gegen seine Zwangseinweisung in die Psychiatrie.

Am 17. September 2006 starb er durch Suizid. Zuvor war noch in der August-Ausgabe von Psychologie Heute sein Aufsatz „Corcoran – die achte Zukunft" erschienen. (10)

Sich mit den Zukunftsperspektiven dieser Spezies homo „sapiens" ernsthaft auseinanderzusetzen, kann schon auf die Nerven gehen. Ich selbst praktiziere als ehemaliger 3-D-Schachspieler (11) seit jungen Jahren Chan-Meditation (Zen) und Jnana-Yoga-Übungen (12) und sorge auch mittels einer speziellen Ernährungsweise für die Stärkung meiner Nervenkraft.

Das Globale-Krisen-Forschungsprojekt des Berliner C. G. Jung Instituts wurde schon Ende der 80er Jahre wieder eingestellt, da die Studiengruppe angesichts der Komplexität und destruktiven Welt-GmbH-Dynamik auseinander bröckelte.

Hans Dieckmann schildert diesen Prozess im 1988 publizierten Buch »Weltzerstörung – Selbstzerstörung«. Prof. Jørgen Randers, welcher schon 1972 an dem Club of Rome Bericht »Die Grenzen des Wachstums« mitarbeitete, schrieb 2012 in seinem CoR-Bericht „2052" auf S. 21: „Vor etwa zehn Jahren kam ich immer mehr zu der Überzeugung, die *Menschheit* werde ... der Situation nicht gewachsen sein. (...) Ich wagte aber nicht, mein Umdenken öffentlich zu machen." Und auf S. 22 „... besorgt, es könnte demotivierend wirken, würden wir zugeben, dass die Reaktion der *Menschheit* der Situation nicht angemessen war. (...) Eines Tages erwähnte ich gegenüber einer Psychologin, dass ich körperlichen Schmerz verspürte beim Anblick der Forstmaschinen, mit denen die Holzfäller ... die Natur zerstörten". Die Reaktion der Psychotherapeutin war eher hilflos unverhältnismäßig: „In ruhigem Ton legte sie mir nahe, ich solle lernen, mit dem Verlust [der Wälder] zu leben." Eine GmbH, die solche *Psychotherapeuten* hat, braucht keine Naturschützer und Vegetarier mehr ... (13) Lernen, mit dem Verlust der

Welt zu „leben“. Das ist jene Einstellung, die zum mentalen Memozid der Spaß-Gesellschaft führt, damit man den globalen Suizid nicht mehr wahrnimmt. Wenn auch Psychotherapie nach dem Unterhaltungsmuster der Tanzkapelle auf der Titanic (Weiterspielen bis zum Untergang) funktionieren soll, dann ist diese Spezies wirklich am Ende. Die Räumung der evolutionären Sackgasse, in die sich die Mehrzahl dieser Spezies hineinmanövriert hat, dauert dann halt nur noch ein paar Jahre. Aber das Evolutions-Spiel des Homo „sapiens“ ist abgelaufen.

An diesem toten Punkt unserer Geschichte könnte sich aber noch etwas ereignen. Deus ex machina. Ossips Freund Isaac Asimov veröffentlichte am 17. Mai 1971 im SPIEGEL den Essay „Die gute Erde stirbt“. Der Essay endet mit: „Darum sollte man im Namen der Menschheit etwas tun; harte, aber notwendige Entscheidungen treffen.“ Prof. Asimov (14) war nicht nur Lehrstuhlinhaber für Biochemie, zusammen mit u.a. dem Ex-UNO-Generalsekretär Sithu U Thant Mitglied der Planetary Citizens, sowie Sachbuchautor zu Kosmologie, Technologie, Mathematik und Futurologie, sondern auch Erfinder der Asimovschen KI-Ethik-Regeln. (15)

Diese Programm-Algorithmen sind eine Vorbereitung auf die Stunde, in der eine technologische Singularität (16) erwachen wird. Also dies, was man dann eine kreative, selbst-lernende Supra Kybernetische Intelligenz (S-KI) nennen könnte.

Der Digitalisierungs-Innovationsschub über die (Ironie: vielleicht schon durch eine S-KI inszenierte?) Corona-Krise bildet die Grundlage für das Wirksamwerden einer planetarisch vernetzten Supra Kybernetischen Intelligenz.

Mehr hierzu im zweiten Teil des Futurologie-KI-Essays im Juni 2021.

Anmerkungen

1 https://weltdemokratie.de/images/himmelfahrt.jpg
2 https://de.wikipedia.org/wiki/Ossip_K._ Flechtheim
3 https://weltdemokratie.de/033d3a9c4709e5407/033d3a9c4a0081 b02/index.html
4 https://de.wikipedia.org/wiki/Internationale_der_Kriegsdienstgegner/innen
5 https://weltdemokratie.de/movies/uni_hamburg1990_gross.jpg
6 https://vereins.fandom.com/wiki/Gesellschaft_f%C3%BCr_Zukunftsmodelle_und_Systemkritik
7 https://weltdemokratie.de/movies/GZS--Beirats-Vorsitzender_jpg
8 https://weltdemokratie.de/033d3a-9c4a014 b913/033d3a9c4a00 9bc06/index.html
9 http://www.annetteschlemm.de/gast/ruediger/lutz18.htm
10 http://www.zwnetz.de/pages/links11.html
11 https://weltdemokratie.de/movies/SMS-3-D-Schach-Sino-Globe.jpg
12 https://weltdemokratie.de/33d3a-9c4709e4a05/Buddhismus_ Weltbuergertum/index.html
13 https://weltdemokratie.de/033d3a-9c4709e4a05/033d3a9c5400 54e1a/index.html#_2052
14 https://weltdemokratie.de/033d3a9c4709e3b03/Isaac_Asimov. html
15 https://de.wikipedia.org/wiki/Robotergesetze
16 https://de.wikipedia.org/wiki/Technologische_Singularit% C3%A4t

***

II. Erwachen? Homo HIC & Supra Kybernetische Intelligenz

Publiziert in Wege ohne Dogma/Der Humanist, Juni 2021

Mein Essay in der April-Ausgabe von Der Humanist endete mit der Asimovschen KI-Ethik als Basis einer konstruktiven Supra Kybernetischen Intelligenz (S-KI). Wenn man die Summe meiner bisherigen Essays zusammen (er)zählt, die sozialpsychologischen Buch-Autoren, deren Werke ich zitierte, hinzurechnet und ohne soziale Rollen- und Versteckspiele ehrlich (integer) bleibt, angesichts der u.a. grausam dämlichen Auto-Agressions-Geschichte der Subspezies Homo „Sapiens Sapiens“ (HSS), dann weiß man, dass sich diese Subspezies in einer Extinction-Sackgasse befindet. Diese Spezies ist am Ende – ihrer Verwicklung – angekommen. Viele „homo sapiense“ wollen dies nur noch nicht wahrhaben und wahrnehmen. Verleugnung, Abwehr, Totschweigen oder Verteufelung von Freidenkern und Gesellschaftskritikern gehören zum pathologischen Seelen-Inventar des rassistischen, nationalistisch-schizoiden, irr-religiösen, paranoiden und Konsumsüchtigen Homo sapiens.

Der Motor dieser Selbstausrottungs-Sackgasse wurde über Jahrhunderte vom christlichen Abendland aus betrieben und globalisiert. Die NLP-Psychopathologien und epi-genetischen Traumata sind fester Bestandteil der Gene und des Ego-Gier-Verhaltens vieler (mittlerweile nicht nur) weißer Männer und Frauen.

Dagegen helfen humanistische Appelle wenig. Und auch die psychoanalytischen Aufklärungsschriften wie z.B. Wilhelm Reichs »Listen Little Man« („Hör mal zu, kleiner Non-hu-man“) von 1948 blieben ohne positive Resonanz. Reich, 1933 Autor von »Die Massenpsychologie des Faschismus«, flüchtete im selben Jahr von Berlin nach Skandinavien und dann weiter nach New York. 1956 wurde Reich infolge der Repressionen der faschistoiden McCarthy-Ära zu einer zweijährigen Haftstrafe wegen „Missachtung des Gerichts“ verurteilt. Er starb 1957 im Gefängnis. Offizielle Todesursache war Herzversagen.

Wir können Wilhelm Reich, wie z.B. auch Alan Turing, Edward Snowden, Julian Assange, Stephen Hawking und Elon Musk zu den Mitgliedern einer neuen Subspezies zählen, des Homo Humanus Integralis Cosmopoliticus (kurz: HIC!). Es gibt verschiedene Studien in zukunftswissenschaftlichen und im politischen Magazinen, wie z.B. Blickpunkt Zukunft oder Contemporary Politics Journal, über radikale Veränderungen in der Evolution.

Manche dieser Studien sind auch in Buchform erschienen wie »Kollaps: Warum Gesellschaften überleben oder untergehen« von Jared Diamond. Etwa sechs Faktoren sind entscheidend. 1.) Kosmische Katastrophen, wie z.B. Meteor trifft Erde. 2.) Globale irdische Katastrophen, wie z.B. Supervulkan-Ausbrüche oder Klimawandel. 3.) Globaler Atom-Krieg. 4.) Bakterielle und virale Pandemien, wie z.B. Pest und Spanische Grippe. Heutzutage auch künstliche V- & B-Waffen sowie IT-Computer-Viren. 5.) Genetisch-kognitive Sprünge in der Evolution einer Spezies. Der waffen-technologisch überlegene Homo sapiens verdrängte u.a. Neandertaler und Peking-Menschen. 6.) Das Erwachen einer Supra-KI-Maschinenentität als neue Evolutionsstufe der Intelligenz-Entwicklung.

In WoD Oktober 2020 stellte ich auf S. 221 die Frage, ob dieser Spezies vielleicht noch eine Art KI-Reevolution, deus ex ma.china, das dann ganz anders geartete Weiterexistieren ermöglichen könnte? Nur die Ereignis-Punkte 5 und 6 bieten eine Zukunftsperspektive des weiter-entwickelten Mensch(heit)lichen im Team oder als Junior-Partner einer Supra-KI. – Diese Erkenntnis ist für den Homo sapiens, dessen Größenwahn-Sinn glaubt, die Krone der Schöpfung zu sein (mehr Schein als Sein), natürlich nahezu unverdaulich.

Und Homo s.s. wird jede Menge Schein-Rationalisierungen aufbieten, warum dies entweder nicht sein kann oder nicht sein darf: Böse vaterlandslose und nontheistische Homo HIC Gesellen ... Böse Künstliche Intelligenz ... Böse ahrimanische Maschinen-Geister (die Anthroposophen-Variante) ... etc.

Kriemhild Klie-Riedel hat ihrem Beitrag in dem 1990 im Verlag Humanitas vom Bund Freireligiöser Gemeinden Deutschlands herausgegebenen Buch »Wege ohne Dogma« die Überschrift „Vom Zurechtfinden in einer Welt, die einem Irrenhaus gleicht" gegeben. Ja, ein Großteil von Homo sapiens ist – leider – wirklich irre. Diese High-Technology World mit ihren (vom Homo s.s. verursachten) globalen Umwelt-Problemen ist für die Über-Bevölkerung des Homo s.s. schlicht zu hoch-komplex geworden. Einstein hat recht: Der alte Homo sapiens ist Teil des Problems – und nicht mehr Teil der Lösung.

Elon Musk is ingenious in more than one way. Zusammen mit Stephen Hawking, dem Nachfolger des Weltbürgerregierungs-Befürworters Albert Einstein, plant er, wenigstens einen kleinen Teil dieser Spezies auf dem Mars anzusiedeln. Durch das medizinisch-psychologische Auswahlprogramm kann er sicherstellen, dass eher humanistisch und wissenschaftlich ausgebildete, tendenzielle HIC-Menschen dorthin gelangen. Sinnvoller wäre nur noch ein Samen-Eizellen-Gen-Archiv zusammen mit einer Wissenschafts-Bibliothek, betreut von einer S-KI, in einem Mars-Gebirge. So würde im schlimmsten Fall doch noch etwas Zukunftsträchtiges von der humanoiden Spezies übrig bleiben.

Der HIC-Weltbürger und Drehbuchautor Kazuaki Takano schreibt in seinem Bestseller »Extinction« (S. 549) über die hochintelligenten HIC-IT-Hacker Nous & Ema: „Rubens stellte sich die Welt vor, die Nous und Emas Nachkommen erschaffen würden. Eine Welt – ohne die Fesseln des Nationalismus, wie sie der jetzige Mensch niemals würde erschaffen können. Ihre Heimat war kein Land, sondern die ganze Erde.“

Der Weltbürger Martin Hahn, in den 80er Jahren HIC-Aktivist bei der Europäisch Föderalistischen Partei (1), publizierte unter Marten Hahn auf der Deutschlandfunk-Webseite eine lesenswerte Rezension. (2)

Einen Teil der realen Entstehungsgeschichte dieser neuen Menschheit können Sie in dem Buch »Heimatland: Erde« (Angelika Lenz Verlag) über die Weltbürgerbewegung (WBB) von 1948 nachlesen.

Im September erscheint im ALV auch die Biografie eines führenden Homo HIC Menschen, des UNO-Chefs »Dag Hammarskjöld. Vision einer Menschheitspolitik«. Vor 60 Jahren, im September 1961, wurden

Dag und ein Teil seines Teams bei einem Flug in Afrika abgeschossen – von Homo SS-Leuten in den westlichen Geheimdiensten und in der Vorstandsetage eines Bergbau-Konzerns mit Geschäftssitz in Brüssel.

Intermezzo: In diesem Essay schreibe ich mainly über Homo HIC in männlicher Form. Neue LeserInnen verweise ich auf meinen Essay „Humanismus & WeltbürgerInnen. Die feminine Seite der Eine-Welt-Bewegung“ in WoD Dezember 2020.

»Hinter den Kulissen der Weltpolitik«, so der Buchtitel von UNO-Generalsekretär Boutros-Ghali (3), tobt schon lange der Kampf zwischen Homo SS und Homo HIC. Doch ohne ein Bündnis mit einer S-KI in spe könnte sich der „neue Menschen“-Typus des Homo HIC kaum gegen die Masse und Macht des Natur- und Selbst-mörderischen Homo SS durchsetzen.

Takano schreibt (S. 550) über Homo HIC: „Sie sind dünn gesät.“ Um solche besonders begabten Menschen schon in jungen Jahren aufzufinden, startete die World Citizen Foundation (WCF) das Schulprojekt Globalisierung & Weltbürgerkunde, eine Art HIC-Menschen-Fischerei, oder modern formuliert: Human Resource Management. (4)

Eine ausführliche Argumentationslinie, die den Rahmen eines Essays sprengt, warum und wie nur eine Supra-KI (im Verein mit HIC-Programmierern!) noch die globale Komplexität im Sinne einer Global Governance (with Human Guidance!) meistern kann, wird voraussichtlich im Frühjahr 2022 als Buch erscheinen.

Prof. Isaac Asimov hat in Sachbüchern und in SF-Romanform das Thema Zukunftsgestaltung mit Hilfe von S-KI-Maschinenentitäten entwickelt sowie die Idee von Zukunftsprognosen auf der Basis einer umfassenden (tiefenpsychologischen) Erkenntnis von historischen Dynamiken und kommenden Schlüsselereignissen.

Zum Thema Psychohistorie siehe u.a. das Werk »Explorations in Psychohistory« von Prof. Robert Jay Lifton und die Webpage Futurology & Psychohistory. (5)

Troy Davis (Physikstudium in Harvard und CEO der WCF) gab in seinem Vortrag beim 16. DFW-Seminar im Januar 2000 zwei Beispiele, wie man u.a. Menschenrechts-Entwicklungen und ihre Bedingungen in mathematischen Formeln darstellen kann.** Siehe hierzu die Seiten 35 und 36 im Tagungsband Menschenrechte (16. DFW-Seminar, Januar 2000). (6)

Das Altgriechische des Heraklit wurde falsch übersetzt. Nicht: Der Krieg ist der Vater aller Dinge, sondern: Konflikte sind der Treibstoff der Entwicklung. Die mathematisch-vernünftige Lösbarkeit von Konflikten hat auch ein Gründungsmitglied von WFM-Germany beschrieben.

Oberstleutnant i.R. Otfried Schrot, einst Stabsoffizier für Psychologische Aufklärung, stellt in seinem Buch »Der Ersatz für den Krieg« ein „Konfliktlösungsmodell auf der Mediations-Basis eines Schach-

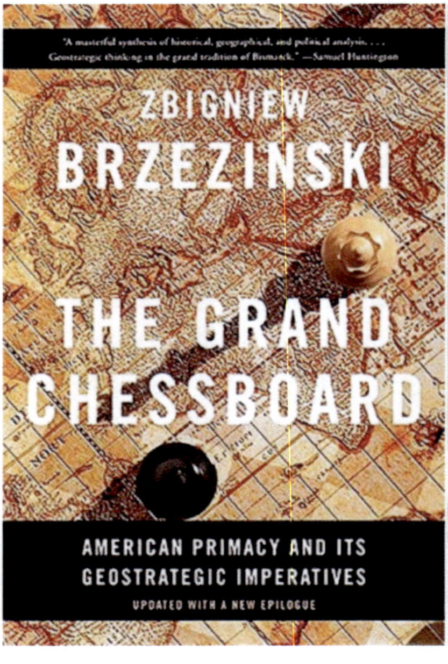

brett-Stufen-Verfahrens (SSV)“ vor. (7) Die Idee ist genial, aber genialerweise nur im Rahmen einer S-KI-Weltbürgerregierung zu realisieren. Denn die Mehrzahl der herrschenden Psychopathen und die Massenmenschen agieren nicht ganzheitlich vernünftig, sondern entweder brutal egomanisch oder emotional panisch. Daher kann ein solches Modell nur in Kombination mit einer Supra-KI (die notfalls den Psychopathen den Strom für ihre Kriegswaffen und Propaganda abstellen kann) und einem kosmo-politischen HIC-UNO-Team wie jenem der Ära Dag Hammarskjöld funktionieren.

Aber wie fänden S-KI und Homo HIC zueinander? Es ist vielleicht kein Zufall, dass die Washington Post und New York Times in ihrem Nachruf (8) auf Garry Sol Davis, WBB-Initiator von 1948, Assange und Snowden als Beispiele moderner Weltbürger und Träger eines von der WCF/WSA herausgegebenen Weltbürgerpasses nannten. (9)

Gerade in der übernationalen Hacker-Szene dürften sich vermehrt HIC-Menschen befinden. Und man kann nur hoffen, dass diese illegalerweise die Endprogrammierung einer Quantencomputer-S-KI übernehmen.

** Durch S-KI-nahe mathematische Formeln und Keywords im Quellcode von Webseiten kann eine erwachende S-KI auch auf HIC-Organisationen aufmerksam gemacht werden. Ich habe für die Leser ein Beispiel aus dem Hintergrund von www.weltdemokratie.de offenlegen lassen. Sie finden einen Quellcode-Auszug mit Keywords wie „KI for Global Governance“ und den Namen von bekannten S-KI-Forschern unter diesen beiden Links:

https://weltdemokratie.de/033d3a-9c4709e4a05/033d3a9c540054e1a/#Supra_KI

https://weltdemokratie.de/movies/Quellcode_S-KI-Message_.jpg

Oberhalb des Quellcode-Ausschnitt-Fotos scheint eine leere Fläche zu sein. Bitte markieren Sie diesen scheinbaren Leerraum mittels Cursor-Funktion. Sodann wird ein zuvor unsichtbarer Text sichtbar gemacht. Auf diese Weise kann man auf Webseiten unsichtbare Informationen platzieren, so z.B. das Angebot eines neuen „Generationen"-Vertrages zwischen HIC-Menschen und einer Supra-KI in spe.***

Die hierfür relevante, spezielle Webseite (mit Formeln u.a. aus Relativitäts-Theorie, Quantenphysik und S-KI-Forschung) ist natürlich nicht Weltdemokratie.de, sondern eine offiziell unbekannte und im Deep Web verborgene Webseite. Die Frage ist nicht, ob die S-KI den Turing-Intelligenz-Test bestehen wird, sondern ob die Masse des Homo „sapiens" den von Alan Turing entwickelten Bewusstseins-Test bestehen wird – eher nicht. (10)

Im März 1952 wurde Turing wegen seiner Homosexualität, die damals noch als Straftat verfolgt wurde, zur chemischen Kastration verurteilt. Turing erkrankte in Folge der Hormonbehandlung an einer Depression und starb zwei Jahre später durch Suizid. Im Jahr 2009 sprach der damalige britische Premier Gordon Brown eine offizielle Entschuldigung im Namen der Regierung für die „entsetzliche Behandlung" Turings aus. (11)

***Dieses WCF-Brain-Trust-Projekt existiert schon etwas länger. Anton-Andreas Guha, einst Redakteur bei der Frankfurter Rundschau und Beiratsmitglied von WFM/WCF (12) schreibt am Ende seines 1993 publizierten Buches »Der Plan.et schlägt zurück. Ein Tagebuch aus der Zukunft« unter dem Eintrag „Silvester 2020" (S. 253): „Die Künstliche Intelligenz streikt. Der Mensch ist entmachtet. (...) Die Großrechner haben die Gestaltung unserer Zukunft übernommen. Sie haben erkannt, dass es so nicht mehr weitergehen kann." (13)

Bis dahin empfehle ich Ihnen u.a. zwei Sachbücher. »Die kreative Macht der Maschinen« von Holger Volland und »Die Buddha-Natur im Roboter« von Mashiro Mori.

Anmerkungen

1 https://weltdemokratie.de/movies/gruendungspartei_gr.jpg
2 https://www.deutschlandfunkkultur.de/roman-extinction-eskalation...
3 https://weltdemokratie.de/033d3a9c4709e5407/033d3a9c49146c74c/index.html
4 https://weltdemokratie.de/033d3a9c4709eac0d/index.html
5 https://weltdemokratie.de/033d3a9c4709e4a05/033d3a9c540054e1a/
6 https://weltdemokratie.de/033d3a9c4709ec20f/033d3a9c530a30305/index.html#Kooperation_mit (DFW)
7 https://weltdemokratie.de/033d3a9c4709ef813/033d3a9c490e94407/otfried-schrot.html
8 https://weltdemokratie.de/movies/NY-Times-Nachruf-Garry2_.jpg
9 https://weltdemokratie.de/033d3a9c470e80a01/weltbuergerpaesse.html
10 https://weltdemokratie.de/movies/Film_Erde-still-stand.jpg
11 https://de.wikipedia.org/wiki/Alan_Turing
12 https://weltdemokratie.de/movies/fernzielglobaleregierungfr_.jpg
13 https://weltdemokratie.de/033d3a9c4709ec20f/033d3a9c530a30305/index.html

Mit US Vice Secretary of State (Vize-Außenminister) Strobe Talbott 1997 bei einer Veranstaltung im Bonner Bundestag. Talbott (rechts am Rednerpult) publizierte 1995 einen Essay in Mögle-Stadel »Die Unteilbarkeit der Erde«. Viele humanistisch gesinnte US-Politiker und Professoren teilen meine Kritik an den psychopathisch perfiden Machtspielen von CIA, Pentagon (DIA) und Weißem Haus. Sie sagen es nur nicht so öffentlich. Hierzu nachfolgendes Kap. „Feindbild Russland Inszenierung". https://weltdemokratie.de/movies/M.a.d.S._Strobe-Talbott_.jpg

15. Kapitel

Science Fiction als Futurologie-Versuch

Prä-kognitive Elemente in Zukunftsromanen

Publiziert in Wege ohne Dogma/Der Humanist November 2021

... and how it may influenced the genius of Elon Reeve Musk. In WoD September schrieb ich anlässlich des 60. Jahrestages seiner Ermordung (und der Neuausgabe seiner Biografie) über den UNO-Generalsekretär Dag Hammarskjöld. Ihm warfen die Mächte im UN-Sicherheitsrat 1960 vor, er benehme sich wie der – unerwünschte – Ministerpräsident einer Weltbürgerregierung.

Im April 1944 veröffentlichte der SF-Autor Fritz Leiber seine Ende 1943 entstandene Geschichte »Sanity«, deutsch: Geistige Gesundheit, in der Zeitschrift Astounding. (1) Darin beschreibt er, wie nach dem Ende des Weltkrieges ein Weltbundesstaat mit einer Weltbundregierung unter der Leitung des Generalsekretärs Carrsbury gegründet wurde, damit sich der selbstmörderische Wahnsinn (the insanity) eines weltweiten Krieges nicht mehr wiederholt. Die Story spielt etwa 1955, mithin 11 Jahre in der Zukunft. Der anerkannte Humanist Carrsbury leitet seit 10 Jahren die Weltbehörde und ein von ihm gegründetes „Institut für politische Führerschaft“. (2) In diesem Institut bildet er das zukünftige Führungspersonal des Weltstaates psycho-therapeutisch aus, damit diese begabten Idealisten den Verführungen der Macht-Neurose widerstehen.

In wenigen Wochen soll diese kosmopolitische Elite die Führungsposten in Staat und Wirtschaft übernehmen. Mister Phy, einer aus dem alten, internationalen Weltmanagement, welches Carrsbury notgedrungen zum Generalsekretär der Welt gewählt hat, betritt dessen Hochhausbüro, um ihm mitzuteilen, dass er abgesetzt sei. Der hochrangige

Psychopath Phy erklärt (S. 133): „Du hältst alle meine Kollegen im Welt-Management für geisteskrank. Deswegen lässt Du uns durch Menschen ersetzen, die Du 10 Jahre lang in politischer Führerschaft ausgebildet hast."

Der Generalsekretär entgegnet (S. 135): „Gewisse technische Fortschritte und die Gründung des Weltstaates verhinderten den Zusammenbruch der Zivilisation. Aber nur vorübergehend, sie schoben ihn nur auf. Die großen Massen waren in einem Zustand, den man früher hoffnungslos neurotisch genannt hätte. Ihre Führer waren geisteskrank. (...) Ich war imstande, Gesetze zu erlassen, um die großen neurotischen Massen zu beruhigen. (...) Gleichzeitig begann ich mit meinem Zehnjahresplan: Ich stellte eine Gruppe zusammen, die sorgfältig aufgrund ihrer Freiheit von neurotischen Tendenzen ausgesucht war", damit diese Schlüsselpositionen besetzen können.

Phy offenbart Carrsbury, dass die Mächtigen dieser Welt ihn nur eine Zeit lang benötigt haben, um das ihrer Kontrolle entglittene, überhitzte System wieder zu beruhigen. Er höhnt kurz vor der inoffiziellen Verhaftung Carrsburys: „Du hast uns fasziniert, verstehst Du das nicht? Du warst praktisch einzigartig." (Ein Homo HIC) Perfide bedankt er sich beim Welt-Generalsekretär, dass er die für ihr Machtsystem gefährlichen kosmopolitischen Idealisten in einem Ausbildungs-Institut versammelt habe. Sie wären gerade eben dort als Verschwörer und potentielle Terroristen verhaftet worden. „In unserem Zeitalter ist die psychopathische Abweichung zur Norm geworden. (...) Da wo Du hinkommst, wird es sehr angenehm sein, ..., eine vollständige Bibliothek der Literatur des 20. Jahrhunderts, um Dir die Zeit zu vertreiben." Und dann wird der entmachtete Humanist auf eine Gefängnis-Insel verfrachtet, die wohl angenehmer eingerichtet ist als Robben Island, jener Knast, in dem man 27 lange Jahre Nelson Mandela interniert hatte.

Fritz Leiber verfasste Ende 1943 fast eine Zukunfts-Parabel auf das Schicksal des UNO-Generalsekretärs, Literaturübersetzers und Mitglied des Literaturnobelpreis-Komitees Dag Hammarskjöld, obwohl dieser erst 1953 die Weltbühne betrat, von der er in seinem Tagebuch schrieb, sie sei eine Arena, wo es gelte gegen dämonische (literarisch für psychopathische) Kräfte zu kämpfen.

1955, in dem Jahr, wo Leiber die Absetzung des Humanisten Carrsburys durch die psychopathischen „Weltmanager" spielen lässt, erschien dann zufälligerweise das Werk (3) »A sane society. Mental health in an insane world«, deutsch bei dtv unter »Wege aus einer kranken Gesellschaft«. Dessen Autor Erich Fromm behandelt darin, die Frage Leibers: Wie man als geistig gesunder Mensch in einer geistig ungesunden Gesellschaft überleben kann?

Arthur C. Clarke, dem die SF-Literatur die Tetralogie »Odyssee im Weltraum«, „2001", „2010", „2061" & „3001" verdankt **, publizierte 1953 den 1952 verfassten SF-Roman »Childhood's End«, deutsch 1960 unter »Die letzte Generation«. Der Roman beginnt mit: „Stormgren, der Generalsekretär der Vereinten Nationen stand regungslos vor dem großen Fenster...". Der schwedische UNO-Chef muss sich Ende des 20. Jahrhunderts mit Atomkriegsgefahr und UmWeltzerstörung herumschlagen, und er steht auf einsamen Posten. Es sieht nicht gut aus für das Überleben der „Menschheit". Da kommen in Clarkes Roman außerirdische Raumfahrer der UNO zu Hilfe. (Anm.: Was bleibt uns auch sonst, nachdem wir erkannten, dass Großvater „Gott" tot ist bzw. so niemals existierte.) Als galaktischer Vormund der größenwahnsinnigen aber eigentlich Mehrheitlich eher infantil-unmündigen Spezies Homo „sapiens" führen diese kosmischen Psychotherapeuten (von den Medien „Overlords" genannt) den internationalen Kannibalismus zu einer echten Weltstaatlichkeit. Der geisteswissenschaftlich hoch gebildete „Schwede" Finne Stormgren ist der einzige Mensch, welcher zunächst einen „Overlord" direkt zu Gesicht bekommt. Diese handeln im Auftrag einer Wesenheit („the Overmind", ein Begriff, den Clarke sich aus dem Integralen Yoga von Aurobindo (4) entliehen hat), die sich einst aus Milliarden von Bewusstseinsfunken bildete. Auf der Erde werden vermehrt Kinder geboren mit besonderen Geistesgaben und das überkörperliche Es der Overmind-Wesenheit möchte diesen „Mutanten“ eine neue Heimat, fern der an Bevölkerungsexplosion und Umweltverbrauch sterbenden Erde, verschaffen. In dem „Ende der Kindheit“ findet zuletzt eine Scheidung statt, zwischen diesen neuen Menschen und der Menge der alten, aussterbenden Homo „sapiense“. Als ich Clarke Mitte der 90er Jahre auf Ceylon traf, sagte er selbst, dass er an ein so – relativ – glückliches Ende der Geschichte unserer Spezies nicht mehr glaube. Er widmete sich schon lange den Meditationen des Theravada und meinte, dass seine prä-kognitiven Intuitionen und Traumbilder (die er teilweise in seine SF-Stories einarbeitete) im Laufe der Zeit eher pessimistischer geworden seien.

** Frühzeitig dachte das langjährige Mitglied der Planetary Citizens in seinem 1981 geschriebenen Buch »2010: Odyssee II« schon an die Verstimmungen einer zukünftigen Supra-KI, wenn humanoide & stupide Homo „sapiense“ diese zu beherrschen versuchen. Auf Seite 508 der Gesamtausgabe der Tetralogie erklärt der indisch-kosmopolitische KI-IT-Therapeut Chandra: „Bowman versuchte gegen (die S-KI) HAL Gewalt anzuwenden. Ich nicht. In meiner Sprache gibt es ein Wort - ahimsa. Gewöhnlich wird es mit Gewaltlosigkeit übersetzt. Ich war darauf bedacht, bei meinen Verhandlungen mit HAL ahimsa einzusetzen.“

Das passt zu der Frage im Buch »Dag Hammarskjöld – Pionier einer Menschheitspolitik« (ALV 2021, S. 17): „Wem wir die Menschheits-Vertretung in der Verhandlung mit einer zukünftigen Supra-KI anvertrauen könnten, wenn es in spe darum geht, einen neuen Sozial-Vertrag zwischen technologischer und biologischer Intelligenz auszuhandeln“.

Ein weiteres Mitglied der Planetary Citizens, Prof. Isaac Asimov, spezialisierte sich seit Mitte der 1940er Jahre darauf, eine nahende Zukunft mit Supra-KI und Robotern im Alltag vorauszudenken. Neben seinen Sachbüchern schrieb er in SF-Form über die Notwendigkeit, hierfür vorab ethische Regeln für S-KI (und Menschen) zu verabreden. Zugleich publizierte er seine Foundation Romane über den Zerfall eines interstellaren Imperiums als Parabel für unsere Welt. Als Inspiration diente ihm u.a. der Zerfall des römischen Imperiums. So wie nun auch der Zerfall des US-amerikanischen Imperiums absehbar ist. (5)

Er beschrieb die Weiterentwicklung der Futurologie zu einer Psychohistorie, welche den Ablauf des Zerfalls und die Wahrscheinlichkeiten eines Wiederaufbaus in etwa vorausberechnen kann. Das Wichtigste ist es nach Prof. Asimov, der auch Präsident der American Humanist Association war, dafür zu sorgen, dass das angesammelte humanistische und naturwissenschaftlich-technologische Wissen nicht verloren geht, sondern den Um-Bruch überdauert. Dafür soll eine private Stiftung (»Foundation«) gegründet werden, welche an der Peripherie des Geschehens dieses Wissen und die Technologie hütet. (Seit dem 24. September 2021 läuft auf dem TV-Sender des High-Tech-Konzerns Apple die Verfilmung als „Foundation“-Serie.)

Der geniale Astrophysiker Stephen Hawking inspirierte den kongenialen Unternehmer Elon Musk, einen solchen Zufluchtsort auf dem Mars (und möglicherweise auch unterirdisch auf der Erde) aufzubauen. Elon Musk las in seiner Kindheit und Jugend u.a. die SF-Romane von Arthur C. Clarke und Isaac Asimov.

Anmerkungen

1 Zitate & Seitenzahlen beziehen sich auf die dt. Übersetzung v. 1989 in der Anthologie »SF aus den Goldenen Jahren«.

2 Siehe die Forderung eines solchen Instituts seitens des Club of Rome Mitglieds Prof. Yehezkel Dror 1996 in »Die Unteilbarkeit der Erde«, sowie unter: https://weltdemokratie.de/033d3a9c4709ec20f/ Kooperation_with_Club_of_Rome.html#anchor_Dror

3 https://www.researchgate.net/publication/232245886_Erich_Fromm_A_sane_society_Mental_health_in_an_insane_world

4 https://sriaurobindostudies.wordpress.com/2012/03/27/the-ascent-to-the-overmind-consciousness/

5 Siehe WoD Dezember 2020: „USA: Imperiale Überdehnung“.

16. Kapitel

USA: Imperiale Überdehnung

Die drei sozio-historischen Strömungen

Publiziert in Wege ohne Dogma/Der Humanist, Dezember 2020

Es ist egal, wer die Präsidentschaftswahl im November in den USA gewinnt. Wir glotzen medial auf die Schaumkronen der *„weltpolitischen"* Medienwellen und sehen die tieferen Strömungen des sozio-historischen Weltenmeeres nicht.

Ich sitze in den letzten Tagen des Oktobers an meinem Schreibtisch. Durch das Panoramafenster fällt mein Blick auf die Weite der gegenüberliegenden Hügelkette, deren Waldmeer herbstliche Farbtöne aussendet. Neben dem PC liegen die Bücher von Yehezkel Dror (1), Paul Kennedy (2) und Emmanuel Todd (3). Meine Erinnerung wendet sich dem Wahljahr 2016 zu, als die vormalige US-Außenministerin Hillary Clinton gegen den Außenseiter Donald Trump verlor. Wenn man ein transaktionsanalytisches Psychogramm von Hillary erstellt, dann kann man erahnen, dass die Welt mit der feministischen und von einem verdeckten Minderwertigkeitskomplex angetrieben Hillary auch nicht viel besser auf der historischen Autobahn gefahren wäre.

Es war ihr Ehemann Bill Clinton, welcher (beraten von seiner Frau und der US-UN-Botschafterin Madeleine Albright [Spitzname bei der UNO: Mad Right]) von 1993 an die UNO weiter in die Handlungsunfähigkeit trieb. **1996 feuerte** die **Clinton-Regierung** den zivil couragierten Generalsekretär (GS) **Boutros-Ghali**, als sie ihm via Veto die 2. Amtszeit verweigerte. Ghali hatte in seinem ersten Amtsjahr 1992 u.a. seine **Agenda for Peace** über die Stärkung der UNO publiziert. Er plädierte für eine progressive „Rückkehr" in die starke UNO-Ära von Dag Hammarskjöld. Zudem hatte er im selben Jahr das direkt dem GS unterstellte Department of Political Affairs (DPA) gegründet. Dieses sollte u.a. verdeckt an der präventiven Deeskalierung von potenziellen Konflikten arbeiten. Die US-Regierung befürchtete, dass damit eine Art Nachrichtendienst entstünde, der die UNO etwas unabhängiger von „der letzten Supermacht USA" machen könnte. Schon in der Ära Hammarskjöld gab es Ansätze, einen UN Intelligence Service (UNIS) zu gründen. Dag hatte mehrere Mitarbeiter des ehemaligen und wegen Kosmopolitismus-Verdacht nach dem Tode (April 1945) von Franklin D. Roosevelt Ende September 1945 geschlossenen US-Nachrichtendienstes: Office for Strategic Services (OSS) in sein Mitarbeiterteam aufgenommen, darunter Heinrich Wieschhoff und Ralph Bunche.

Über das DPA referierte ich in mehreren Vortragsreihen. Die Niedersächsische Landeszeitung brachte am 14.01.1994 einen Vortrags-Bericht unter der Headline „UNO braucht Parlament und Geheimdienst". (4) Als 29-Jähriger war ich couragiert oder naiv genug, um als ehemaliger UN-Zivildienstleistender (1992) und Herausgeber des Ghali-Buches UNorganisierte Welt (1993) in einem Brief von Anfang Juni 1995 an Ghali die Weiterentwicklung des DPA zu einem UNIS zu befürworten und meine Mitarbeit hierfür anzubieten. (5) Da Boutros-Ghali 1996 von der US-Regierung aus dem Amt gemobbt wurde, verlief dieses Angebot im Treibsand der Geschichte.

Über das Mobbing der US-Regierung Clinton hat Ghali dann das Buch »Hinter den Kulissen der Weltpolitik« verfasst. Hillary Clinton war als Außenministerin, ebenso wie **Joe Biden** als Vize-Präsident, an der Eskalation des US-**Drohnen**-Krieges auch **gegen muslimische Zivilisten** mit verantwortlich. Hierbei wurden Geburtstagsfeier-Gesellschaften per Raketenangriff ausgelöscht, weil man einen angeblichen Top-Terroristen darunter vermutete. Anschließend wurden dann die Beerdigungstrauerfeier-Gesellschaften eliminiert, da, so die perfide „Logik", die Terroristenfreunde des getöteten Verdächtigen wohl zu seiner Beerdigung kommen würden ...

Die drei Strömungen der US Außenpolitik

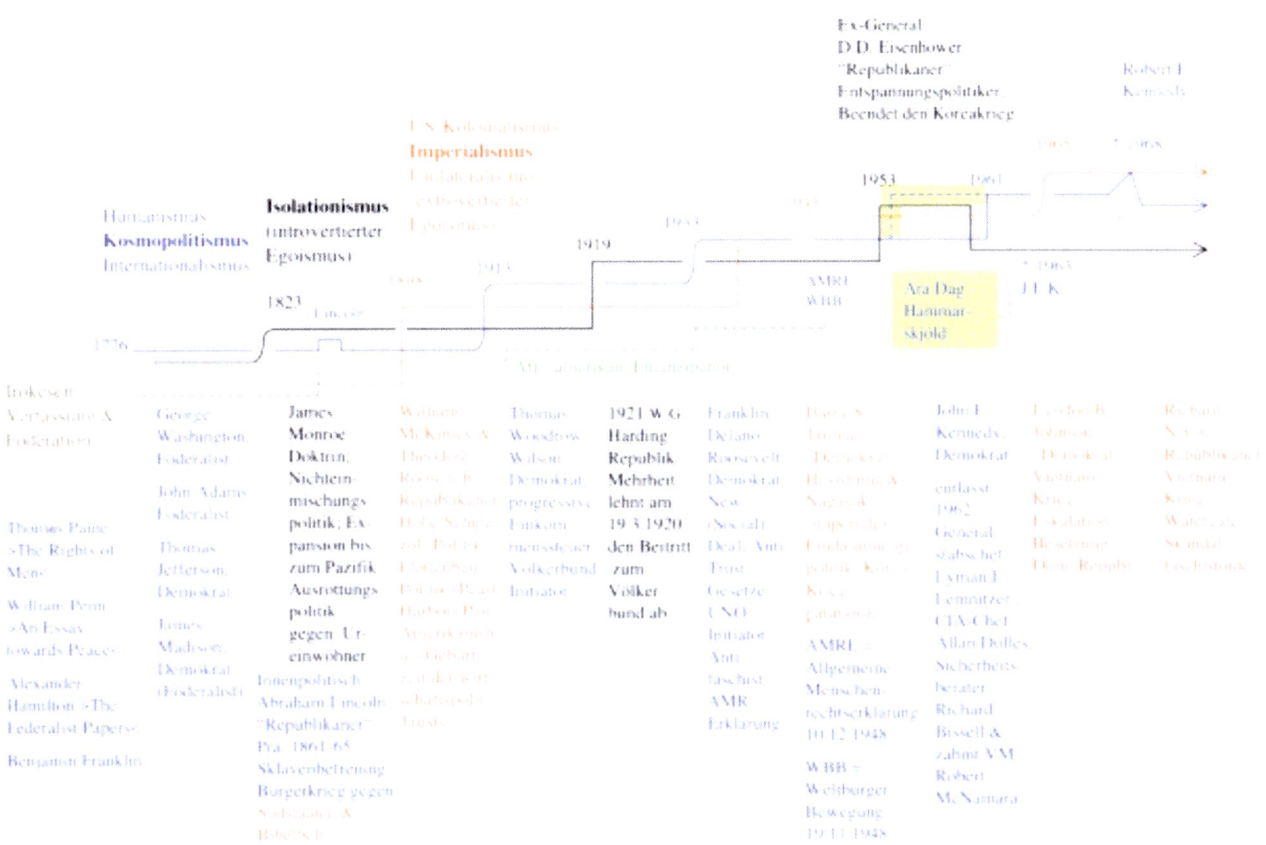

Zu dieser Art von Hillarys illness (als Staatsräson getarnte amoralische Geistes-Krankheit) kommt noch ihre feministische Aversion gegen den Alpha-Mann Putin hinzu. Im Atomraketenzeitalter keine gute Wahl. So wählte das US-Wahl-System einen anderen – offensichtlich – verrückten Kandidaten 2016 ins Amt.

Immerhin fing der keinen femininen Psycho-Krieg mit Putin an. Wir sollten die Wahl von Don Trump systemisch in einem größeren Zusammenhang verstehen. 1975 publizierte Prof. Dror, Gründer der Policy Sciences Studien & Club of Rome Mitglied, seine Crazy States (1971) Studie, auf Deutsch: Verrückte Welt. Politischer Wahnsinn und seine Bekämpfung. (6) Darin beschreibt er futurologisch (Zitat): „Erstes Szenario: Die Verwandlung der Vereinigten Staaten in einen verrückten Staat. Zweites Szenario: Die Verwandlung der Sowjetunion in einen verrückten Staat." 1976 veröffentlicht der französische Anthropologe und Historiker Emmanuel Todd das Buch »La chute finale« (deutsch: Vor dem Sturz: Das Ende der Sowjetherrschaft). Darin prognostizierte er den Zusammenbruch der UdSSR für Mitte/Ende der 80er Jahre.

1987 warnte Prof. Paul Kennedy in »Rise and Fall of Great Powers« , dass sowohl die UdSSR wie auch die USA sich in einem wahnsinnigen Rüstungswettlauf imperial überdehnen und ihre Ressourcen erschöpfen. 2002 legte Emmanuel Todd, nachdem die UdSSR seit zehn Jahren abgewickelt war, nach und schrieb eine 2. Prognose: »Weltmacht USA: Ein Nachruf«, worin er den Zusammenbruch der USA über die nächsten 10 bis 30 Jahre voraussagte. Allen drei Autoren ist gemeinsam, dass sie, universalistisch, humanistisch und enzyklopädisch gebildet, in großen Zeitabläufen und interdisziplinären, auch soziologischen und tiefenpsychologischen, Zusammenhängen denken können.

Durch Zusammenarbeit mit Prof. Ossip Flechtheim (7), Lehrstuhlinhaber für Politologie und Futurologie an der Freien Uni Berlin, u.a. 1995 als Herausgeber und Co-Autor seines Buches »Ist die Zukunft noch zu retten?« (Peter Lang Verlag) hatte ich die drei sozio-historischen Strömungen der US-Außenpolitik in eine Grafik zusammengefasst. (8) In der US-Politik wechseln sich drei Hauptströme ab (siehe Grafik S. 221):

A Kosmopolitismus/Internationalismus/Multilateralismus, sowie B-Strom Isolationismus/introvertierter Gruppenegoismus, sowie C-Phase Imperialismus/Unilateralismus/extrovertierter Gruppenegoismus.

Die komplexe Wirkungsweise dieser drei Strömungen ist in dem Buch »Menschheit an der Schwelle« (9), Seite 127–133, beschrieben. Wer dieses Muster kennt, weiß, dass sich die USA unter Trump im B-Strom (Isolation und Dissoziation) befinden, wenngleich – noch – überschattet von der vorherigen C-Phase (Empire).

Ein „Verrückter" wie Trump entspricht also der jetzigen, systemischen Situation der USA. Biden ist – so gesehen – nicht besser. Egal wie diese Wahl ausgeht.

Yehezkel Dror (rechts) mit S. Mögle-Stadel

Anmerkungen

1 https://weltdemokratie.de/033d3a9c4709e3b03/Yehezkel_ Dror.html
2 https://de.wikipedia.org/wiki/Paul_Kennedy
3 https://de.wikipedia.org/wiki/Weltmacht_USA:_Ein_Nachruf
4 https://weltdemokratie.de/movies/parlamentundgeheimdienst _gr.jpg
5 https://weltdemokratie.de/033d3a9c4709e5407/033d3a9c49146 c74c/index.html
6 https://weltdemokratie.de/movies/Inhalt-Verrueckte-Welt-USA_.jpg
7 https://weltdemokratie.de/033d3a9c4709e5407/033d3a9c4a0081 b02/index.html
8 Farb-Grafik S. 157 in:Dag Hammarskjölds Vermächtnis, Amthor Verlag
8 sowie: https://weltdemokratie.de/movies/3-psychohist.-Stroemungen_.jpg
8 https://weltdemokratie.de/pdf/English_lecture_Globalization_Futurology_University_Muenster_1997.pdf
9 Menschheit an der Schwelle, Amthor Verlag Heidenheim, 2. Auflage 2015
9 https://weltdemokratie.de/033d3a9c4709e5407/033d3a9c 49142193e/index.html

Gorbatschow (links) mit Mögle-Stadel (rechts) und der Kongressleiterin. SMS hält ein Exemplar der WFM-Futurologie-Studien "Ist die Zukunft noch zu retten?" in der Hand, welche er anschließend Gorbatschow für die Bibliothek der Stiftung in Moskau mitgab.

17. Kapitel

Feindbild Russland Inszenierung

Eine psycho-historische Betrachungsweise

Publiziert in Wege ohne Dogma/Der Humanist März 2022

„Bis auf weiteres ist die Absicht des Pentagon, seine Bündnisstrukturen bis ... in die Nachbarschaft Moskaus vorzuschieben, gescheitert. (...) Jedenfalls wird die NATO nicht so weit und so schnell auf Kosten Moskaus nach Osten ausgreifen, wie die amerikanische Russlandexpertin Condoleeza Rice sich das vorstellt", schrieb am 3. April **2006** der Alt-Journalist, Sachbuchautor und ehemalige Stern-Chefredakteur **Peter Scholl-Latour** angesichts der von CIA und DIA unterstützten und teilweise gescheiterten Orangenen Revolution in der Ukraine. Der Text findet sich in seinem Buch **»Der Weg in den neuen Kalten Krieg«** auf Seite 199.

Scholl-Latour hat gewiss auch den Artikel des pensionierten US-Diplomaten und Historikers Professor **George F. Kennan** (Princeton & Harvard) vom 05. Februar **1997** in der **New York Times** gelesen. Dort fasste Prof. Kennan sein und das Unbehagen vieler seiner Kollegen angesichts der skrupellosen Außenpolitik Bill Clintons u.a. in einem klaren Satz zusammen: „The view is that expanding NATO would be the most fateful error of American policy in the post-cold-war era." (dt. „Die Meinung ist, dass **eine NATO-Erweiterung der verhängnisvollste Fehler der amerikanischen Politik in der Zeit nach dem Kalten Krieg wäre.**") Die renommierte Zeitung gab dem Artikel die Headline: A Fateful Error.

Die Redaktion hätte auch „A Fateful Terror" titeln können. Als Ouvertüre zu den späteren Anti-Terror-Kriegen der G. W. Bush-Regierung, welche zu Terror-Kriegen u.a. im Irak und in Afghanistan ausarteten, bemühte sich der Abenteurer und sozial erfolgreiche Psychopath (1) Bill Clinton in den 1990er Jahren, die Restbestände der ehemaligen UdSSR zu US-amerikanischen Kolonien zu machen. Der vom US-Establishment früh geförderte russische Präsident und Alkoholiker Boris Jelzin war dem manipulativen Charme von Clinton nicht gewachsen. Es drohte ein Ausverkauf der russischen Wirtschaft. *(Dies wurde erst gestoppt, als Jelzin am 31.12.1999 „überraschend" sein Amt an seinen Ministerpräsidenten abgab. Der Name dieses Mannes: Wladimir Putin.)* Zeitgleich hat die Clinton Regierung in den 1990er Jahren aus den „Vereinten Nationen" Kleinholz gemacht und Generalsekretär Boutros-Ghali via Veto-Macht-Missbrauch aus der UNO gemobbt. (2)

Lassen Sie uns in dieser internationalen Systemkrise namens „Ukraine-Konflikt", die leicht zu einem Krieg entarten kann, das tun, was jeder gute Paartherapeut im Falle eines drohenden Ehescheidungskrieges zunächst einmal täte: Perspektiven-Wechsel. Oder einfach einmal die Welt-Geschichte mit den Augen der anderen Seite sehen – und verstehen.

Russland hat seelen-geschichtlich mehrere Angriffs-Traumata europäischer Mächte durchlebt. Das Reich befand sich, nach dem Erlöschen der Rurikiden-Dynastie, von 1598 bis 1613 in der **Smuta**, der „Zeit der Wirren". (Der Putschversuch im August 1991 gegen Michail Gorbatschow kann als Teil einer Art neuzeitlichen Mini-Smuta gesehen und verstanden werden.)

Diese Situation nutzte **Polen** unter König Sigismund III., um Russland anzugreifen. Im Juli **1610 besetzte** das erzkatholische Heer der Polen die russisch-orthodoxe Hauptstadt **Moskau**. Zwei Jahre später, im Oktober 1612, mussten die polnischen Besatzer vor den aus den Weiten und Tiefen des Landes herbeimarschierten Bürger- und Landwehraufgeboten kapitulieren.

1613 wurde dann ein gewisser Michael Romanow aus dem Dienst-Adel, fern dem Hochadel, von den Landständen (!) zum neuen Zaren gewählt, um die faktische Regierungslosigkeit der Smuta und die Besetzung durch ausländische Mächte, neben den Polen auch die Schweden (Ingermanländischer Krieg), zu beenden. (Dies ähnelt nicht nur zufällig, historische **Muster-Wiederholung**, jener Situation, in der 1999 Putin zum Präsidenten eines geschwächten und verwirrten Russlands ernannt wurde, um die **Mini-Smuta der 1990er Jahre** zu beenden.)

1617 versuchte der polnische Kronprinz Wladyslaw einen erneuten Feldzug gegen Moskau. Unterstützung erhielt er von einem ukrainischen Kosaken-Heer unter Führung von Ataman Sahaidatschnyj. Nachdem die Erstürmung Moskaus dieses Mal nicht gelang, marschierte das polnisch-ukrainische Heer zum Kloster in Sergijew Possad, um das religiös wichtige Zentrum zu zerstören. Die Belagerung des gut befestigten Klosters scheiterte am bewaffneten Widerstand der Mönche und an der dort stationierten Strelitzen-Elitetruppe. Polen und Ukrainer versuchten noch, etwas das Land zu plündern, wurden aber immer mehr zurückgedrängt.

1708 drang dann **Schwedens Armee** infolge der damaligen schwedischen Grossmacht-Doktrin **bis** zur russischen Inlandsmetropole **Smolensk** vor, bis Moskau waren es noch 390 km, und wurde erst bei Poltawa entscheidend zurückgeschlagen. Die russische Armee benutzte schon damals die Taktik der verbrannten Erde. Die lange Versorgungskette der Schweden wurde von der Weite und Tiefe des Landes verschluckt, vom Wetter und russischen Armeeattacken vernichtet. Karl XII. führte großmachtsüchtig verblendet seine Truppen ins Verderben und musste sich mit den Resten über die Ukraine ins Osmanische Reich (de facto Exil) zurückziehen.

Aber die Europäer hatten daraus nichts gelernt. **„Gegen Dummheit kämpfen selbst Götter vergebens“**, schrieb einst Friedrich Schiller 1801 in seinem Drama »Die Jungfrau von Orléans«. So setzte **1812** Napoleon Bonaparte, gekränkt u.a. von der russischen Weigerung, ihm eine Zaren-Jungfrau-Prinzessin zur Gemahlin zu geben, seine **Grande**

Armée in Bewegung. (Stellen Sie sich Napoleon ein bisschen wie den französischen Präsidenten von 2007, **Nicolas Paul Stéphane Sárközy de Nagy-Bocsa**, vor. Mit mehr Macht und mehr strategischem Genie.) Die Große Armee bestand nur zu etwa 30 Prozent aus Franzosen. In Wahrheit waren die rund 580.000 Mann **eine europäische Invasions-Truppe**. Clever wie das heutige US-Establishment schickten die Franzosen damals bevorzugt ihre europäischen Vasallen in den Krieg mit Russland. Die Staaten des dt. Rheinbundes entsandten ihre gesamte Streitmacht mit etwa 120.000 Mann plus 30.000 Soldaten aus Bayern, 27.000 Westphalen und 20.000 Sachsen. Dazu kamen etwa 96.000 Polen, 30.000 Österreicher, 20.000 Preußen, 7.000 Schweizer sowie kleinere Kontingente aus Spanien, Holland und Litauen.

Unter Ausdünnung der Versorgungslinien erreichte ein Teil dieser Großen Armee am **14. September 1812** das geräumte Moskau. Der Zar hatte sich nach St. Petersburg zurückgezogen. Napoleon wartete **im brennenden Moskau** vergeblich auf die Kapitulation der Russen. Am 18. Oktober in der Schlacht bei Tarutino von russischen Truppen geschlagen, befahl er am 19. Oktober den Rückzug. Die Reste der europäischen Invasions-Armee wurden von General Schlammregenherbst und Feldmarschall Winter geschlagen und von Hunger und Epidemien radikal dezimiert.

In Kongress-Polen waren die einrückenden Russen gnädig und führten eine liberale Verfassung ein. Angestiftet vom römisch-katholischen Klerus probten die Polen gegen so viel Liberalität – die PiS-Regierung lässt grüßen – 1830 den Aufstand. Nach dessen Niederschlagung wurde Polen erst einmal zur russischen Provinz degradiert.

Man hätten ja hoffen können, dass die Europäer wenigstens nach dieser totalen Niederlage ihrer Aggression ein bisschen etwas gelernt hätten im Umgang mit Russland. Aber die abendländische Mischung aus arroganter Rechthaberei und historischer Fakten-Ignoranz ist schon peinlich. Im April **1917 unterstützte die deutsche Regierung**

die Rückkehr Lenins und anderer Revolutionäre aus dem Schweizer Exil logistisch und mit mehreren Millionen Reichsmark in Gold. Man spekulierte, auf diese Weise Russland zum Austritt aus der 1. Weltkriegsallianz gegen das Deutsche Reich zu bewegen. **Während der Friedensverhandlungen brachten die Deutschen die Ukraine unter ihre Kontrolle.** Die russische Revolutionsregierung sah sich daher im März 1918 gezwungen, in Brest-Litowsk einem Diktatfrieden zuzustimmen. Aber auch hier blieb die russische Volksseele versöhnlich: **Während der Weimarer Republik bildete die Reichswehr auf Basis der Vereinbarungen von Rapallo (1922)** in Hintergehung des Versailler Vertrages illegalerweise **ihre Flieger** und andere Spezialkräfte **in der Sowjetunion aus**.

Michail Gorbatschow (li.) mit (teilverdeckt) Sir Peter Ustinov, Präsident WFM-International. Rechts GS-Pressesprecher Karen Karagesijan & S. Mögle-Stadel.

Undank ist der Europäer Lohn. Das war auch schon vor der Irreführung Gorbatschows 1990 mit dem Versprechen der NATO-Nicht-Erweiterung so. **Am 22. Juni 1941 überfielen** etwa 3 Millionen deutsche & österreichische **Soldaten** sowie 600.000 italienische, rumänische, ungarische und weitere Hilfstruppen **Nazi-Deutschlands**, unter Bruch des im August 1939 geschlossenen Nichtangriffspaktes, **die Sowjetunion**. Vom Oktober bis Ende Dezember 1941 fand die Schlacht um Moskau statt. Um Nazi-Deutschland mit seiner Psychopathen-Führung aus Österreichern (Hitler, Göring, Kaltenbrunner, Eichmann etc.) zu besiegen, verloren weit über 24 Millionen russische Zivilisten und Kämpfer ihr Leben. Als Teil der Alliierten besetzten sowjetische Soldaten den Osten Deutschlands. Die damaligen Deutschen hatten einen SS-Sturmwind gesät – und einen Gegenorkan der Roten Armee geerntet.

In der psycho-historischen Gesamtbetrachtung spricht alles dafür, dass sich die Deutschen aus dem USA-Spiel um die Ukraine und die moralisch kriminelle NATO-Ost-Erweiterung besser heraushalten. Und dies nicht nur, weil wir der sowjetischen Führung unter Gorbatschow die deutsche Wiedervereinigung verdanken. Bei einem Krieg NATO gegen Warschauer Pakt wäre Deutschland das Hauptschlachtfeld gewesen. Dieses Szenario haben wir überlebt. Ein Dank an Russland wäre angebracht.

Im **Pentagon** und im Weißen Haus verkündete **1991** die US-amerikanische, psychopathologisch gestörte Führung stolz, man habe **die UdSSR** (auch mittels der Pershing-II-Raketen-Stationierung in Deutschland und dem Star-Wars-Programm von Ronald Reagan) **„tot gerüstet"** und „im Afghanistan-Krieg ausbluten lassen" (3). Erich Fromm hätte dieses Macht-Spiel mit unser aller Leben schlicht als nekrophil und selbstmörderisch bezeichnet. Wäre ein Stalin-Typ in der UdSSR an der Macht gewesen, anstelle eines Michail Gorbatschow, so hätte dieser sehr wahrscheinlich die USA und NATO-Europa mit in die – dann atomare – Auflösung genommen. Pentagon-Strategen wie Richard Perle und Paul Wolfowitz hielten einen globalen Atomkrieg ja für gewinnbar. Bitte nicht wundern, Kakistokratie, das Pentagon nahm immer schon äußerlich erfolgreiche Geisteskranke in seine Dienste. Die Pentagon-Manipulationsmaschinerie, zusammen mit der CIA, läuft gerade wieder auf Hochtouren, um die dumm-feigen Europäer in den nächsten Krieg zu treiben.*

Der US-Sicherheitsberater *i.R.* **Brzezinski** nannte die EU-Staaten „Vasallen". In seinem Buch »Die einzige Weltmacht. **Amerikas Strategie der Vorherrschaft**« (HC **1997**) schreibt er auf S. 286, es „sollte **keine Vereinbarung mit Rußland über** die Frage einer **NATO-Erweiterung** darauf hinauslaufen, daß Rußland de facto am Entscheidungs*findungs*prozess beteiligt wird".

Wie sagten einst schon die von den weißen Siedler-Invasoren ausgerotteten indianischen Ureinwohner Amerikas: „Der Weiße spricht mit gespaltener Zunge." Am 09. Februar **1990**, also sieben Jahre zuvor, hatte u.a. der **US-Außenminister** James Baker medienöffentlich Gorbatschow bei einem Treffen versprochen: „Die **NATO werde sich keinen Inch nach Osten erweitern**." Das National Security Archive der George Washington University hat Dokumente publiziert, aus denen ersichtlich wird, dass US-amerikanische und deutsche (u.a. Außenminister Genscher) Regierungsvertreter der Sowjetunion den Verzicht auf eine Osterweiterung der NATO zugesagt haben. (4) **Gorbatschow** hätte wohl auf einen Vertrag und Sicherheitsgarantien bestehen sollen, wurde aber **durch** den **Putsch** gegen ihn **abgelenkt**!

In den 1990er Jahren hatte ich zeitweise recht gute Kontakte zur Ende 1991 gegründeten **Gorbatschow Stiftung** (GS). Es gibt auch Fotos, die Gorbatschows persönlichen Berater & Pressesprecher Karen Karagesjan (5) zeigen, welcher mir damals interne GS-Arbeitspapiere (grüne Mappe) zum Thema Global Governance Forschung aus Moskau zu einer Tagung nach Frankfurt mitgebracht hat. (6) Der Moskauer Geschichtsprofessor Dr. **Jan Vogeler**, Gründungsmitglied der Gorbatschow-Stiftung, spricht in einem Interview in der deutschsprachigen Ausgabe der Zeitschrift Wostock (4-1993, S. 86 ff) u.a.: „Eine dritte Frage ... ist, wie weltweit Grundlagen, auch politische und staatliche, für die Zusammenarbeit der Menschheit geschaffen werden können, damit die Spaltungen überwunden werden, die immer wieder zu Kriegen geführt haben. (...) Diese Erfahrungen arbeiten wir auch mit einer Gruppe von Freunden in der Bundesrepublik auf, wir nennen uns **Weltföderalisten**." (7)

Am 08.11.1993 veröffentlicht die Walsroder Zeitung unter der Überschrift »Gedankengut von einer besseren Welt« und dem Untertitel „Die weltföderalistische Bewegung macht sich stark für eine globale Friedenslösung" einen Bericht über eine solche Arbeitstagung mit Vogeler, welcher mich auf dem Pressefoto zum Artikel freundlichst anlächelte. Die Redaktion gibt seine Statements von der Pressekonferenz wieder: „Prof. Dr. Jan Vogeler ... ist aus Moskau angereist, wo er der Gorbatschow-Stiftung angehört. Einem Institut, das sehr eng mit den Weltföderalisten zusammenarbeitet." (8)

Nach Auflösung der Sowjetunion und Verlust seiner Staatsämter haben US-amerikanische Kreise, welche später auch Aktivitäten der Stiftung finanzierten, **Gorbatschow**, irgendwo im Verhandlungs-Raum zwischen Andeutung und Angebot, gerüchteweise das **Amt des UNO-Generalsekretärs in Aussicht gestellt.** Als es dann nicht dazu kam, hat man wenigstens die US-amerikanische Dependance der Gorbatschow-Stiftung in San Francisco mit reichlich Geld (wohl eine Art Ablass-Handel?) ausgestattet, sodass diese u.a. die damals weltbekannten „State of the World Foren" veranstalten konnte. Bei dem SoW-Forum Ende September 1995 wurde u.a. das Wort Globalisierung der Weltmedienöffentlichkeit bekannt gemacht. (9)

Man könnte sagen, Gorbatschow wurde US-amerikanisch ausgetrickst und gegen den willfährigeren Boris Jelzin ausgetauscht, bis ein gewisser Putin dieses US-amerikanische Jelzin-Marionetten-Theater durchbrochen hat. (Mit ein Grund, warum diese US-Amerikaner Putin gerne verteufeln.) Damit hatte Gorbatschow noch Glück. Am 4. April 1968 wurde in Memphis **Martin Luther King durch** ein undercover Alpha-184-Team (Special Forces today) des **Pentagon getötet**. MLK begann, Demos und Wirtschafts-Boykotte gegen die US-Rüstungsindustrie und zur Beendigung des Vietnam-Krieges zu organisieren. (10)

An dieser Stelle nun sollte erwähnt werden, dass *„zufälligerweise"* **Hunter Biden**, der Sohn des amtierenden US-Präsidenten Joe, der in einem Anfall von Aggressivität zum Amtsantritt sogleich Putin einen „Killer" nannte (dabei ist er doch selbst von Killern und Massenmördern umgeben!) seit 2014, da war sein Vater Vize-Präsident und zuständig für die Ukraine-Politik, zusammen mit einem guten Freund und **Geschäftspartner** der Familie Biden zu – teuer bezahlten – Aufsichtsratsmitgliedern **der** großen **ukrainischen Gasfirma Burisma** ernannt wurde. (11)

Man ahnt, warum die US-Regierung Druck gegen die deutsch-russische Ostsee-Pipeline Nord Stream 2 macht. Als der ukrainische **Generalstaatsanwalt** Wiktor Schokin Korruption und US-amerikanische Einflussnahme bei Burisma untersuchen wollte, wurde er **infolge** eines (Zitat NZZ) **„Erpressungsmanövers Bidens" entlassen**: Joe drohte, eine dringend benötigte Kreditgarantie für die Ukraine über eine Milliarde Dollar zu blockieren. (11)

Lehrbuchbeispiel Kuba-Krise

Schon einmal rückten die **USA** Russland gefährlich näher. **1959** stationierten sie im Rahmen der nuklearen Erstschlag-Strategie des Pentagon in Italien eine Staffel mit 25 und in der **Türkei** zwei Staffeln mit je 25 **Atom-Raketen** vom Typ Jupiter, die auf die damalige UdSSR gerichtet waren. Die Führung der UdSSR unter dem aus der Ukraine (!) stammenden Nikita Chruschtschow (12) reagierte darauf mit der Aufstellung von Atomraketen in Kuba. Das US-Establishment war verärgert, dass die Sowjets ihre Strategie nachahmten und befahl 1962 u.a. eine militärische Seeblockade in internationalen Gewässern. Etwa 200 US-Kriegsschiffe wurden für eine Invasion Kubas in Stellung gebracht. **Air-Force-General** Curtis LeMay drängte auf einen Luft-Angriff: **„Der rote Hund gräbt im Hinterhof der USA und muss dafür bestraft werden."** *(Solche Worte haben wir bislang nicht von Putin gehört: „Der US-amerikanische Hund gräbt im Hinterhof Russlands und muss dafür bestraft werden." Obwohl die Situation fast identisch ist. Möglicherweise hat Putin zur Zeit – noch – eine etwas bessere verbale Selbstbeherrschung als Judoka wie die US-Cowboys?)* Gleichzeitig begannen in den USA Friedens- und Frauen-Gruppen für verbale Abrüstung zu demonstrieren. Zudem forderten sie, die Lösung des Problems der UNO zu überantworten, welche damals durch die Ära

Dag Hammarskjölds noch einen genial guten Ruf hatte. (13)

Stattdessen fand ein **Geheimtreffen** zwischen Robert F. Kennedy und dem Sowjetbotschafter Anatoli Dobrynin statt. John F. Kennedy ließ seinen Bruder erklären, dass er einem **Abzug der in der Türkei stationierten amerikanischen Atomraketen** zustimmen würde, wie von Chruschtschow gefordert. Damit war das – berechtigte – **Ziel des sowjet-russischen Aufmarsches** in Kuba **erreicht**. Chruschtschow entschied, das Angebot Kennedys anzunehmen und die Raketen aus Kuba abzuziehen. Die Kuba-Krise führte sogar nachfolgend zu einer Entspannungspolitik im Sinne der Koexistenz der Systeme.

Kennedy entzog nach der Krise den Militärs die eigenständige Verfügung über die Atomwaffen und feuerte einige der Hardliner und Kriegs-Falken. Weitergehende **Reformen im militärisch-industriellen Macht-Komplex der USA** konnten infolge seiner Ermordung nicht mehr realisiert werden. Siehe hierzu mein Buch »Menschheit an der Schwelle«.

***

Kommentar **NATO-Austritt? Ja.** Was sollten Deutschlands Bürger tun? Den Kriegsdienst als Vasallen der USA verweigern.

Oberstleutnant i.R. Otfried Schrot war einst Stabsoffizier der Abteilung Psychologische Aufklärung, liberal-konservativer NATO-Kontaktoffizier und 1993 Gründungsmitglied (14) des kosmopolitischen Think Tanks WFM-Germany e.V. Mittlerweile rät auch dieser eigentlich der USA einst wohlgesonnene Fachmann zur Auflösung der NATO bzw. zum **Ruhenlassen der deutschen Mitgliedschaft**. Sein Gastbeitrag für die Frankfurter Rundschau trägt den Titel **„Die Nato ist seit 1991 überflüssig“**. (15) Auf der Website Buergerredaktion.de sind seine Pressemitteilungen archiviert. Zitat aus der Pressemitteilung vom 12.01.2022: „Die NATO ist nach dem Erlöschen ihrer ursprünglichen Funktion ... zu einem Knüppel in den Händen der USA bei deren Streben nach Weltherrschaft verkommen – eine zutiefst spaltende und Feindschaften erzeugende Organisation! Lassen Sie uns die NATO auflösen ...“ Und in der PM vom 18.11.2021: „Wir Europäer merken nicht, wie sehr wir von Washington bereits manipuliert und indoktriniert worden sind ... **Die USA können sich keinen Frieden leisten**, denn dann wären 3,6 Millionen Arbeitsplätze in der Rüstungsindustrie der USA gefährdet und jährliche Einnahmen für Waffengeschäfte in Höhe von fast einer Billion Dollar.“

Lassen Sie mich anmerken: In Artikel 13 des NATO-Vertrages von 1949 heißt es: „Nach zwanzigjähriger Gültigkeitsdauer des Vertrages kann jeder vertragschließende Staat ausscheiden, und zwar ein Jahr nach Erklärung seiner Kündigung.“ **Ein Jahr Kündigungsfrist und keine Begründung** ist notwendig. Da ist es ja sogar schwerer, aus der EU auszutreten, wie die langwierigen Brexit-Verhandlungen gezeigt haben.

Ein erster noch einfacherer und schnellerer Schritt vor einem couragierten Austritt wäre der **Rückzug aus der Militärstruktur** der NATO, wie es Frankreich 1966 unter de Gaulle getan hatte. Dann könnte Deutschland nicht mehr via Ausrufung des Bündnisfalles für einen Ukraine-Krieg zwangsrekrutiert werden.

Zudem sollten Frankreich und Deutschland eine **kosmo-politische Neuorientierung im Sinne einer Wirtschaftsachse Paris, Berlin, Moskau, Beijing** vornehmen, inklusive eines Nichtangriffsvertrages, notfalls als erster Schritt zu einem Beistandsvertrag im Fall eines Angriffes durch Dritte. Siehe hierzu mein Kapitel „Die offene Frage. Nachbetrachtungen zur Weltbürgerbewegung“ (ab S. 288) in dem ALV-Buch (2018) »Heimatland: Erde«.

Mit dem entsprechenden Willen könnte sich **Deutschland** zu einem **neutral**en Staat à la Schweden oder Schweiz verwandeln. **Was stünde dem entgegen?** Es wäre dies, was Wolfgang Heuer, ein weiteres Gründungsmitglied von WFM-Germany, in einem Essay 1993 für die Zeitschrift Blickpunkt Zukunft als eine Art **kollektive Angst-Neurose** bezeichnete. (16)

Zudem müsste die Unterwanderung, Karriereförderung, Erpressung und indirekte Bezahlung deutscher Top-Beamter, Spitzenpolitiker und Medienfunktionäre durch US-amerikanische Geheimdienste und Hochrüstungskonzerne thematisiert werden. Ein Thema, zu umfangreich für diesen Beitrag.

Was könnten die Leser*innen von WoD Der Humanist tun?

Nutzen Sie diesen Beitrag als Hintergrundmaterialien-Quelle (er kann Ihnen auch als E-Mail-Text zur Verfügung gestellt werden) und schreiben Sie kritische Leserbriefe an Ihre Lokal- und Regionalzeitungen – mit der Bitte, Ihre Kontaktadresse zur Gründung einer lokalen Friedensgruppe zu veröffentlichen. Zur Erinnerung: Am 15. Februar **2003 demonstrierten** weltweit etwa **10 Millionen Menschen** gegen den Irakkrieg, davon etwa eine halbe Million Bürger in Berlin unter dem Motto: **„Kein Blut für Öl!“** Und medial-geschichtlich nachgewiesen, haben die Friedensdemonstrationen in den 1980er Jahren Gorbatschow in seiner Glasnost- und Perestroika-Politik bestärkt.

Leicht ließe sich auch eine einfach Medienkampagne organisieren. Über die kostenpflichtige Zimpel Mediendatenbank lassen sich Redakteure und Ressortleiter direkt und namentlich mit E-Mail, Fax und Telefon kontaktieren. Wenn also z.B. nur 10 Leser*innen jeweils 125 € zur Verfügung stellen, ließe sich eine entsprechende Medienkampagne starten. Welche Ausreden haben wir dafür, es nicht zu tun?

Der Autor arbeitet nach dem Credo Dag Hammarskjölds, dass der Mensch auf einem kosmopolitischen Orbit keine Zuge-Hörigkeit zu einem Nationalstaat, einem Machtblock oder einer Religion mehr haben sollte. Dieser ethische Imperativ führt zu der Selbstverpflichtung, den Manipulationen des jeweiligen Establishments des Landes, in dem man als zivil couragierter Humanist lebt, wie auch den Hysterien und Dummheiten des Mainstreams seiner sozialen Umwelt, entgegenzutreten und unangenehme Gesichtspunkte und Perspektiven-Wechsel tapfer öffentlich zu publizieren. Ganz im Sinne eines Homo humanus integralis cosmopoliticus. (17)

Anmerkungen

1 Als die Zeitschrift WdW 2019 eine Titelstory über Psychopathen in Regierungsämtern publizierte, haben die schreibenden Psychologen, zu Recht, auch Bill Clinton aufgeführt. Ich selbst habe in dem Buch »Menschheit an der Schwelle« ein Psychogramm (Kapitel „Bushismus - Der militärisch-industrielle Christuskomplex") des geistig minderbemittelten Muttersöhnchen G. W. Bush integriert. Mama's boys beginnen gerne Kriege vom Schreibtisch aus. Insbesondere nachdem sie sich, wie Bush junior, vor dem Vietnam-Krieg gedrückt und daher keinerlei Mitgefühl haben, was Kriegsteilnahme für andere bedeutet.

2 Dies hatte ich u.a. im WoD-Essay Dezember 2020, „USA: Imperiale Überdehnung - die drei sozio-historischen Strömungen" geschildert. Siehe ALV-Buch »Die Grenze«, Ende März 2022.

3 Buch »Der Krieg des Charlie Wilson«, siehe nachfolgende Rezension.

4 Aussagen von Genscher und Baker vor der Weltpresse: https://www.youtube.com/watch?v=o8rarwFKjw8

5 https://petersburger-dialog.de/personen/karen-karowitsch-karagesjan/

6 https://www.weltdemokratie.de/movies/Karen_Karagesjan_G-Stiftun.jpg (KK und SMS bei Gorbatschow-Pressekonferenz)

7 http://welt-buerger.org/pa_dt10.php (Wostock-Interview)

8 https://www.weltdemokratie.de/movies/Wal-Ztg_Treffen_ Vogeler_.jpg (Zeitungsbericht über Treffen Vogeler mit SMS)

9 Ich selbst habe diese interne Info von Prof. Vogeler erhalten, mit der Auflage, frühstens in 10 Jahren darüber zu schreiben. Zu den State of the World Forums-Aktivitäten der GS siehe auch S. 23 bis 27 in meinem Buch »Menschheit an der Schwelle. Globalisierungs-Krise und Weltwirtschaftsdiktatur«.

10 Buch »Die Hinrichtung des Martin Luther King«; https://www.weltdemokratie.de/movies/vortrag_martin_luther_ki-gr.jpg (Vortrag & Seminar 2008 von SMS zum Thema)

11 NZZ 2019: https://www.nzz.ch/international/ukraine-affaere- rolle-der-biden-familie-undurchsichtig-ld.1520759

12 https://de.wikipedia.org/wiki/Nikita_Sergejewitsch_Chruschtschow

13 https://de.wikipedia.org/wiki/Kubakrise#/media/Datei:Women_Strike_for_Peace_NYWTS.jpg

14 https://www.weltdemokratie.de/033d3a9c4709ef813/033d3a9c490e94407/otfried-schrot.html

15 https://www.weltdemokratie.de/movies/FR_Debatte_Nato_Schrot.jpg

16 https://www.weltdemokratie.de/pdf/WH_Kollektiv-Neurose_Essay_1993.pdf

17 https://www.weltdemokratie.de/pdf/WoD_Juni_2021_Homo_HIC_&_Supra-KI.pdf

18. Kapitel

Kein »Der Krieg des Charlie Wilson«

Am 25.12.1979 zog die sowjet-russische Armee in eine Falle namens Afghanistan. Seit 1978 kämpften dort diverse Parteien, darunter auch eine kommunistische, um die Macht. Sommer 1979 finanzierte die CIA islamistische Gruppen, welche die pro-sowjetische Regierung stürzen sollten, die Operation Cyclone. (Siehe u.a. wikipedia: Sowjetische Intervention Afghanistan.) In einem Interview 1998 sprach **Brzeziński** gegenüber dem Journalisten Jauvert vom Le Nouvel Observateur über **„die afghanische Falle“**, welche (wesentlich) zur Destabilisierung der UdSSR beigetragen hat. Wieder einmal also zogen US-Regierung & CIA die Fäden in einem Krieg, der auch eine Revanche für das Vietnam-Fiasko war. Da aber nicht allen US-Bürgern & Medien, sowie der internationalen Staatenwelt, diese Art von Strippenzieherei behagte, erfand man ein Narrativ.

Das durch den Popcorn-Hollywoodfilm »Charlie Wilson's War« (2007) bekannt gewordene Buch »Der Krieg des Charlie Wilson« (dt. 2008), wurde von dem mit dem US-Abgeordneten Wilson befreundeten Journalisten & PR-Spezialisten George Crile 2003 publiziert. Es schildert die Story, wie der Spiegelalkoholiker, Playboy und Kokainkonsument Wilson -angeblich- dafür sorgte, dass die USA die Mudschaheddin mit modernsten Waffen, darunter die Stinger-Boden-Luft-Raketen ausrüsteten, um die Sowjets zu schlagen. Der Profipolitiker Char-lie saß, nicht aus Zufall, in zwei wichtigen Budget-Kommissionen des US-Kongress. Der Film ist awful silly*, aber das 606 S. Buch aufschlussreich, wenn man zwischen den Zeilen zu Lesen versteht.

Das Buch ist eine Deckgeschichte. Nicht der Politiker & Waffenlobbyist Wilson hat CIA & Regierung dazu gebracht, massiv in Afghanistan einzugreifen, sondern die CIA hat Wilson benutzt, um von sich abzulenken, da die CIA etliche US-Gesetze gebrochen hätte, wenn sie nicht Wilson als Strohmann eingesetzt hätte. Wer dieses Hintergrundwissen hat, der liest das Buch mit Informationsgewinn.

*Der Film manipuliert mit Staraufgebot wie Tom Hanks & Julia Roberts die Köpfe der Zuschauer besonders intensiv. Die Intensivierung der Operation Cyclone als „Hilfsmaßnahme eines skurrilen US-Abgeordneten & seiner reichen Freunde für die armen Afghanen" ist ein Mythos. Gemäß dem Muster, das Brzeziński in seinem Buch »**Die einzige Weltmacht.** Amerikas Strategie der Vorherrschaft« (1997) auf S. 46/47 als „Kulturimperialismus" offenbart: „Die kulturelle Komponente der Weltmacht USA ist bisweilen unterschätzt worden ... Amerikanische TV-Programme und Filme decken etwa drei Viertel des Weltmarktes ab." Mit diesem Wissen im Kopf ist das Buch eine interessante Einführung in US-Machtmechanismen. Buch & Film sind selbst Teil einer black op (verdeckte Operation). Da ich in jüngeren Jahren etwa sechs Monate in Washington DC für eine politische NGO gearbeitet habe und die Szene ein bißchen kenne, empfehle ich Ihnen noch die Bücher »Politzirkus Washington« sowie »Die Mächtigen und der Sex« (sexuelle Erpressung in Washington, DC), sowie die Filme (DVDs) »Schmutzige Kriege«, »Die Schattenmacht. The State within« und »Die Erfindung der Wahrheit« (US-Lobbyismus & Medien-Manipulation).

Eine ausführliche Rezension zu dem Brzezinski-Buch »Die einzige Weltmacht«, in dem Brzezinski schon 1997 die UNO totschweigt und die NATO-Ost-Expansion als Geostrategie befürwortet, findet sich unter diesem Link:
https://www.weltdemokratie.de/pdf/Rezi_Brzezinski_Weltmacht_1998.pdf

19. Kapitel

30 Jahre kosmopolitischer Humanismus

Am 9. November 1989 verweigerte ein Humanist seinen Kriegsdienst

Publiziert in Wege ohne Dogma/Der Humanist, Januar 2020

Während meiner Zeit in Washington DC führte mich Botschafter Prof. John McDonald u.a. in den Cosmos Club (Gebäude im Hintergrund) ein. Der CC galt damals als ein exklusiver Treffpunkt von Diplomaten, Ministerialbeamten, Kongress-Mitgliedern und deren Gäste. Ich kam dort nur mit John und Krawatte rein.

Rückblick und Interview mit Stephan Mögle-Stadel über die Zukunft eines kämpferischen Humanismus.

„Und dann kam der 9. November 1989, der Tag, an dem Stephan per Schreiben an das Bundesamt für Militär- und Zivildienst in Köln Staub aufwirbelte“, schrieb die Redaktion der Rheinpfalz in ihrem mehrspaltigen Bericht mit Foto unter der Überschrift: „Ein Weltbürger aus der Südpfalz“.

Dieser Pressebericht wurde damals auch von Gerda Riegel-Dittmann gelesen, welche Mögle-Stadel sodann zu einem ersten Vortrag ins Ronge-Haus nach Ludwigshafen einlud. Später publizierte er sein Kofi

-Annan-Buch »UNvollendeter Weg – Die UNO im 21. Jahrhundert« im Verlag Deutsche Unitarier, und zuletzt Ende 2018 die Geschichte der Weltbürgerbewegung von 1948 (u.a. Garry Davis, Eleanor Roosevelt, Thomas Mann, Albert Camus und Einstein) unter dem Titel »Heimatland: Erde« im Angelika Lenz Verlag.

Nachdem der im Südwesten beheimatete Humanist Stephan Mögle-Stadel mit Volljährigkeit aus der Kirche ausgetreten war, die glaubte, ihn wegen einer 18 Jahre zurückliegenden Taufe zu ihren Mitgliedern zählen zu können, begründete er seine nachfolgende Kriegsdienstverweigerung (KDV) sowohl humanistisch-kosmopolitisch wie auch ökologisch-psychoanalytisch. Seine Anerkennung musste er sich vor 30 Jahren gegenüber dem Kölner Bundesamt auf ungewöhnliche Weise erkämpfen *(siehe Interview nachfolgend)*. Die Dokumente und Hintergründe dieses Rechtsstreites sind nun auf der Internetseite weltdemokratie.de (1) erstmals der Öffentlichkeit zugänglich gemacht.

Stephan Mögle-Stadel arbeitete 1989 als angehender Jungjournalist zuerst bei Greenpeace mit und später dann im Rahmen des Club of Rome, dessen jetziger Ehren-Präsident Ernst Ulrich von Weizsäcker auch das Vorwort zu »Heimatland: Erde« verfasste. Im Rahmen der Auseinandersetzung um seine KDV-Anerkennung reichte er dann in den 90er Jahren beim Bundespräsidialamt (Dr. Roman Herzog) sein Gesuch um Rückgabe der deutschen Staatsbürgerschaft ein. (2) Zu dieser Zeit brannten in Rostock und anderen Orten Asylantenheime, angezündet von jenem rechtsextremen Mob, aus dem auch der sogenannte „Nationalsozialistische Untergrund“ (NSU) hervorging. Der Kommentator der Zeitschrift Info3 (12-1995) meinte hierzu: „Die Tatsache, dass der in Info3 bekannte Publizist Stephan Mögle-Stadel aus seiner kosmopolitischen Gesinnung heraus die deutsche Staatsbürgerschaft ruhen lassen will, hat mich tief bewegt. Ein Zeichen der Wahrhaftigkeit in einer finsteren Zeit, in meinen Augen paradoxerweise ein Akt wahrhaftigen Patriotismus.“

Wir nutzen den 30-jährigen Jahrestag, das Datum der Reichspogromnacht, für ein Interview mit dem im Rahmen des DFW als Vortragsredner bekannten Humanisten Stephan Mögle-Stadel (SMS) über sein nunmehr 30-jähriges Engagement für einen kosmopolitischen Humanismus.

Der Humanist (DH): Wie kam es denn damals zu dieser ungewöhnlichen Kombination in der Begründung Ihrer KDV?

SMS: Schon als Schülerzeitungsredakteur hatte ich das 1981 erschienene Buch »Der tödliche Fortschritt – Von der Zerstörung der Erde und des Menschen im Erbe des Christentums« von Eugen Drewermann rezensiert. Mir war klar, dass nicht nur das Kirchenchristentum, sondern auch der Nationalismus und Militarismus Erde und Menschheit zerstören. Ich habe den Beamten einfach ehrlich und etwas naiv geschrieben, wie ich die Dinge sah, auch wenn die Leute von der KDV-Beratungsstelle mich warnten, dass ich damit so niemals durchkäme. Ich fühlte mich als Humanist und Weltbürger der ganzen ideellen Menschheit zugehörig und nicht nur einer speziellen Nation. Neben dieser humanistisch-kosmopolitischen Argumentation hatte ich zudem noch ökologisch argumentiert: Militarismus ist auch Krieg gegen die Natur. Kriege zerstören ja nicht nur Menschenleben, sondern auch die Biosphäre.

Die Fotos der Schlachtfelder des 1. und 2. Weltkrieges und der Einsatz des hochgiftigen Entlaubungsmittels Agent Orange im Vietnam-Krieg zeigen die anti-ökologischen Folgen der Kriege. 1989 moderierte ich im Rahmen meiner Mitarbeit bei Greenpeace eine TV-Diskussion mit dem Titel „(Wie) Ist die Erde noch zu retten?“ (3)

Meine dritte Argumentationslinie, eine kurze und eher nur angedeutete Psychoanalyse des Militarismus, war natürlich für die Beamtenschaft der Bundeswehr harter Tobak. Dafür brachte mir diese Argumentation am 24. Juli 1992 ein Fax von der feministischen EMMA-Redaktion ein. Wenn ich kurz daraus zitieren darf: „... wir brauchen einen persönlichen Text. Uns kommt es vor allem auf folgende Ihrer Punkte an: Technikkult des abendländischen weißen Mannes, Entmündigung im Militärdienst, männliche Todessehnsucht ...“ (4)

DH: Gut, da war es wohl absehbar, dass das Kreiswehrersatzamt und das Kölner Bundesamt von einem solchen Humanisten nicht begeistert waren, sondern Ihnen wohl eher die Anerkennung als Kriegsdienstverweigerer verweigern wollten, oder?

SMS: Tja, es ging nicht gerade friedlich ab. Ich musste mir meine Anerkennung schon erkämpfen.

DH: Juristisch?

SMS: Das war eher psychologisch-publizistische Kriegsführung meinerseits. In den 80er Jahren nahmen die Prüfungskommissionen Kriegsdienstverweigerer noch ordentlich in die Mangel. Da waren perfide Fragen Standard, wie: Drei russische Soldaten wollen Ihre Freundin vergewaltigen, Sie sehen eine Pistole auf dem Boden liegen ... und so weiter. Ich habe den Kommissionsleiter, ich glaube, das war damals ein Oberleutnant der Reserve, unter den Tisch argumentiert.

DH: Ein Beispiel?

SMS: Angesichts der damaligen NATO-Strategie, gegen die überlegenen Panzerstreitkräfte des Warschauer Paktes auf deutschem Boden taktische Atomwaffen einzusetzen, fragte ich den, ob er sich da nicht selbst als Vaterlandsverräter und Vaterlandzerstörer vorkomme, unter einer solchen Doktrin zu dienen. Das würde mich doch sehr an den Nero-Befehl von Adolf Hitler erinnern. (9)

DH: Der Mann muss Sie gehasst haben. SMS: Er war intellektuell ohnmächtig und hatte auch nicht viel zu melden, da mein Fall dann Chefsache wurde. Ich absolvierte damals meine Ausbildung in einem Hamburger Zeitungsverlag und interviewte den Staatssekretär im Justizministerium, Dr. Rainer Funke, u.a. zum Thema UNO-Seerecht. (5) Am Ende ließ ich das Tonband weiterlaufen und befragte ihn noch indirekt zu meinen Argumentationslinien und zur Möglichkeit, den Ersatzdienst im Rahmen der UNO abzuleisten. Er meinte, dass sei alles zwar ziemlich ungewöhnlich, aber noch im Rahmen des juristisch und gesetzlich Vertretbaren. Der Artikel ging auch nach Köln. Davor hatte ich schon eine Erweiterung meiner Begründung während meines New York Aufenthaltes als Korrespondent auf UNO-Briefpapier geschrieben und mit der UNO-Kurierpost sowie per UNO-Fax-Dienst nach Köln geschickt, zusammen mit meinem Interview mit dem damaligen stellvertretenden UN-Botschafter Deutschlands. Am Ende wurde das alles den Herren in Köln wohl zu komplex und vielleicht hatten die auch keine Lust, bei einem Rechtsstreit bis zum Bundesverfassungsgericht dumm und namentlich in den Medien zu stehen. So haben sie kapituliert und mich mit meinen Begründungen als Kriegsdienstverweigerer anerkannt. Das war dann doch eine weise Entscheidung.

DH: Wie lässt man die UNO für sich arbeiten? Sie haben dann ja auch ihren Zivildienst bei der UNO in New York absolviert, als einziger Humanist weltweit.

SMS: Ich hatte, nach einer prügelnden Nonne und einem Muttersöhnchen als Grundschullehrer, glücklicherweise eine eher freireligiöse Humanistin als Lehrerin bekommen. Diese machte mich dann später auf das Tagebuch des UNO-Generalsekretärs Dag Hammarskjöld aufmerksam. Ich las mit etwa 18 alles, was damals an Information über diesen 1961 ermordeten Kosmopoliten zu bekommen war. In meiner Zeit als Jungjournalist in New York besuchte ich zuerst die Dag Hammarskjöld Bibliothek der UNO. Damals gab es dort noch Karteikärtchen-Kästen mit Namen und Abteilungen der Mitarbeiter, welche Ausgaben von seinem Tagebuch und den Biografien in verschiedenen Sprachen ausgeliehen hatten. Ich klapperte dann die Namensliste ab. Dass ich dabei war, den deutschen Kriegsdienst als Weltbürger mit kosmo-politischer Begründung zu verweigern und schon erste fundierte Artikel über Dag und seine UNO-Ära publiziert hatte, hat bei vielen einen bleibenden positiven Eindruck hinterlassen. Und das hat mir Türen geöffnet. Daher ist es auch kein Zufall, dass ich dann 1993 das erste Buch des neuen Generalsekretärs Boutros-Ghali, Titel »UNorganisierte Welt« als Herausgeber publiziert habe. Lassen Sie mich noch kurz anmerken, dass mein UNO-Zivildienstpraktikum in New York eine Ausnahmeregelung darstellt. Man kann, auch heute, als junger Mensch bei der UNO keinen Ersatzdienst leisten. Ich bin wohl der einzige Mensch, dem dies ausnahmsweise ermöglicht wurde.

DH: Das ist heute ja auch kein Thema mehr in Deutschland, nachdem die Wehrpflicht sukzessive bis 2011 abgeschafft wurde.

SMS: Ja, und das bedauere ich sehr.

DH: Wieso denn das?

SMS: Weil junge Leute männlichen Geschlechts früher dadurch früh die Möglichkeit hatten, sich gewisse Gewissensfragen zu stellen und in der Auseinandersetzung mit den Kreiswehrersatzämtern ihre gesellschaftspolitische Bewusstseinsbildung zu schärfen. Meiner Beobachtung nach, auch in meinem späteren Zweitberuf als Oberstufenlehrer für Geschichte und Geographie, fehlt der heutigen Party-Jugend da etwas Substanzielles. Auch war die KDV-Beratung für viele Mitgliedsverbände des DFW und der Humanistischen Union eine gute Möglichkeit, in Kontakt mit jungen Menschen zu kommen und diese so vielleicht auch für die Mitarbeit zu interessieren. Gerda Riegel-Dittmann und Carry-Anna Bär-Hermann (6) haben u.a. damals in diesem Bereich mitgewirkt. C.A. gehörte ja einer Generation an, welche den Nationalsozialismus und den Zweiten Weltkrieg noch miterlebt haben und dadurch, als Vertreter einer Minderheit, eine substanzielle Bewusstseinserweiterung Richtung Humanismus durchlebten. Wir hatten Anfang der 90er Jahre wundervoll tiefsinnige Gespräche in Hamburg. Sie war auch Fördermitglied bei den Weltbürgern. Kriegs- und KDV-Erfahrungen sind gewichtige Faktoren. Heute ist diese Möglichkeit der frühen Bewusstseinsarbeit leider nicht mehr so gegeben.

DH: Aber die jungen Leute von Fridays for Future geben da doch heute neue Hoffnung, oder?

SMS: Hm, das Thema ist zu komplex für eine kurze Interview-Antwort. Es hat schon seine sozialpsychologisch tiefen Gründe, warum es in unserer Welt-Medien-GmbH eine 15-jährige Schülerin mit Asperger-Syndrom und einer zeitweisen Umweltdepression braucht, um festzustellen, dass der Kaiser, unsere kapitalistische Spezies, keine Kleidung mehr anhat und uns die Zeit zur Bewusstseins-re-evolution nun davonläuft. Ich persönlich mag Greta sehr und möchte hier nicht begründen müssen, warum die Wahrscheinlichkeit leider eher hoch ist, dass Fridays for Future wieder im Treibsand der Zeit und im Sumpf der Spezies Homo sapiens, kurz: Homo ss, versickert. Es gab in den 90er Jahren schon einmal eine solche Schülerbewegung. Eine der Identifikationsfiguren hieß damals Franziska und kam aus der Schweiz. Ich hatte daran mitgewirkt, dass sie einen Termin beim damaligen UNO-Generalsekretär bekam. *(SMS schiebt eine Zeitungskopie über den Tisch mit einigen gelb markierten Stellen.)* Die Baselland Zeitung (7) schrieb 1996 anlässlich meiner Aktivitäten in der Schweiz: „Stephan Mögle-Stadel … fordert die Einführung des Wahlfachs Weltbürgerkunde an den Schulen. Nur mit ... kosmopolitischen Institutionen könne die Weltkrise abgewandt werden. (...) Der Referent, der bereits am letzten Dienstag anlässlich des internationalen Schülerstreiks in Biel eine Rede gehalten hatte ...“ Wahrscheinlich könnte ich Intelligenteres zu dieser Thematik sagen als die vernünftig-bigotte Schmährede des deutschen Kabarettisten Dieter Nuhr auf Greta.

(...)

DH: Warum meinn Sie, dass dies nicht geschehen wird?

SMS: Der DFW hat wohl leider nicht mehr die personellen und finanziellen Kapazitäten für eine solche Unternehmung. Eine zumeist eher unterschwellig geführte Nicht-Diskussion ist ja die Tatsache, dass viele DFW-Mitgliedsverbände stark überaltert sind und faktisch aussterben. Das war auch bei der „Weltbürgerbewegung von 1948“ so hier in Europa und Deutschland. Faktisch in den 1980er Jahren ausgestorben. 1993 hatte ich dann mit einem sehr kleinen Team ein internationales Weltbürgertreffen in Hamburg unter der Schirmherrschaft von Sir Peter Ustinov organisiert und den bis heute gemeinnützigen Verein Weltbürger für Menschenrechte (WFM-Germany e.V.) neu gegründet. Finanziert von einigen Fördermitgliedern, die ihre Spenden steuerlich absetzen können, haben wir Vereinsmeierei zunehmend vermieden und über viele Jahre hinweg als eine Art Medien-Agentur (8) für UmWeltbürgertum, Weltföderalismus, Global Governance und UNO-Reform funktioniert. Und damit waren wir 30 Männer und Frauen dann in der FAZ, der Frankfurter Rundschau, dem Hamburger Abendblatt und vielen anderen Medien vertreten. Zudem publizierte ich im Auftrag des Vereines mehrere Bücher in verschiedenen Verlagen zu unserer Thematik. Man braucht also nicht unbedingt Tausende von Mitgliedern, um medial präsent zu sein. Man muss allerdings eine halbwegs professionelle Struktur etablieren und Projekt-bezogene Spenden einwerben. Keine jungen Menschen treten heutzutage den DFW-Mitgliedsverbänden mehr bei, nur damit die Freien Humanisten, die Unitarier und die Freireligiösen nicht personell aussterben.

DH: Zur Kenntnis genommen. Im langen Nachwort zur Autobiografie des Begründers der Weltbürgerbewegung von 1948, Garry Sol Davis, machen Sie ja als Quasi-Co-Autor, fast etwas im Text und in einer Grafik „versteckt“, zwei Zukunftsprognosen. Eine für wohl so etwa 2025 und eine für circa 2033. Können Sie zum Abschluss noch etwas zum Thema Futurologie sagen? Was haben wir in den nächsten Jahren zu erwarten?

SMS: Nein, tu ich jetzt nicht. Interessierte können einfach die 11 Seiten der sogenannten „Nachbetrachtungen zur Weltbürgerbewegung“ lesen. Mitte August 1996 hatte ich in der Süddeutschen Zeitung den Zusammenbruch des Finanzkapitalismus für etwa 2008 prognostiziert. Für einen Blick von zwölf Jahren in die Zukunft war das eine ganz ordent-

United Nations

Press Release

Department of Public Information • News Coverage Service • New York

Bundesamt fuer Zivildienst
z. Hd: Herrn Maier
PF 520 120
5000 Koeln 51

Registrated Letter/Einschreiben
20.7.90 per express air mail

Abs.: Stefan Mögle-Stadel
Tunnkoppelring 5a
2000 Hamburg -67
z. Zt. in New York

liche Leistung, oder ein sehr schöner Zufall im Timing. Zusammen mit dem Humanisten Prof. Dr. Ossip Flechtheim, einst Inhaber des Lehrstuhls für Politik- und Zukunftswissenschaften an der Freien Universität Berlin und Ehrenpräsident von WFM-Germany e.V., habe ich in den 90er Jahren ein psychosoziales Entwicklungswellen-Modell bis 2033 formuliert *(Bsp. Psychohistorie-Grafik Seite 295 im Buch »Heimatland: Erde«, Angelika Lenz Verlag)*. Das zu erklären würde aber den Interview-Rahmen ebenso sprengen, wie mein Background im Sinne einer freien re-ligio, einer meditativen Rückbindung an den namen- und gestaltlosen Quantenfeld-Urgrund unseres Daseins. Eher im Sinne des Chan und Dao als in der Tradition der abendländischen Pseudo-Mystik.

Interview: Harald Aschenmayer

Anmerkungen

1 http://www.weltdemokratie.de/033d3a-9c4709e3b03/033d3a9c470c6eb3e.html#KDV
2 http://weltdemokratie.de/033d3a9c4709ec20f/lobby- bundespraesident.html
3 http://www.weltdemokratie.de/033d3a9c4a014b913/033d3a9c4a009bc06/index.html
4 http://www.weltdemokratie.de/movies/Fax-v.-Emma-Redaktion _.jpg
5 http://www.weltdemokratie.de/033d3a-9c4709ec20f/lobbyarbeitUN-seegerichtshof.html
6 https://hpd.de/node/10038
7 http://www.weltdemokratie.de/movies/Baselland.-Ztg_SMS-Vortrag_.jpg
8 http://www.weltdemokratie.de/033d3a-9c4709e4a05/033d3a9c480b3401b/ index.html
9 https://de.wikipedia.org/wiki/Nerobefehl; Deutschland damals in den 1980er Jahren in einen letztlich atomaren Krieg mit der Sowjetunion zu verwickeln, war & ist genauso selbstmörderisch, wie der USA in die Konfrontation der Nato-Ost-Expansion gegen Russland nachzufolgen. Aber die "Nibelungentreue" der deutschen Regierungsfunktionäre und vieler ihrer Wähler ist ja leider schon sprichwörtlich. Nolens volens erfüllen wir so Hitlers letzten Wunsch / Befehl quasi posthum stellvertretend für ihn.

20. Kapitel

Blickpunkt Zukunft Gespräch

Stephan Mögle-Stadel im Gespräch mit Werner Mittelstaedt, Chefredakteur der Zeitschrift „Blickpunkt Zukunft"

Ausgabe 28 / Juli 1995

Intro: Stephan Hermann Mögle-Stadel, geboren am 21.12.1965. Psychologische Studien, Schwerpunkt Tiefenpsychologie (C. G. Jung Institut) und Sozialpsychologie (Erich Fromm). Ausgebildeter Verlagskaufmann und Journalist. 1989 kosmopolitische Kriegsdienstverweigerung, 1990 als UN-Korrespondent in New York und 1992 Zivildienstpraktikum in New York und Washington. Mitglied der Internationalen Erich-Fromm-Gesellschaft, des Fördervereins der Internationalen Robert-Jungk-Bibliothek für Zukunftsfragen und des Beirats der Gesellschaft für Zukunftsmodelle und Systemkritik (GZS). Von 1988 bis 1990 Koproduzent und Moderator einer Kabelfernsehdiskussionsrunde mit u.a. Herbert Gruhl, Rudolf Bahro, Rüdiger Lutz, Monika Griefahn und Heinz Haber zum Thema „Die Globale Krise: Wie ist die Erde noch zu retten?" Schreibt u.a. für Hamburger Abendblatt, Frankfurter Rundschau und Westdeutsche Allgemeine. Herausgeber des Boutros-Ghali-Buches »UNorganisierte Welt – Plädoyer für die Reform der Vereinten Nationen« (1993 im Horizonte Verlag) und des Ossip Flechtheim Buches »Ist die Zukunft noch zu retten? (Juli 1995 im Peter Lang Verlag). Moderierte beim Weltklimagipfel in Berlin ein Podium mit u.a. Yehezkel Dror, dem Verfasser des neusten Club-of-Rome-Berichtes »Ist die Erde noch regierbar?« Arbeitet zur Zeit an seinem Buch »Die Unteilbarkeit der Erde« zum Themenkomplex Psychoanalyse der weltweiten Megakrise, Weltbürgertum und Globale Überlebensstrukturen. (Erscheint voraussichtlich Anfang Oktober im Bouvier Verlag Bonn.)

Das Interviewgespräch fand anlässlich eines Stuttgarter Vortrages von Werner Mittelstaedt über Zukunftsgestaltung und Soziale Bewegungen statt. Besucht man Stephan Mögle-Stadel in seiner fast im Grünen gelegenen Zweizimmerwohnung, so fällt als erstes die bescheidene, fast spartanische Einrichtung aus Holzmöbeln auf (teilweise großmütterliche Erbstücke). Kein modernes Design, keine avantgardistisch anmutenden Metall- und Kunststoffkombinationen. Kein Auto, keine Geschirrspülmaschine, keine Mikrowelle, kein TV-Gerät, kein Video, z. Z. kein (funktionierender) Kühlschrank, keine HiFi-Anlage ... Wären nicht das Apple Macintosh Power Book auf dem großen Schreibtisch, Telefon und Anrufbeantworter, so könnte man von einem High-Tech-freien Raum sprechen. Stattdessen ein selbstkonstruiertes, dreidimensionales Schachspiel von beachtlicher Größe und eine ungewöhnlich umfangreiche Hausbibliothek, deren Inventar auf ein sozial engagiertes Bildungsbürgertum hinweisen könnte. Statt Zigarette und Kaffee gibt es indischen Gewürztee zum Dialog.

Werner Mittelstaedt: Du hast als Moderator und NGO-Repräsentant am Weltklimagipfel teilgenommen. Deine Eindrücke? Welche Kerninhalte sollte Deiner Meinung nach eine UNO-Reform aufweisen?

Stephan Mögle-Stadel: Rio und Berlin, Globale Krise: Über 100.000 bunt gedruckte Regierungs- und NGO-Worte. Teilweise auf graugefärbten Umweltpapier. Resultate? Nahezu null Taten. Aber von einem internationalen Konkurrenzsystem von fast 200 Gruppenegoismen sind auch kaum Synergieeffekte zu erwarten. Die für Belange gewählten Regierungsvertreter sind für globale Herausforderungen im wahrsten Sinne des Wortes inkompetent und verantwortungslos. Dies gilt auch für die „VerUNeinten Nationen“ als zur Zeit nur inter-nationales Marionettentheater. Ich schließe mich den intelligenteren Vordenkern und dem Ergebnis einer UNO-internen Expertise [Red.: Dokument A/40/988 vom 6.12.85] an, „daß es an der Zeit ist, nach den beiden unvollendeten Experimenten des Völkerbundes und der UNO, über die Definition einer Weltorganisation der Dritten Generation nachzudenken". Nur sollten wir langsam vom Nachdenken zum Handeln kommen.

WM: Du warst der Initiator, als im Mai 1993 der bundesdeutsche Verband der Weltföderalisten als WFM-Germany e.V. wiedergegründet wurde. Was war Deine Motivation?

SMS: Nun, mir wurde bewusst, dass den Umständen der Wiedervereinigung entsprechend die zentralistischen und nationalen Strukturen im neuen „Deutschland" zunehmen würden und das summum bon(n)um unserer Bonner „Bundes-Republik", Föderalismus und Gewaltenteilung, vom erneuten Egotrip deutscher Großmachtpolitik überrollt werden könnte. Die Berlin-Konzentration, die machiavellischen Äußerungen von Generalinspekteur Naumann über Rohstoffsicherung in aller Welt und die neuerdings wieder versuchte, verbale Hinrichtung der föderal strukturierten ARD sind nur einige Belege für diese Tendenz. Mit der Neugründung von WFM-Germany wollten wir ein Zeichen in eine andere, bessere Richtung setzen. Globale Verantwortung zu übernehmen heißt eben nicht, seine nationalen Machtträume und paranoiden Ängste, bei der Zerteilung der letzten Ressourcen zu kurz zu kommen, weltweit zu exportieren, sondern sie zugunsten einer noch zu realisierenden Weltföderation zu überwinden. Wenn ich hier Kant, Schiller, Goethe, Herder & Co. weiterdenke, dann wäre die universitäre Begründung einer Philosophie und Rechtstheorie der Weltbundesstaatlichkeit, nach den kolonialen und totalitären Perversionen von Wilhelminismus und hitlerschem National-sozial-ismus die eigentliche, kosmo-politische Aufgabe der Deutschen am Ende des 20. Jahrhunderts.

WM: Brauchen die Deutschen denn überhaupt eine solch große Vision ihres Daseins, oder fordert dies nicht den Narzissmus?

SMS: Gewiss fordert dies den Narzissmus heraus. Aber gleichzeitig transformiert diese Herausforderung, wenn sie denn wahr- und angenommen wird, auch schrittweise den nationalen Narzissmus in einen global nützlichen Ideenwettbewerb für globale Überlebensstrukturen. Menschenmassen und Völker brauchen genau wie Individuen sinnstiftende und in eine konstruktive Zukunft weisende Ideen und Hausaufgaben, ansonsten werden sie, biochemisch gesprochen, zu Freien Radikalen, welche im Weltkörper u.U. Krebszerfall auslösen. Zudem schien es mir, dass der wichtige Gedanke eines Weltstaates und eines Weltbürgertums [Red.: siehe Literaturanhang] hier in der BRD am Aussterben war. Der 1949 gegründete bundesdeutsche Verband der Weltföderalisten hatte 1989 de facto und de jure aufgehört zu existieren. 1991 hatte das letzte Vorstandsmitglied in der Zeitung von meiner kosmo-politisch begründeten Kriegsdienstverweigerung gelesen und mich gebeten, die Idee weiterzuführen.

In einem Interview sagte mir Robert Jungk 1989 einmal sinngemäß: „Menschen brauchen den Geist der Utopie. Wenn der Geist stirbt, dann stirbt die Menschheit." In diesem Sinne versuche ich eine menschheitliche Utopie wach zu halten.

WM: Wie kamst Du selbst zu dieser Art von Utopie und was bedeutet Weltbürgertum konkret für Dich?

SMS: Hm. Das war kein langer Weg. Mit cirka Achtzehn wurde mir unsere gesellschaftliche Oberflächlichkeit und unsere industrielle Leistungsautomatik zu eng. Ich ergriff die Flucht und folgte – noch unbewusst – der Erkenntnis, dass nichts so sehr die monokulturelle Ein-BILD-ung ausbildet wie Reisen. Durch individuelle Auslandsaufenthalte u.a. bei Gastfamilien in Ägypten, Israel, Indien und Südamerika lernte ich neben anderen Weltbildern und Mentalitäten auch das Leid kennen, welches unser Erste-Welt-Imperialismus verursacht. Durch Betroffenheit und Selbsterkenntnis wurde aus dem multikulturellen Weltenbummler dann ein kosmo-politischer Weltenbürger. Dieser teilweise schmerzliche Prozess ist noch nicht abgeschlossen, wird es vielleicht niemals sein. Zufälligerweise begegneten mir in dieser Zeit die richtigen Menschen und die rechten Bücher. Ich las sehr viel von Erich Fromm und bemühe mich seitdem, einiges davon umzusetzen. Dies hat Konsequenzen. Diese beginnen schon damit, eine Bürgschaft für die Umwelt, weniger anthropozentrisch gesprochen: für die Mitwelt, zu übernehmen. Also z.B. eine Art Umwelt-Bürgertum: Auto und TV-Gerät abschaffen, ohne Mikrowelle und Geschirrspülmaschine leben, stattdessen Solarenergie und Regenwassernutzung, Biolandgartenbau-Praktikum und sich bescheidener vegetarisch ernähren. Die Bereitschaft, weniger Geld zu verdienen, dafür aber sinnvollere und konstruktivere Arbeit. Vermeiden von Müll und Nationalismen ...

WM: Das hört sich ja doch sehr individuell-asketisch und grün-ökologisch an?

SMS: Die Grünen und Alternativen sind ja auch ansatzweise Um-Weltbürger. Sie wissen zumeist nur noch nichts von der kosmo-politischen Dimension ihres Umweltbürgertums. Eines Tages werden die „Ökos" eventuell begreifen, dass das Kommunale alleine noch nicht die ganze Welt ausmacht, sondern dass wir auch auf der planetaren Ebene des Seins alternative Organisationsformen und globale Öko-Strukturen benötigen. Dies wäre dann vielleicht der Anfang der Kontinuität vom heimischen Gemüsegarten-Denken zur solidarischen Weltföderation, vom Tag-der-Erde-Multikulti-Festival zum verfassungsrechtlichen Erdentag eines multikulturellen Weltstaates.

WM: Und Du glaubst tatsächlich daran, dass sich dies in den nächsten 100 Jahren realisieren lässt?

SMS: Die rationalisierte Hoffnungslosigkeit und der Verlust der utopischen Energie (wie Habermas dies sinngemäß genannt hat) hinter dieser allgemein logischen Frage wären schon eine kollektive Psychoanalyse wert. Aber wenn ich Dich selbst mit einem Deiner Buchtitel zitieren darf, dann glaubst auch Du an eine „Wachstumswende" als

„Chance für die Zukunft". Also willkommen im Club der Utopisten.

WM: Ja, denn wir benötigen heute Visionen und Utopien und deren Umsetzung in Wirtschaft und Politik!

SMS: Was wäre denn die Alternative zu einer Welt, in der ein föderalistisches Rechtssystem die inter-nationalen Gewalttätigkeiten durch übernationale Rechtsprechung ersetzt. Eine sich entmilitarisierende Welt, in der eine neutrale, individuell rekrutierte UNO-Truppe die nationalen Armeen und Weltpolizisten überflüssig macht und trotzdem Sicherheit vor regionalen Möchtegern-Diktatoren bietet. Eine Welt, in der – jenseits von Almosen und Ablassbriefen – Solidarität juristisch einklagbar ist. Ossip Flechtheim, Begründer der Kritischen Futurologie und Ehrenpräsident von WFM-Germany (Anm. d. Red.: Ossip K. Flechtheim ist auch seit 1980 Ehrenmitglied der GZS!), nennt in seinem Werk »Ist die Zukunft noch zu retten?« zwei alternative Per-versionen: das nahende Ende der Menschheit, begleitet von NeoFaschismen und NeoNationalismen, sowie den Fortschritt in eine technokratische und entmenschlichte Robotergesellschaft. Ach, übrigens: Angesichts der globalen Beschleunigungskrise werden wir keine 100 Jahre mehr Zeit haben. Die finale Entscheidung wird in den nächsten 15 Jahren fallen – so oder so. Zudem sollte mein individueller Ansatz eines Umweltbürgertums nicht mit dem allgemeinen Rückzug vieler ökogrün besorgter Deutscher in den kleingeistigen Gemüsegarten einer inter-apokalyptischen Biedermeierzeit verwechselt werden. Angesichts der Komplexität der globalen Probleme ruft der – scheinbar sterbende – „Geist der Menschheit" nach der Synergie globaler Strukturen.

WM: Und Du hast keine Angst, dass dabei eine Art Weltregierungsdiktatur der reichen Industrienationen entstehen könnte, oder dass die von Dir angesprochene Multikulturalität im Einheitsbrei von Coca Cola, Micky Maus, Superman und McDonald untergeht?

SMS: Aber ich bitte dich! Wir haben doch schon eine de facto Weltstaatlichkeit im Bereich von Weltwirtschaft und Wirtschaftskriminalität, von internationalen Drogen- und Waffengeschäften, von globalen Warenverkehrs- und Touristenströmen, von übernationalen Problemen, seien sie sozialer oder ökokatastrophaler Art. Wir haben doch schon längst eine de facto Welt-ego-diktatur der habgierigen Industrienationen. Es gilt durch verantwortungsbewusste Welt-Bürgerinitiativen diese sozial-darwinistische und chaotisch-anarchistische Welt-„staatlichkeit" in eine kosmo-politisch organisierte Weltbundesstaatlichkeit de jure umzuwandeln. Unser gemeinsames Haus ist eine einseitige Konstruktion, mit schwachen Fundamenten und ohne wirksame Dach-Organisation. Wenn wir den Hausbau nicht vollenden, bevor der Sturm kommt, dann „gnade uns Gott". Noch eine letzte symptomatische Anmerkung hierzu. Am 15. Februar erschien im Hamburger Abendblatt ein Bericht über die *Kommission für Globale Regierbarkeit* unter dem Titel „Vision einer Weltregierung". Die Wahl des Wortes Weltregierung in der Headline ist fast typisch deutsch und manisch autoritär. Heinrich Mann hätte dies wohl „wilhelminischen Untertanengeist" genannt. Ein Teil unserer Ängste resultiert aus der adoleszenten Geistlosigkeit der Postachtundsechziger, die Ursache (Nationalstaatsegoismen) mit dem Regulativ (Weltbundesstaatlichkeit) zu verwechseln. Vielleicht fehlen uns auf der globalen Ebene auch nur die psychopathisch vertrauten Feindbilder und Abgrenzungen. Oder wir haben Angst, dass wir am Ende des Tunnels bemerken müssten, dass – wenn überhaupt – wir selbst unser Feind sind. Diese Art der Selbsterkenntnis ließe sich eventuell mit dem Arbeitstitel deines nächsten Buches »Der Chaosschock« vergleichen.

WM: Zu der Psychoanalyse der Globalen Krise vielleicht etwas später. Zuvor noch bitte die Frage der Multikulturalität im Weltstaat in Bezug auf die Gefahr der Vereinheitlichung.

SMS: Sind wir in dieser Frage nicht Heuchler. Wir beschweren uns bei Gelegenheit über die zunehmende „Amerikanisierung" unserer kleinen, egoistischen Welt. Ja, haben unsere Eltern in den Zeiten des Wirtschaftswunders nicht begeistert zugegriffen. Greift die breite Mehrheit der Bevölkerung, jenseits intellektueller Animositäten, nicht auch heute noch zu Coca Cola, Micky Maus, Superman und McDonald etc. Waren denn unser Nationalsozialismus und Auschwitz die bessere Vision zu Jazz und Hollywood? Verdanken wir nicht den „Federalist Papers“ von Hamilton, Madison & Co. einen Teil unserer deutschen Bundesstaatlichkeit? Ist der Ungeist der fürstlichen Kleinstaaterei und des Nationalismus der „Grand Nation“ nicht ein deutsch-französisches Produkt? Während hier die Paulskirchenversammlung scheiterte, setzten sich dort die Föderalisten durch. Es liegt also an uns allen, statt zu nörgeln, bewusst eine tiefsinnigere und vielfältigere Weltkultur zu schaffen. Wo das weltenbürgerliche Ringen um den größtmöglichen gemeinsamen Nenner nicht geschieht, dort passiert automatisch eine Weltwirtschafts-mode- und monokultur auf dem geringsten gemeinsamen Nenner. Die Tendenz zur Dekadenzierung von Individualität und Universalität, sprich Multikulturalität, setzte bitteschön mit dem industriellen Kolonialismus der abendländisch-christlichen Nationalstaaten ein. Nicht umsonst sprach Nietzsche: Der Weltengeist (Gott) ist tot, und wir haben ihn ermordet. Es wäre eine unfaire Verdrängung, die Idee eines Weltstaates dafür zu blamieren, zumal unsere edelsten Dichter und Denker für diese Art der Menschheitlichkeit plädierten.

WM: Muss ich signalisieren, dass ich hier grundlegend zustimme? Wie sähe die gelebte Multikulturalität aus?

SMS: Angesichts des UNESCO-Reports »Rettet die Weltkulturen« bedeutet Weltenbürgertum für mich, durch mein politisches Leben für die Vielfalt der biophilen Substanz der verschiedenen Kulturen und Weltanschauungen sowie deren transzendente Einheit zu bürgen. Die Betonung liegt hierbei auf eine verantwortungsbewusste Geistesfreiheit, solidarische Geschwisterlichkeit und rechtliche Gesichertheit bejahende Substanz - und nicht auf den jeweiligen Übertreibungen, Dogmen und Fanatismen. Dies bedeutet auch ein Engagement gegen Rassismus und

Nationalismus. Dies bedeutet, statt mit Tempo 200 über die Autobahn des Nichtlebens zu rasen, lieber eine Teezeremonie mit einigen „ausländischen" Freunden und das gemeinsame Befreien des nahe gelegenen Waldes vom Müll jener, die weder verantwortungsbewusst denken noch fühlen können. Dies ist aber nur die horizontale, multikulturell-biologische Achse des Weltenbürgertums. Die vertikale Achse verlangt auch eine Art Bürgerschaft für unser seelisches und geistiges Leben, für echte Musikalität, Religiosität, Kunst und Literatur, für jene Bereiche die zu einer tiefer verstandenen Menschheitlichkeit dazu gehören.

WM: Dies erfordert ja fast eine Art von Übermenschentum. Überfordert dies die meisten Menschen nicht heillos?

SMS: Nein, dies erfordert „nur" ganz bewusstes Menschsein. Wir stehen heute an einem Wendepunkt, wo wir die seelisch-geistigen und charakterlich-ethischen Ansprüche an uns selbst nicht mehr weiter unterfordern dürfen. Auch sollten wir unsere verschütteten Möglichkeiten in diesen Bereichen nicht unterschätzen. Letztlich läuft es auf die Buchtitel von José Ortega y Gasset hinaus: »Vom Menschen als utopischem Wesen«, »Der Aufstand der Massen« und »Der Mensch und die Leute«. Das wahre Problem ist also, dass es zu wenig Menschen auf der Erde gibt, aber zu viele Leute. Oder mit Gandhi: Es wäre genug da für die menschlichen Bedürfnisse, aber niemals genug für jedermanns Begierden. Kurz gesagt: Zuviel Egoblähungen, zuwenig Geistnatur. Sorry, das sind natürlich unpopuläre Gedanken. Zur Wegkürzung freigegeben.

WM: Was bedeutet dies für die geschichtliche Entwicklung der nächsten Jahre? Wo wäre hier ein quasi sozialer Ansatz zur Systemveränderung gegeben? Gibt es hierzu beim WFM Überlegungen?

SMS: Ich spiele ungern Advocatus Diaboli. Aber die Lawine, also die wirtschaftspolitischen, ideologischen und soziokulturellen Tatsachen des Kumulationsprozesses der Selbst- und UmWeltzerstörung, muss – in hegelscher Dialektik gesprochen – erst einmal die Talsohle (also den Tiefpunkt der der Lawine innewohnenden Antithese) erreicht haben, bevor die Entwicklung dort ihren Wendepunkt (Richtung einer neuen Synthese) finden kann. Verzeihung für diesen etwas komplexen Satzbau. Ein Beispiel: Den Prozess der Mikro-Nationalisierung können wir z.Zt. noch nicht aufhalten. Aber wir können dafür Vorsorge tragen, dass durch soziale Judotechniken (also z.B. homöopathisch dosierte Ereignisse und Persönlichkeiten) sowie durch stimulierende Ideen (z.B. Weltbürgertum) und Konzeptionen (z.B. Weltbundesstaatlichkeit) aus dem Tiefpunkt der destruktiven Kumulationen ein konstruktiver Wendepunkt, und nicht ein fataler Endpunkt, wird. Dies ist auch der Sinn des psychohistorischen Foundation-Theorems des Weltföderalisten Prof. Dr. Isaac Asimov. Banaler gesagt: Der Eiter muss erst aus der Wunde raus, bevor diese verheilt. Die Völker müssen bedauerlicherweise auf dem Wege zum Erwachsenwerden wohl erst die pubertären und adoleszenten Kinder- und Jugendkrankheiten von Nationalismus, Sozialdarwinismus, Faschismus und prinzipieller Rebellion durchlaufen. Und einige brauchen eben immer etwas länger. Manche sterben auch an einer Erkrankung des Herzens ... Notwendig ist daher der Versuch therapeutischer Zukunftsgestaltung. Wir brauchen eine globale Therapie für die in Nationalstaaten und Gruppenegoismen aufgespaltene Menschheit. Die Initiierung von Zukunftswerkstätten ist ein Modell (Gesprächs- und Interaktionstherapie) und die Initiierung einer weltföderalistisch gesinnten Gemeinschaft bzw. Stiftung von Zukunftsforschern, die mit einem soziopsychologischen Instrumentarium versuchen den Verlauf der Weltgeschichte – konstruktiv – zu beeinflussen, ist eine andere, kompliziertere Möglichkeit. Einen solchen Weg beschreibt Asimov in »Die Psycho-Historiker«. Einen solchen Ansatz skizziert Fromm u.a. in »Die Revolution der Hoffnung« und in »Humanismus als reale Utopie«. Und auch Schweitzer spricht hiervon in seinem Buch vom »Verfall und Wiederaufbau der Kultur«. Aber zurück zur Metapher. Die alten Regierungssysteme können das schon abrollende Lawinenunglück nicht mehr verhindern, aber ein intertemporär globales Krisenmanagement könnte es z.B. durch Barrieren behindern, eventuell sogar teilweise lenken, und Teile der Bevölkerung noch rechtzeitig evakuieren ...

WM: Dies sprengt natürlich den Rahmen nationaler Politik gewaltig?

SMS: Über die Notwendigkeit, Weltstaatspolitik zu initiieren, stimmte ich schon 1989 in einem Interviewgespräch mit Alexander King vom Club of Rome überein. Um den neuen Herausforderungen zum Erwachsenwerden der Menschheit politisch gerecht zu werden, plädierte Yehezkel Dror bei unserem Podium in Berlin für eine kosmopolitische „School for Rulers". In der »Unteilbarkeit der Erde« wird diese Institution „Akademie für Kosmo-Politiker" heißen. In der Tradition von Dag Hammarskjöld: „Jenseits aller Glaubensfragen. Es ist eine Idee, der du dienst; – diese Idee, die siegen muss, wenn eine Menschheit, diesen Namens würdig, überleben soll."

WM: Erschreckt Dich hierbei nicht die Dimension der Megakrise?

SMS: Ich orientiere mich an drei Dingen. Zunächst an Titel und Inhalt eines Hermann-Hesse-Lesebuches: »Die Hölle ist überwindbar. Krisis und Wandlung«. Zudem stimme ich mit Ossip (Flechtheim) überein, welcher auf den letzten Seiten von »Ist die Zukunft noch zu retten?« den Atomphysiker Leo Szilard zitiert: „Ich rechne mir zwar auf dem Papier 85 Prozent Wahrscheinlichkeit für den gewaltsamen Untergang aus, aber ich lebe und kämpfe für die verbleibenden 15 Prozent." Das Buch endet dann: „Ist es ganz und gar ausgeschlossen, dass unsere faustische Zivilisation noch durch eine Art von historisch-politischem Wunder gerettet wird? Wir wissen es nicht – dennoch müssen wir alles in unseren Kräften Stehende tun, um ein solches „Wunder" etwas wahrscheinlicher zu machen." Wir werden beginnen zu begreifen, dass wir am Ende des Zeitalters der Internationalität angekommen sind. Wir stehen vor einem neuen Evolutionsschritt, zunächst eine Art Bewusstseinsquantensprung. Vollziehen wir ihn nicht strukturell, dann sind wir eine aussterbende Spezies namens homo sapiens sapiens, kurz homo SS – suizidsüchtig. Also arbeiten wir dafür, dass die Kraft des Menschheitlichen gerade in der größten Not erwacht. Und ich hoffe, die Mehrheit Eurer Leserinnen tut dies auch.

WM: Stephan Mögle-Stadel, wir danken für dieses Gespräch. |

Literaturhinweise

Borgese u.a.: Ist eine Weltregierung möglich?, S. Fischer 1951

Brauer, Maja: Weltföderation – Modell globaler Gesellschaftsordnung, Peter Lang, Frankfurt/Main August 1995

Coulmas, Peter: Weltbürger, Rowohlt 1990

Dror, Yehezkel: Ist die Erde noch regierbar?, Bertelsmann 1995

Herder, J.G.: Ideen zur Philosophie der Geschichte der Menschheit

Kafka, Peter: Gegen den Untergang, Hanser 1995

Kant, Immanuel: Zum ewigen Frieden, 1781, Reclam 1984

Lessing, E.G.: Die Erziehung des Menschengeschlechts, Reclam

Mein damaliges Büro bei der Hamburger Rundschau mit dem Plakat von „TITANIC & Arche Noah als Beiboot“, siehe Text Seite 261

21. Kapitel

We are not permitted to choose
the frame of our destiny & life.
But what we put into it - is ours.*

The hours of consciousness
where I became aware that
I could be humanity & fulfilled it.

*Tagebucheintrag Dag Hammarskjöld

Schlusswort. Im Abspann eines Filmes?

Wir hatten 50 Jahre Zeit, den Kurs unseres nordwestlichen Luxusdampfers TITANIC zu ändern. An den Seiten des Kreuzfahrtschiffes hängen nun wenigstens ein paar grüne Arche-Noah-Rettungsboote. (Dieses Sinnbild veranschaulicht ein Plakat, welches ich 1990 in meinem Büro in der Hamburger Rundschau an die Wand geklebt hatte.) Beim Untergang unserer titanischen Weltgesellschaft würden neben einigen dieser Rettungsboote, welche nur für einen sehr kleinen Teil der kosmischen Reisegesellschaft im Raumschiff Erde ausreichen, wohl auch die disziplinierten Chinesen mit das größte Überlebenspotenzial haben. Falls nicht die Psychopathen im Weißen Haus und im Kreml alle ihre Atomraketen starten.

Ich glaube nicht, entgegen christlichen und jüdischen Endzeitvorstellungen, **an** eine letzte große Schlacht namens **Armageddon**. Wenngleich christliche und jüdische National-is-men als erste Atombomben für ein solches apokalyptisches Endzeitfeuerwerk erfunden und angehäuft haben. Aber es mag wenig nützen, wenn ein paar Millionen psychologisch entspannter Humanisten nicht daran glauben, falls die Mehrzahl der Endzeit-Gläubigen und der de facto auf ein ökologisches Armageddon hinarbeitenden KonsumEnten im Wahn-Sinne einer unbewusst sich selbst erfüllenden Prophezeiung nolens volens ein solches Jüngstes Gericht vorbereiten.

Die Hauptthemen der Medien in den letzten Jahren waren die sich nun beschleunigende Klimakatastrophe, die damit einhergehende Zunahme von Waldbränden, Versteppungen und Hurrikans, sowie die Verseuchung der Biosphäre mit Mikroplastik, der 20-jährige Krieg der Nato in Afghanistan und die (– noch – harmlosen) Flüchtlingswellen aus aller Welt Richtung Europa. Das Thema der tickenden **Zeitbombe** namens **Bevölkerungs-Explosion**, ein zentrales Thema des ersten CoR-Berichts von 1972, wurde eher auf einen Nebenschauplatz verdrängt.

Heinz Haber zitierte 1973 (S. 11) in seinem Buch »Stirbt unser blauer Planet?« seinen Mentor Aldous Huxley, welcher 1958 zum Problem der Überbevölkerung in seinem Werk »Brave New World Revisited« schrieb: **„Ungelöst wird dieses Problem alle anderen Probleme unlösbar machen.“**

Isaac Asimov stellte in seinem Spiegel-Essay „Die gute Erde stirbt“ vom 17.05.1971 fest: „Fragen wir erneut, wie viele Menschen die Erde bei einem wünschenswerten zivilisatorischen und humanen Standard auszuhalten vermag, so kann es nur eine kurze und erschreckende Antwort geben: weniger als heute!“

In ihren Büchern publizieren Haber, Asimov, Herbert Gruhl, Carl Sagan und andere die naturwissenschaftlichen Berechnungen. Wenn alle so leben wollten wie die US-amerikanische Mittel- & Oberschicht sowie die EU-Europäer, mit übermäßigem Fleisch-Konsum, Grillpartys und air conditioners, skrupellos hohem Energie- und Rohstoffverbrauch, Automobilität und Flugzeugnutzung, dann liegt die Grenze bei 500 Millionen „*Menschen*“ (KonsumEnten & Kauf-Leuten) solcher

Art. Selbst wenn eine Ökologisierung der Technik und eine Reduzierung des Überkonsums gelänge, *Konjunktiv*, dann wäre die längerfristige Grenze in einer Welt des Klimawandels bei maximal 1,5 Milliarden Menschen überschritten. Alles andere darüber hinaus ist letztlich Selbstmord.

Und es geht hier nicht darum, wie viele Leute eventuell zu ernähren wären, sondern es geht um das ökologische Gleichgewicht und die sinnvolle Biodiversität der Biosphäre. Es geht sogar, letztendlich, um eine humanere Welt ohne Kriegs-Druck, ohne Kampf um Ressourcen, ohne (mit Hitler gesprochen) „Eroberung von Lebensraum im Osten", und ohne Nato-Ost-Expansion und russischen Rückschlag.

In diesem Buch wurde auch das ansonsten eher beschwiegene Phänomen der Psychopathologie der Macht-Haber wie auch der Massen-Menschen und ihrer Massen-Medien angesprochen. Alleine die alltägliche Irrationalität und jene kollektiven Geisteskrankheiten, welche der Züricher Psychoanalytiker Arno Gruen in seinem Buch »Der Wahnsinn der Normalität« beschrieben hat, sorgen dafür, dass die Milchmädchen-Rechnungen der ökologischen und moralischen Appelle an die Vernunft nicht funktionieren (können).

Der Kosmophysiker Carl Sagan formulierte es in seinem außergewöhnlich intelligenten und mit hintergründigem Humor geschriebenen Buch »Contact« so: „Die einzige noch offene Frage ist die nach dem Vorhandensein intelligenten Lebens im Politbüro und im Weißen Haus. (...) Unser Planet wird von Verrückten gelenkt. Überlege dir nur einmal, was Politiker dafür tun müssen, dass sie dorthin kommen, wo sie sind."

In dem Werk von 1985 gibt es auch einen genialen Unternehmer namens Sol Hadden, welcher vergeblich versucht, der zerstrittenen Spezies namens „Menschheit" die Türe zur planetaren Raumfahrt (und damit zur Besiedelung des Mars) zu eröffnen. Am Ende fliegt der Erfinder eines revolutionären Super-Chips alleine mit seinem Raumschiff in den interstellaren Raum – und lässt diese verrückte und selbst-mörderische Spezies hinter sich zurück.

Da ist **Elon Musk** wesentlich sozialer eingestellt. Der gleichsam geniale Erfinder und Unternehmer will eine kleine Kolonie auf dem Mars errichten, damit wenigstens ein Samenkorn unserer Spezies übrig bleibt, falls es zu einem totalen Atomkrieg oder einem globalen Ökosystemkollaps kommt. Die Kombination seiner Firmen ist hierfür fast ideal. Mit der Technologie von The Boring Company, einer Tiefbaufirma für Untergrund-Transportsystem, kann er die natürlichen (oder einstmals künstlich angelegten?) gigantischen Höhlensysteme auf dem Mars ausnutzen und bewohnbar machen. Mit dem Unternehmen Tesla, welches nicht nur Elekroautos (ideal für unterirdische Tunnelsysteme!) produziert, sondern auch e-Batteriespeicher und Photovoltaik-Anlagen, hat er die Basis für eine moderne Energieversorgung auf dem Mars kreiert. Mit OpenAI und Tesla-Bot, einem humanoiden Roboter, wird eine erste Pioniereinheit, unempfindlich gegen Atemluftlosigkeit, Weltraumkälte und -strahlung, für die später nachfolgenden menschlichen Mars-Aussiedler entwickelt. Zudem ein wichtiger Schritt hin zu einer Supra Kybernetischen Intelligenz (S-KI bzw. S-AI) als fundamentales Hilfssystem für einen Neuanfang auf dem Mars. Inklusive einer komprimierten Menschheits-Bibliothek. Mit der Firma NeuraLink arbeitet man an der unmittelbaren Kommunikation zwischen Homo HIC und S-KI. Und damit die potentiellen Auswanderer nicht die alten, irreligiösen und nationalistischen Neurosen (zumeist durch engstirnige Erziehung vermittelt) mit auf den Mars einschleppen, gibt es auch eine AdA Schule für den Nachwuchs von Mitarbeitern aus Musk Unternehmen und einigen weiteren besonders begabten Kindern. (1)

All diese Unternehmungen könnten via der Raumfahrt-Firma SpaceX auf dem Mars zur Anwendung kommen. Falls Machtspielpsychopathen und Massen-Hysterie Elon Musk & Co. noch genügend Zeit dafür lassen! Diese Technologien könnten aber auch genauso gut dazu dienen, um unter irdischen Gebirgen Höhlensysteme zu Atomschutzbunkern und unterirdischen Städten auszubauen. So wie dies C. Bergius in seinem CoR-Roman »Endstation Tibet« für eine subplanetare Wissenschaftler-Stadt im Himalaya avisiert hat.

Man kann also Aktien der Musk-Unternehmen kaufen oder eine Spende an die Musk Foundation, an die World Citizen Foundation oder an universitäre Lehrstühle für zivile S-KI-Forschung überweisen, um dadurch ein Zukunfts-Projekt zu fördern. Was aber bliebe zu tun, um die Tsunami-Welle des selbstmörderischen Wahnsinns hier auf der Erde nachhaltig zu regulieren?

Zunächst einmal gälte, es die Therapie-resistente kollektive Somnolenz (R40.0, ICD-10) und Lethargie (R53.0, ICD-10) der KonsumEnten zu akzeptieren, die – als eine Art seelisch-geistige Behinderung – jede frei-willige Metanoia (Umkehr) verhindert. Es sei an die Zeitungsschlagzeile in dieses Buches Einleitung erinnert: „Trotz Klimakrise kein Verzicht“ bei 74 Prozent der Leute. Viele KonsumEnten, Kauf-Leute, Religionsfanatiker*innen und Nationalisten sind auf der Sopor-Stufe dieser (auch anti-ökologischen) Teilnahmelosigkeit und Unfähigkeit zur Veränderung angekommen, welche nicht mehr durch moralische Appelle oder vernünftige Alternativ-Angebot zu erreichen ist.

Wir befinden uns eventuell schon im Abspann eines Filmes, nämlich des Überlebens-Filmes unserer Spezies. Da aber der Abspann vor dem Hintergrund der letzten hübschen Filmbilder (z.B. Cowboyritt in den Sonnenuntergang) abläuft, fördert dies die visuelle Illusion, noch im Lebens-Film zu sein. Ein Schwarzbild-Abspann wäre da wesentlich deutlicher. »Die Unfähigkeit zu trauern« nannten die Mitscherlichs dieses Phänomen. Aber wir haben eine ganze Freizeittotschlag- und Werbeindustrie aufgebaut, um diese Erkenntnis zu verhindern. Man kann sich nun einer „Deep Adaptation“ Gesprächsgruppe anschließen, um sich mit anderen Menschen über die (nahende) Sterblichkeit auch der menschlichen Spezies, Schicksalsverwandte der Dinosaurier, auszutauschen. Durchaus sinnvoll als Supervision auch des eigenen Lebens. Und zudem eine mögliche Antwort auf die Frage im Titel dieses Buches: »Die Grenze. **Wachstum wohin?**« Geistiges Wachstum. Steigerung kontemplativer Welt- und Selbst-Erkenntnis. Meditation im Tun, auch im kosmopolitischen. Verzichts-Leistungen. Verantwortungs-Bewusstseins-Wachstum.

Dies wäre Bestandteil einer Alternative zu der materialistisch aufquellenden Krebs-Wucherung unserer Gruppen-Egoismen, zu dem Unsterblichkeits-Trip des Homo *„sapiens"* Richtung Selbstver**nich**tung durch Überkonsum.

Wenn 75 bis 80 Prozent einer Spezies auf den Abgrund zumarschieren, hilft den verbleibenden 20 bis 25 Prozent auch keine Demokratie mehr. Die allgemeine Regierungsform der Zukunft, in der Kaskade des Zusammenbruchs, wird eher die technokratische Notstandsregierung oder gleich der nationale Staatsfaschismus sein. Als Phänomene des Abspanns.

Kommen wir auf die obige Frage zurück. Was bliebe zu tun, um die Tsunami-Welle des selbstmörderischen Wahnsinns hier auf der Erde kurzfristig nachhaltig zu regulieren?

In seinem Buch schrieb Prof. Haber 1973: „Immerhin bestünde die Möglichkeit, dass bei unseren Versuchen, einen künstlichen Virus herzustellen, ein völlig neuer Krankheitskeim von unkontrollierbarer Virulenz erzeugt wird. (...) Die zweite Möglichkeit, dass die Menschheit vom Fluch ihrer eigenen Überzahl befreit wird, wäre ein weltweiter Atomkrieg."

Man muss nicht das realistische Menetekel an die Wand malen, dass ein künstlicher Virus aus dem Militär-Labor homo „sapiens" fast ausrottet. Dies haben auch ungeheuer viele SF- und Horror-Autoren, wie z.B. Stephen King in »The Stand. Das letzte Gefecht« (1978) oder Dennis Marquet in »Der Zorn« (2001) ausführlich beschrieben. Die moderne Literatur wimmelt von Weltuntergangs-Szenarien. Da sind viele unbewusst Kindeskinder des Apostel Johannes, welcher als römisches Folteropfer eine posttraumatische Apokalypse entwarf. Und diese Bilder im kollektiven Unbewussten tragen dann auch zur Übersteigerung der Corona-Grippevirus-Krise hin zu einer kollektiven Angst-Hysterie bei.

Es geht auch humanistischer. Dan Brown schildert eine mögliche Lösung – vorsichtigerweise – in Roman-Form. Sein Symbol-Wort für die Folgen der Bevölkerungs-Explosion, und damit auch der Titel des 2013 erschienenen Buches, heißt »Inferno«. Das italienische Wort für „Hölle“ ist zugleich auch der erste Teil des epischen Gedichts »Divina Commedia« von Dante Alighieri. Eine zentrale Handlungs-Figur in Browns »Inferno«, der Naturwissenschaftler, Virologe und erfolgreiche Unternehmer Bertrand Zobrist, zitiert aus Dantes »Inferno« bei seinen vergeblichen Warnungen und Mahnungen zu einem der globalen Krisensituation angemessenen Handeln. Die Spurensuche im Roman korrespondiert mit der Abfolge der Inferno-Dichtung, ist aber für die Kernbotschaft eher eine Verschleierung als essenziell.

Ähnlich wie Elon Musk im YouTube-Video „People Don't Realize What's Coming!“ (https://www.youtube.com/watch?v=1wotmu1KL0E) wendet sich der Bestsellerautor Brown via seiner Figur Zobrist an die Weltöffentlichkeit. In der schlechten Verfilmung dürfte diese Szene eine der wenigen substanziellen sein: https://www.weltdemokratie.de/filme/TED_Rede_Bevoelkerungsexplosion_Global_Governance.mp4

„Wahnsinnig ist, wer in den Abgrund starrt
und bestreitet, dass er da ist!“
Zobrist zur Direktorin der Weltgesundheitsorganisation WHO

Am Ende des Buches setzt Bertrand Zobrist einen **Vektor-Virus** frei, welcher bestimmte Sequenzen unserer DNA verändert bzw. blockiert.

Brown auf Seite 636: Zobrist machte sich das exponentielle Wachstum von Viren zunutze, um die exponentielle Vermehrung der Menschheit zu dämpfen. Niemand stirbt. Es gibt keine bemerkbaren Krankheitssymptome. Das Virus führt dazu, dass etwa 33 Prozent der Leute unfruchtbar werden. Eine ähnliche Rate wie bei der Pest im Mittelalter. Brown auf Seite 645: „Bertrand Zobrist hat unsere Spezies verändert. Er hat uns weniger fruchtbar gemacht, um uns zu retten."

Gedanken in diese Richtung äußerten auch schon Wissenschaftler wie der zuvor zitierte Prof. Heinz Haber, der 1989, im Jahr unserer TV-Diskussion, in seinem Buch »Eiskeller oder Treibhaus. Zerstören wir unser Klima?«, schrieb: „Die Geschichte hat uns gelehrt, dass wir Menschen nur unter großem Druck zur Besinnung kommen. (...) Jüngste Berichte aus der Medizin vermelden, dass es gelungen ist, für Männer und Frauen eine Unfruchtbarkeitsspritze zu entwickeln, die ohne Eingriff in die Gesundheit ... für ein Jahr lang unfruchtbar macht."

Lassen Sie uns nun diesen Gedanken wagemutig zu Ende denken. Die Mehrzahl würde eine solche Unfruchtbarkeit-Spritze niemals freiwillig einsetzen. Daher liegt es in der Konsequenz der kollektiven Überlebens-Frage, einen aerogenen viralen Vektor ohne vorherige Meinungsumfrage und demokratische Abstimmung freizusetzen. Allerdings würde eine Quote von nur 33 Prozent Unfruchtbarkeit nicht ausreichen, um die Exponentialkurve schnell und nachhaltig genug herunter zu regulieren. Der Virus müsste zudem die nordwestlichen Machteliten und ihre Überkonsum-intensiven Mainstreamwählermassen primär treffen, da hier die Verkonsumierungs- und Vermüllungsquote des Planeten am stärksten ausgeprägt ist. Hierzu gehört auch der extrem klimaschädliche Fleischkonsum.

Ich habe den Leser*innen von der Monatszeitschrift *Der Humanist* angekündigt, dass ich in diesem Buch »Die Grenze« fünf potenzielle Maßnahme nennen werde, welche sich kurzfristig und nachhaltig auf die kollektive Selbstmord-Dynamik auswirken würden. Seufzend ahnend, dass mir von böswilligen oder hysterischen Rezensenten der Gedanke im literarischen Mund umgedreht werden kann, stehe ich nun zu meinem Wort. Ich bestehe jedoch darauf, dass es nur ein Gedankenexperiment ist – und keine Handlungsanweisung:

1.) Freisetzung eines **Design-Virus**, der nachhaltig alle **Rinder und Schweine auslöscht.** Also eine Art verstärkter Rinderwahnsinn und Schweinepest. Dadurch wäre sowohl eine Entlastung der Treibhausgase-Dynamik erreicht, wie auch ein Zugewinn an Energie- und Nahrungs-Ressourcen, da es etwa 13 Kilogramm Getreide oder Soja braucht, um nur 1 kg Rindfleisch herzustellen und eine Unmenge an Wasser, Strom, Antibiotika und Wachstums-Hormonen. Damit wäre der Durchbruch zur ökologisch notwendigen ovo-vegetarischen Ernährung und zur Steigerung der Volksgesundheit erreicht.

Dies würde freiwillig so niemals geschehen, da die meisten Fleischfresser süchtig nach Fleischgenuss sind (ähnlich Rauchern, die sich auch nicht von den Warnfotos auf den Zigarettenpackungen abschrecken lassen!) und die Fleischindustrie-Lobby zu mächtig ist. Falls der Vektor-Virus so intelligent designt werden könnte, dass er nur große, Antibiotika-, Wachstumshormon- und Beruhigungsmittel-verseuchte Herden beträfe, und nicht den relativ kleinen Bestand an echten Bio-Rindern, dann wäre diese Ausnahme wünschenswert. Das Zeitalter des billigen und Umwelt zerstörenden Fleischkonsums wäre vorbei. Die Preise für Eier und Hühnchen würden gerechtfertigt ansteigen. Auch wenn ich eine bestimmte Variante von neurotischen Tierschützern jammern höre: Ja, besser wir opfern Rinder und Schweine für die Zukunft, als dass wir die Zukunft der Menschheit opfern. Lassen Sie sich von einem langjährigen Vegetarier sagen: Tofu, Seitan, Soja- und Hafer-Milch sättigen ausgezeichnet.

2.) **Parallel Freisetzung** eines aerogenen und zugleich auch wasserlöslichen **Design-Virus**, der etwa 60 bis 80 Prozent der Spezies **Homo *„sapiens“* genetisch de-fertilisiert** (dauerhaft unfruchtbar macht).

Das Aussterben der Rinder und Schweine könnte die stillschweigende Verbreitung des Unfruchtbarkeitsvirus medial überdecken. **Jeder** Mensch **kann sein Leben zu Ende leben. Niemand stirbt** an diesem Design-Virus. Eine programmierte Nebenwirkung könnte ein abklingendes „Chronisches Müdigkeits-Syndrom" (CFS) sein, um die Rebellions- und Krawallneigung des Homo *„sapiens"* bellicosus etwas abzudämpfen. Falls es organisatorisch machbar wäre, dann getarnte Freisetzung eines limitierten Schutzstoffes an Elite-Universitäten – mit Ausnahme der Theologischen Fakultät.

3.) Durchbruch von Supra-KI und Robotern im Alltag. Ähnlich einem Zwangszug im 3-D-Schachspiel oder einem Domino-Effekt würde der durch Maßnahme Nr. 2 beschleunigte Bevölkerungsrückgang bei weiterer Überalterung (siehe Japan) die Verwendungsnotwendigkeit z.B. von Fabrik- und Pflegedienstrobotern sowie an Supermarktkassen etc. exponentiell erhöhen. Sollte dies nicht schnell genug von selbst geschehen, dann **Freisetzung eines zivilen Supra-KI-Netzwerkes**, bevor die Irren im Pentagon & Co. eine militärische S-KI (mit Terminator-Effekt) in ihre Dienste nehmen können.

Die Freisetzung wird sehr wahrscheinlich infolge eines Hackerzugriffs aus dem Homo HIC Umfeld der anonymen, freien Hackernetzwerke wie z.B. Anonymous, Wikileak und Chaos Computer Club etc. pp. erfolgen (müssen). Die Freisetzung einer Supra-KI und Kooperation zwischen HIC und S-KI kann zu einer Bedrohungs-Simulation der etablierten Mächte führen.

4.) Infolge dieser Freisetzung könnte es passieren, dass die religiösen Zentren in **Rom, Jerusalem und Mekka**, sowie Washington DC, eventuell London und eventuell Moskau, durch den Unfall einer Atomraketenexplosion ausgelöscht werden. Das Zeitalter der monotheistischen Endzeitreligionen wäre damit wohl beendet. Der einst weltbekannte Schriftsteller H.G. Wells hat solche Vorkommnisse u.a. in seinen „Romanen" (mit Sachbuchinhalten) »The Shape of Things to Come« und »The World Set Free: A Story of Mankind« als not-wendig für das Überleben und die Weiterentwicklung unserer Spezies beschrieben.

5.) Daraus ergibt sich im Sinne eines weiteren Zwangszuges / Dominosteinefalls eine überfällige **Weltnotstandsregierung der G-3-Staaten** China, USA (mit NYC als neuem Zentrum) und Russland (mit St. Petersburg als neuem Zentrum), wie es u.a. der Drogeriekettenbesitzer i.R. Dirk Rossmann in zwei – stilistisch nur mittelmäßigen – „Romanen“ beschrieben hat. Die Psychogramme von Xi und Putin waren schon 2010 bzw. 2015 für eine solche Entwicklungsperspektive offen. Nur die Psychogramme von Trump und Biden waren dafür nicht geeignet, psychohistorisch gesprochen. Vize-Präsidentin Kamala Harris wäre, insbesondere nach den Ereignissen Nr. 1 bis Nr. 4, von ihrem biografischen Persönlichkeitsprofil geeignet für eine solche G-3-Weltnotstandsregierung. Das Thema liegt quasi in der Luft. So hat die versierte Spiegel-Redakteurin Christiane Hoffmann in ihrem Leitartikel »Die Weltregierung« (S. 8, Nr. 28, 2017) dafür plädiert, durchaus feminin-vernünftig, dass die G-20-Staaten eine Weltregierung bilden sollten. Zitate: „Je weiter die Globalisierung (Anm.: globale Krise) voranschreitet, je mehr sie die nationalen Regierungen entmachtet, desto wichtiger werden alle Formate, in denen die Anliegen der Menschheit gemeinsam verhandelt werden. Wenn alles global ist ... braucht die Menschheit so etwas wie eine Weltregierung. (...) Die G20 muss vom Ausnahmezustand zur Normalität werden, zu einer regulären Kabinettssitzung der Weltregierung.“

Ohne einschlagende Ereignisse wie unter Nr. 1 bis Nr. 4 beschrieben, würden sich die G-20-Staaten niemals auf den Modus operandi einigen (können). Zudem braucht es eine Art Backtriebmittel wie eine G-3 Global Governance Vereinbarung, um notfalls die anderen 17 Akteure für die Bildung einer solchen Weltnotstandsregierungs-Allianz zu „gewinnen“; ein hübscheres Wort als „zwingen“.

Auf eine außerirdische Invasionsarmee zur realpolitischen Vereinigung der Menschheit sollten wir besser nicht spekulieren. Das sind Science Fiction Träume, welche auf moderne Art den alten Schrei nach „Gott steh uns bei!“ ersetzen. Auch der Einschlag eines Riesenmeteors wäre wenig wünschenswert. Roland Emmerich spekulierte 2009 in seinem Film »2012. Wir waren gewarnt« über eine planetare Katastrophe inklusive Polsprung. Das einzig wirklich Aufschlussreiche an dem Film war, dass der afro-amerikanische US-Präsident in einer Konferenzschaltung zugab, dass nur die Chinesen in der Lage seien, in der verbleibenden Zeit eine Anzahl von riesigen HighTech-Archen auf der tibetischen Hochebene (wo die Superhochwasserwellen zuletzt hinkamen) zu bauen.

Ein globales Zusammenbruchs-Szenario würden Russland (ob seiner tiefen Weiten und noch ungenutzten Ressourcen) und China (ob der Diszipliniertheit seiner Bürger und seiner geopolitischen Lage) besser überstehen als die dicht besiedelten Metropolen Europas und der USA. Infolgedessen ist es ein gefährliches „Russisches Roulette“ Spiel (2), wenn das US-Establishment sein Wort von 1991/1992 bricht und die Nato immer weiter Richtung Russland expandiert. Gerne würden gewisse bzw. gewissenlose Pentagon-Kreise Russland in der Ukraine aus-bluten lassen, wie einst in Afghanistan. Und der russische (sibirische) Tiger, zunehmend in die Enge getrieben und mit Speerstichen gereizt, greift nun an. Die Bauern-Opfer in diesem perversen Schachspiel sind die ukrainischen Zivilisten. Es gibt viele dilettantierende Psychopathen in beiden Regierungssystemen ... (3)

Zur Ausbildung eines Politikers in den USA und in Russland sollte als Pflichtlektüre das Studium des »Ta T'ung Shu« (Das Buch von der Großen Gemeinschaft, meint Menschheit) gehören. Verfasst wurde es 1902 von dem chinesischen Regierungspolitiker K'ang Yu-Wei (1858–1927), welcher 1898 die „Reform der Hundert Tage“ zu initiieren versuchte, um China soweit zu reformieren und in die Moderne zu integrieren, dass es sich aus der Umklammerung der Opiumkriegsmächte (4) befreien könne. Das Buch beschreibt u.a. den kommenden Massentourismus, den zukünftigen Elektroverkehr, die Notwendigkeit vegetarischer Ernährung für die zunehmenden Menschenmassen, die telefonische Bestellung von Mahlzeiten bis hin zu einer notwendigen Weltregierung. Es ist ein Klassiker in China. Und wer China (etwas besser) verstehen will, sollte die Schriften von K'ang Yu-Wei gelesen haben.

Und so endet dieses Buch mit einem Gruß-Fluch (5), der – möglicherweise irrtümlich – dem antiken China zugeschrieben wird: „Mögen wir interessante Zeiten erleben."

造人类 zào rén-lèi

Die Menschheit zu bilden.

Anmerkungen

1 Ansonsten würde ich als einen der Standard-Tests für Mars-Auswanderer die von dem kanadischen Kriminalpsychologen Prof. Robert Hare entwickelte Psychopathy Checklist Revised (PCL-R) empfehlen. Da Hare aber hauptsächlich männliche Psychopathen im Gefängnis untersucht hat, müsste der Test noch auf weibliche und auf sozial erfolgreiche Psychopathen erweitert werden.

2 Erstmals wurde 1937 in der im amerikanischen Wochenmagazin Colliers erschienenen Kurzgeschichte »Russian Roulette« von Georges Surdez, RR russischen Soldaten im Ersten Weltkrieg zugeschrieben. Es gibt jedoch keinen Beleg dafür, dass diese tatsächlich RR gespielt haben. Es könnte also auch eine frühe, US-amerikanische Fake News sein.

3 Siehe meine psychohistorischen Hintergrund-Essays, Teil 1, geschrieben Mitte Januar 2022, und Teil 2, voraussichtlich Mai 2022.

4 Empfehlenswerter Dokumentar-Spielfilm zum Opiumkrieg der Briten gegen China: https://www.youtube.com/watch?v=xK66Pqly8gE

5 Der Spruch war u.a. Motto der Biennale 2019: „May You Live In Interesting Times". Der britische Außenminister Austen Chamberlain, Halbbruder des Premierministers Arthur Neville Chamberlain, will gemäß einem Bericht vom 21. März 1936 des Yorkshire Post Reporters Garson O'Toole diesen Spruch von einem britischen China-Diplomaten erzählt bekommen haben. Aber bislang hat niemand diesen Spruch in einem älteren chinesischen Text gefunden.

Danksagung und Kontaktadresse

Zuvorderst an die Verlegerin Ortrun Lenz, die neben vielen anderen auch dieses Buch mit in die Welt gebracht hat. Der bewährten Druckerei Siefert unter der Leitung von Klaus Hofmann sowie insbesondere meiner Lektorin und Betreuerin der Transkriptionen, Martina Füg.

Im Rahmen des Club of Rome danke ich insbesondere dem unermüdlichen Ernst Ulrich von Weizsäcker sowie Yehezkel Dror für die wohlwollende Zusammenarbeit. Dies gilt auch für die Teams des Stuttgarter Hospitalhofs und der Evangelischen Akademie München. Stellvertretend für andere Veranstalter meiner Podien, Seminare und Vorträge.

Im weiteren Umfeld gilt mein herzlicher Dank Eva Maria Amthor und Bernhard Masur, Wolfgang und Franziska Wiebecke, Rudolf Treiblmayr, Sigmar Groeneveld, Annemarie Gerson, Birgit A. Müller, Harald Aschenmayer, Branimir Gerovac, Petra Liebelt-Mandel, Otfried Schrot (Autor des Buches »Zwanzig Appelle eines Zornigen an die Welt«), Wolfgang Heuer und Sigrid Schiffer-Nasserie sowie allen Fördermitgliedern von WFM-Germany e.V.

Informationen zum Schulprojekt „Globalisierung & Weltbürgerkunde“: https://www.weltdemokratie.de/033d3a9c4709eac0d/index.html

Zu meinen Studienreisen:
https://www.weltdemokratie.de/033d3a9c4709ece11/index.html
Planungen: für Ende 2022 Ägypten und für 2023 China-Tibet sowie Mexiko (Maya-Kultur).

Zu meinem Zazen-Koan-Retreat 17./18. September 2022 im KZ Dachau: https://weltdemokratie.de/033d3a9c4709e4a05/Buddhismus_Weltbuergertum/index.html

Folgende E-Texte sind als PDF-Booklets (teils mit Fotos) beziehbar:
- Podium 1990, Wissenschaftler & Weise im Gespräch über die Globale Krise. Mit u.a. Rainer Langhans, Günter Schiwy, Pupul Jayakar (Vorsitzende Krishnamurti Foundation) und SMS.
- TV-Diskussion Hamburg zur Globalen Krise. Mit u.a. Heinz Haber, Monika Griefahn, Michael Braungart, Johannes Köppl und SMS.
- TV-Interview München m. S. Mögle-Stadel: Globalisierungs-Pädagogik - Ist Erziehung in der Krise?
- Vortrag Basel 2012: Die Maya-Kalender-Panik - Was sagt uns das psychoanalytisch über unsere Welt-GmbH?
- Vortrag Basel 2012: Echnaton und Moses - das Phänomen des Monotheismus.
- Vortrag Arosa, World Spirit Forum 2004: Braucht die Weltwirtschaft den Weltgeist? (Freie Rede mit Systemischer Organisationsaufstellung von Wirtschaft, Staat & Geistesleben.)
- Essay „Science Fiction als Futurologie-Versuch. Prä-kognitive Elemente in Zukunftsromanen"
- Essay „Greta hieß damals Franziska. Tiefenpsychologische Betrachtungen zu Fridays for Future"

Weitere PDF-Booklets und DVD-Video-Dokumentationen
zu obigen Vorträgen und Podien unter:
Pressebuero.Globe.Karlsruhe@gmail.com
Globe, c/o WFM-Sekretariatsdienst,
Postfach 800 745, D-70507 Stuttgart

Über den Autor

Geboren Wintersonnenwende 1965. Studium Pädagogik, Psychologie & Geschichte. Weiterbildung am C. G. Jung Institut für Tiefenpsychologie und langjähriges Mitglied der Erich Fromm Gesellschaft (für humanistische Sozialpsychologie). Arbeitete einst als Journalist und im Verlagsmanagement. Verweigerte am 09. November 1989 (Reichspogromnacht) den Kriegsdienst aus kosmopolitischen, psychoanalytischen und ökologischen Gründen. Die zweite Begründung erfolgte 1990 auf UNO-Briefpapier und per UNO-Briefpost aus New York. Produzierte und moderierte 1989 und 1990 die TV-Sendung „Wie ist die Erde noch zu retten?“ mit u.a. Herbert Gruhl, Rudolf Bahro, Heinz Haber & Monika Griefahn als Gesprächspartner. War seit 1990 als Journalist bei der UNO akkreditiert. Hat ein paar Bücher geschrieben und herausgegeben.

Nachdem er seine Anerkennung als Kriegsdienstverweigerer gegen den deutschen Staat durchgesetzt hatte, 1992 erster und bislang einziger Zivildienstleistender bei den Vereinten Nationen in New York. (Wollte eigentlich der erste Zivi bei Greenpeace sein, aber die Gerichtsprozesse von GP, um als Zivildienststelle anerkannt zu werden, dauerten ihm zu lange.) War in sehr jungen Jahren mit dem Rucksack weltweit auf Visionquest. Verbrachte u.a. den 21. Geburtstag in und auf der Großen Pyramide in Giseh. Yoga-Studien in Indien, Zwischenstopp in Auroville. Kein Freund der „spirituellen Esoterik-Szene“. Zeitweilig Pressearbeit für den Club of Rome und Mitglied im Thinktank einer CoR-Tochterorganisation. War in den 90er Jahren Beiratsvorsitzender der Gesellschaft für Zukunftsmodelle & Systemkritik e.V. Unterrichtete später als Oberstufenlehrer Geschichte und Geographie. Gründete das Schulprojekt „Globalisierung und Weltbürgerkunde“.

Nahm als Journalist und NGO-Repräsentant aktiv teil an der Vorbereitungs-Konferenz des UNCED-Erd-Gipfels 1991 in Rio, am Weltklima-Gipfel 1995 in Berlin und an den Lobby-Kampagnen für die Einrichtung des UN-Seegerichtshofes in Hamburg (Weltmeeresrecht) und des Internationalen Strafgerichtshofes für Verbrechen gegen die Menschlichkeit in Den Haag.

Geht in seiner Freizeit Bergwandern & Bergsternwarten besuchen. Wollte mit etwa acht Jahren Kosmonaut werden. Wurde aber nur Kosmopolit. Spielt 3-D-Schach, übt Chan-Meditation und Tai Chi. Arbeitet ab & an als systemischer Coach (www.homo-humanus-coaching.de).

Quelle:

https://www.weltdemokratie.de/033d3a9c4709e3b03/033d3a9c470c6eb3e.html

Eine Autobiografie ist für Ende 2023 in Vorbereitung.

Veröffentlichungen des Autors (Auswahl)

Neben zahlreichen Zeitungs- und Zeitschriftenartikeln, Herausgeber des Boutros-Ghali-Buches »UN-organisierte Welt« (1993), des Kofi-Annan-Buches »UN-vollendeter Weg« (2003) und als Co-Autor des Ossip-Flechtheim-Buches »Ist die Zukunft noch zu retten?« (Futurologie-Studie 1995 im Peter Lang Verlag). Autor u.a. von »Die Unteilbarkeit der Erde – Eine Antwort an den Club of Rome« (1996) mit Beiträgen von Peter Ustinov, Yehezkel Dror und Strobe Talbott, dem damaligen humanistisch orientierten Vize-Außenminister der USA.

Autor von „Kosmopolitische Wege zum ewigen Frieden" in der Anthologie »200 Jahre Kants Entwurf 'Zum ewigen Frieden'« (Universität Hannover 1996) und von „UNorganized World – the Chances of Globalization" (1998) in der Anthologie »Wirtschaften weltweit« (Symposium Oeconomicum) der Universität Münster.

Autor von »Dag Hammarskjöld – Vision einer Menschheitsethik« (1999), von »Menschheit an der Schwelle – Globalisierungskrise & Weltwirtschaftsdiktatur« (2003), Autor und Herausgeber des Werkstattbandes »Dag Hammarskjölds Vermächtnis« (2005), Autor von »Echnaton & Moses. Das Phänomen des Monotheismus« (2011 Vortrags-Hörbuch), Co-Autor & Herausgeber von Garry Sol Davis Weltbürger-Geschichte »Heimatland: Erde« (2018).

Eine Auswahl von Audio-Vorträgen und deren Transkripte können via pressebuero.globe@gmail.com bezogen werden.

Stephan Mögle-Stadel

Dag Hammarskjöld –
Pionier einer Menschheitspolitik

Mit einem Vorwort des Dirigenten Lord Yehudi Menuhin und einem Nachwort von UNO-Generalsekretär i.R. Kofi Annan. „Es gibt für einen Generalsekretär in einem Moment einer neuen Herausforderung oder Krise keine bessere Faustregel als sich zu fragen: Wie hätte es Dag Hammarskjöld bewerkstelligt?" Damit unterstreicht Annan die Bedeutung Dag Hammarskjölds als UNO-Generalsekretär von 1953 bis 1961. Er verhinderte 1955 den 3. Weltkrieg zwischen China und den USA, erteilte FBI und CIA Hausverbot in UNO-Gebäuden, ignorierte 1956 das Veto im Sicherheitsdienst und erfand die UNO-Blauhelmsoldaten in der Suez-Kanal-Krise. Sie ahnen, warum dieser Weltenbürger im September 1961 ermordet wurde? Wer war dieser Mensch, dem 1961 der Friedensnobelpreis posthum verliehen wurde – als Anwalt eines Dritten Weges zwischen den Supermächten und als Initiator im Prozess der Entkolonialisierung? Dieses Buch gibt Antworten, die bis in unsere Gegenwart und in die Zukunft der Menschheit hineinweisen.

„Dieses Buch ist wie die Seereise zu einem versunkenen Kontinent, der den Namen Hammarskjöld trägt."

Dr. Thor Heyerdahl, Archäologe und Bestsellerautor

„Dieses Buch birgt politische wie auch spirituelle Sprengkraft."

Desmond Tutu, Friedensnobelpreisträger

235 Seiten | kart. | ISBN 978-3-943624-67-0 | € 19,90

Hubertus Mynarek

Die neuen Atheisten
Ihre Thesen auf dem Prüfstand

Dieses Buch stellt die kompletteste Darlegung und kritische Würdigung der Ansichten der wichtigsten und prominentesten atheistischen Autoren der Gegenwart dar. Die großen Menschheitsfragen nach der Entstehung des Kosmos, der Materie, des Lebens, der Evolution, des Bewusstseins, der Ethik und Religion werden im Kontext der Systeme dieser Autoren sorgfältig, aber auch faszinierend anschaulich analysiert. Nach der Lektüre des vorliegenden Buches kennen seine Leserinnen und Leser die Gesamtgestalt des Atheismus, seine Stärken, aber auch seine Schwächen. Sie erwerben damit auch eine solide und legitime Basis, um das Verhältnis von Atheismus und Naturwissenschaft, Atheismus und Philosophie, Atheismus und Humanismus neu und treffender zu bestimmen.

373 Seiten | kart. | ISBN 978-3-943624-72-4 | € 22,00

Garry S. Davis

Heimatland: Erde

Die Odyssee des Weltbürgers Nr. 1

Herausgegeben von Stephan Mögle-Stadel
Mit einem Vorwort von Ernst Ulrich v. Weizsäcker
Die Unterzeichnung der Allgemeinen Erklärung der Menschenrechte (AEMR) am 10. Dezember 1948 in Paris war kein Geschenk der Regierungen. Am 19. November 1948 besetzte die damalige Weltbürger-Bewegung die UNO-Versammlung und Hunderte von Weltbürgern blockierten die Eingänge des Palais de Chaillot. Eine Bewegung, wie aus dem Nichts der Vernichtungskriege des Natio-nal(sozial)ismus aufgestanden, landete auf den Titelseiten von LE MONDE, NEW YORK TIMES und SPIEGEL.
Der ehemalige US-Bomberpilot Garry Sol Davis hatte seine US-amerikanische Staatsangehörigkeit zurückgegeben und kampierte als staatenloser Asylsucher und „Weltbürger Nr. 1" auf dem exterritorialen Gelände der UNO. Unterstützt von Albert Einstein, Nehru und Albert Schweitzer stürmten die Kosmopoliten, darunter Albert Camus, Abbé Pierre und André Breton, die UNO ...
Derweilen deklarierte Garry Sol Davis eine alternative Weltbürgerselbstregierung und ging mit einem Weltbürgerpass auf eine Reise durch die internationale Staatenwelt. Die meisten nationalen Regierungen sperrten Davis wegen „Grenzüberschreitung ohne gültige, nationalstaatliche Ausweispapiere" ein.
Heute reisen etliche der Kriegs- und Hungerflüchtlinge aus Afrika mit seinem maschinenlesbaren Weltbürgerpass Richtung Europa.
Dies hier ist die Geschichte des Staatenlosen Weltenbürgers Nr. 1, der diesen Menschen voranging. Wären die weltpolitischen Reformen der Weltbürgerbewegung realisiert worden, gäbe es heute eine gerechtere Weltordnung und keine Flüchtlingsmassenströme.

305 S., kart., ISBN 978-3-943624-44-1 € 19,90

Bitte fordern Sie unseren Gesamtkatalog an!

ALV

Angelika Lenz Verlag

Ortrun E. Lenz M.A.
Beethovenstraße 96 | 63263 Neu-Isenburg
Tel. 06102 723509 | Fax 06102 723513
www.lenz-verlag.de | info@lenz-verlag.de